美国特种部队史
战术、训练、武器装备和作战

[英] 克里斯·麦克纳布（Chris McNab）著

金存惠 陈 然 译 徐元卿 董旻杰 审校

图书在版编目（CIP）数据

美国特种部队史 /（英）克里斯·麦克纳布（Chris McNab）著；金存惠，陈然译.
——武汉：华中科技大学出版社，2024.9
ISBN 978-7-5680-9143-5

Ⅰ.①美… Ⅱ.①克… ②金… ③陈… Ⅲ.①特种部队—史料—美国 Ⅳ.①E712.56

中国国家版本馆CIP数据核字（2023）第058803号

湖北省版权局著作权合同登记　图字：17-2024-063号
版权信息：Copyright © 2013 Osprey Publishing
Copyright of the Chinese translation © 2024 by Beijing West Wind Culture and Media Co., Ltd.
This translation of *America's Elite* is Published by Huazhong University of Science & Technology Press Publishing Company Ltd.
ALL RIGHTS RESERVED

美国特种部队史

Meiguo Tezhong Budui Shi

[英]克里斯·麦克纳布（Chris McNab）　著
金存惠　陈　然　译

策划编辑：	金　紫
责任编辑：	陈　骏
封面设计：	千橡文化
责任校对：	刘　竣
责任监印：	朱　玢

出版发行：华中科技大学出版社（中国·武汉）　电话：(027)81321913
　　　　　武汉市东湖新技术开发区华工科技园　邮编：430223
录　　排：北京千橡文化传播有限公司
印　　刷：固安兰星球彩色印刷有限公司
开　　本：889mm×1194mm　1/16
印　　张：23
字　　数：504千字
版　　次：2024年9月第1版第1次印刷
定　　价：186.00元

本书若有印装质量问题，请向出版社营销中心调换
全国免费服务热线：400-6679-118　竭诚为您服务
版权所有　侵权必究

目录 CONTENTS

引言 /001

1 美洲殖民地时期和南北战争时期的勇士 /007

012　游骑兵
　　征召、训练和服役
　　战术和作战

025　其他战斗挑战

028　轻步兵和神射手
　　北方联邦（北军）神射手部队
　　出征
　　南方邦联（南军）神射手部队

2 第二次世界大战时期的美军精锐部队 /057

062 新的游骑兵
兵员招募和训练
甲万那端营救

094 美国海军陆战队的精锐部队
美国海军陆战队侦察兵
美国海军陆战队两栖侦察营

118 美国战略情报局
组织
行动
武器及装备

3 第二次世界大战后及冷战期间的特种部队 /161

- **162** 朝鲜半岛战争
- **166** 美国陆军特种部队
  - 扩充和成长
  - 越南
  - 美国陆军特种部队的训练历程
  - 部署越南
  - 战地生活
  - 返回美国
- **217** 远程侦察巡逻部队
- **237** 美国海军"海豹"突击队和其他特种部队

4 后越战时期的特种部队
（1975—2000年）
/243

- 245 **特种部队的变迁**
- 249 **游骑兵**
  - 本宁阶段
  - 山地阶段
  - 佛罗里达阶段
- 255 **美国海军"海豹"突击队**
  - 海军特种作战中心
  - "海豹"6队
  - 海军特种部队大队
  - 作战指挥勤务支援分队（CSST）
  - 海军特种作战特混大队及分队
  - 特别舟艇中队（SBS）
  - 特别舟艇小队（SBUS）
  - "海豹"运输载具大队
  - 美国海军"海豹"突击排
  - 移动通信大队
- 259 **第160特种航空团**
- 261 **空军特种作战司令部**
- 263 **情报支持行动**
- 264 **海军陆战队海上特种部队**
- 268 **美国海军"海豹"突击队——格林纳达，1983年**
  - "萨林斯角"机场侦察及导航信号台设置
  - 自由之声格林纳达广播站
  - 对总督府的攻击
- 274 **美国海军陆战队武装侦察队——海湾战争，1990—1991年**
- 277 **游骑兵——摩加迪沙，1993年**

5 新的战争 /287

289 在阿富汗的特种部队
"巨颚破碎机"行动和"持久自由"行动
"匕首"特遣队
"卡巴"特遣队
"利剑"特遣队
山地联合特遣队
联合机构反恐特遣队
军民联合军事行动特遣队

295 阿富汗行动
北方联盟
马扎里沙里夫
喀布尔、昆都士、坎大哈
托拉博拉
"蟒蛇"行动,2002年
"找回脸面"

315 伊拉克
联合多兵种西部特遣队
联合多兵种北部特遣队
第20特遣队
海军特战特遣大队
首战
德贝卡路口之战
攻克基尔库克和摩苏尔
巴士拉和纳杰夫
第20特遣队
搜捕"高价值目标"
"红色黎明"
扎卡维

6 结　语 /349

术　语 /352

参考书目和进一步阅读 /357

1987年参加一次实战战术演习的美国海军"海豹"突击队队员。图前景处的这名"海豹"队员携带一部野战电台,手持装有枪管下挂式M203榴弹发射器的"柯尔特突击队员"型突击步枪。(美国国家档案和记录管理局)

키흠
INTRODUCTION

在外界看来，美国特种作战部队（SOF）无疑是一个令人颇感兴趣的群体。这些置身于若隐若现的"特种作战"世界中的军人代表着职业军人的一流水准，即使是在已经十分专业化的美国军队中也被视为精锐因而备受称赞且经常被神秘化。美国特种作战部队的特种兵通常都需要深入敌后并以寡击众。

美国特种作战部队之所以受人尊敬，很大程度上是因为它极难加入。美军现役军人数量多达150万，还有相同数量的预备役军人，而其中仅有66000人隶属于美军特种作战司令部（SOCOM）。在这66000人中又仅有一小部分是一线作战人员。一线特种作战对作战人员的体能和智力都有极高的要求，这意味着所有想要加入特种部队的人都必须预先通过种类繁多且极为严苛的针对性选拔和评估。

以美国海军的"海豹"突击队水下爆破基础（BUD/S）训练课程为例。美国海军中想成为"海豹"突击队员的人，无论是军官还是士兵，都必须先在位于科罗拉多的美国海军特种作战中心（Naval Special Warfare Center）完成"海豹"突击队初级水下爆破训练课程。参加者必须先通过以下体能测试才能取得参加这一课程的资格：在12分钟30秒之内以蛙泳或自由泳姿势游完500码（约457米）；休息10分钟之后，在2分钟之内完成42次俯卧撑；休息2分钟之后，在2分钟之内完成50次仰卧起坐；休息2分钟之后，须完成6次引体向上（不限时）；休息10分钟之后，在11分30秒之内穿着军靴和长裤跑完1.5英里[1]（约2400米）。

这仅仅是预选。接下来才是真正的"海豹"突击队初级水下爆破训练课程：首先要接受一个入门性训练，以使受训学员学会一些初阶技能并做好身体上的准备，迎接真正的训练课程。"海豹"突击队初级水下爆破训练课程可分为3个显著不同的阶段。

---

[1] 本书为遵循原书风格，多采用英制单位。

第1阶段：基础训练

基础训练时长8周，强调增进学员的体能，包括：每周穿军靴跑完4英里（约6400米），计时障碍跑，穿脚蹼在海中游2英里（约3200米），基本小艇操作技能。前4周的训练是为被称作"地狱周"的第5周训练做准备。在"地狱周"里，受训学员将接受长达5天半的不间断训练，每天的睡眠时间总共不超过4个小时。在第一阶段的末期，学员将接受水文测量培训和初级的水文图相关培训。

第2阶段：潜水技能训练

自携式水下呼吸器（Scuba）潜水训练包括两种，一种是开放式自携水下呼吸器（内装压缩空气）潜水训练，另一种是封闭式自携水下呼吸器（内装百分百纯氧）潜水训练。很多人认为，自携式水下呼吸器潜水训练才是"海豹"突击队选拔过程中真正的选拔环节。这个阶段的训练同样时长8周。

第3阶段：陆战技能训练

这个阶段的训练时长9周，教授的是基本的野战技能、爆破、侦察、武器使用以及战术。"海豹"突击队初级水下爆破训练课程以在加利福尼亚州圣迭戈附近海域的圣克莱门蒂岛（San Clemente Island）开展的逼真战术演习告终。

"海豹"突击队初级水下爆破训练课程结束之后，后续的选拔训练还将持续6个月甚至惊人的1年之久，只有经过如此漫长的特训之后，受训学员才能成为1名真正合格的"海豹"突击队员。按惯例，完成了"海豹"突击队初级水下爆破训练课程的受训学员还要在位于佐治亚州本宁堡的美国陆军空降兵学校接受为时3周的基本空降训练。至此，受训学员距离"海豹"选拔训练的终点依然很远。"海

下图：作为第19特种部队大队（空降）第5营C连指挥官交接仪式的一部分，该部高跳低开伞降小组成员约翰·麦金托什上士从CH-47D"支努干"直升机上跳伞。（美国陆军）

"豹"突击队初级水下爆破训练课程结业之后,受训学员将继续进行为时28周的"海豹"资格训练(SEAL Qualification Training)。在这期间,受训学员将接受各式各样的专业指导,包括爆破、战斗工兵课程、高级战地急救(例如特种作战医务课程)、两栖侦察、高级伞降技术等。需要注意的是,"海豹"资格训练是一种淘汰性选拔。在选拔训练过程中会有80%~85%的受训学员被淘汰。

光是特种部队的选拔训练计划的种种"困苦和艰险"就足以引起外人的钦佩。然而,特种部队之所以独占鳌头,是因为他们的世界充满了危险的战斗,但他们依然能够一次又一次赢得胜利。本书详细记录了美国特种作战部队自美洲殖民地时期至阿富汗和伊拉克战争的(有关胜利和失败的)历史,描述的对象远至18世纪的北美"游骑兵"(Ranger)[1],近至美国海军"海豹"突击队(2011年击杀了"基地"组织创始人奥萨马·本·拉登)。我们将了解特种部队这个团体如何培养出一批具备异乎寻常的忍耐力和战术技能的个体。特种部队应当如何定义?这个问题并不好回答。如果简单地将特种部队定义为"那些在战术和技术方面受过有别于普通步兵的高级训练的人",那么在空降技能方面接受过专门训练的空降兵和在两栖作战技能方面接受过专门训练的海军陆战队员,

还有其他各种专业技术军人(比如武器专家和通信军官)也要被归入特种部队的范畴了。实际上美国军方出于避免"贬低"武装部队其他成员的考虑,反对只把特种部队称为"精锐部队"。这确实是一个合情合理的考虑,但现实中美军特种作战司令部等特种部队的指挥领导机构的出现却表明:在如今的美军文化中,"某些异乎寻常的战斗性军事任务须由专门为此目的而成立的专业部队去承担"已是一个由来已久的传统了。也许,定义"特种部队"的最好方式即是美军特种作战司令部所列举的"特种部队五项原则"("Five SOF Truths"):

1. 人比硬件更重要。人(而非装备)才是赢得战斗及战争胜利的关键。只有训练有素且懂得团队合作的人才能以合理的方式去使用手中的装备,顺利完成任务。反过来说,如果所用非人,即便拥有全世界最好的装备也无济于事。
2. 兵贵精而不贵多。只要选拔和训练得当,再由一个优秀的指挥官领导,为数不多的人会比数量多但素质不达标的人更有战斗力。
3. 特种部队人员无法大规模培养。将特种作战训练至能够承担艰险且专业性很强的特种作战任务的

---

[1] "游骑兵"最早是一支在"七年战争"(一场美洲英属殖民地与法国和印第安人之间的冲突)中由英属新汉普谢尔殖民地建立起来的州立骑兵连,主要任务是配合英军作战。这支部队的出色表现使其很快被英军吸纳为正规游骑兵连。这支由罗伯特·罗杰斯训练的轻步兵部队具备绝佳的机动力,主要执行侦察任务,同时还会执行对远距离"特定目标"的"特殊作战"。游骑兵部队的战术继承于殖民地草创时期的乘马民兵,但罗杰斯将这些战术系统总结下来,发挥了重要作用。这支部队也由最初的一个游骑兵连扩编为十余个连队(最多时编制有1200~1400名游骑兵)。游骑兵部队成为英军在18世纪50年代后期最重要的侦察兵部队。美国独立战争期间,这支游骑兵部队作为效忠于英国的武装与大陆军作战,少数前游骑兵军官则加入了革命者的阵营。不仅如此,在康科德战役(Battle of Concord)中,一些退役游骑兵还加入北美民兵参战。而罗杰斯和忠于英军的老兵则被整编为加拿大陆军女王约克游骑兵团(第1北美团)(Queen's York Rangers (1st American Regiment))。随着独立战争中北美殖民地的胜利,罗杰斯和他的游骑兵部队也逐渐走向了消亡。——译者注

水平需要花费数年时间。将精明强干的不同个体整合成一支战斗力强劲的特种部队离不开种种不间断的高强度训练，这既包括特战队员选拔阶段的训练，也包括此后在各一线部队当中的训练。在特种部队的训练中，任何速成的企图和做法都必然降低其战斗力的上限。

4. 合格的特种部队不可能仓促成军。要想拥有一支可在危急时刻承担重任的合格的特种部队，就必须在和平时期保持高强度训练。

5. 绝大多数特种作战的成功离不开来自非特种部队人员的支持。过去从未有过特种部队离开友军支持也能实现战斗效能的例子。分布在世界各地的美国空军、美国陆军、美国海军陆战队以及美国海军的工程人员、专业技术人员、情报分析人员等人士的贡献，极大地增进了美国特种作战部队的能力和效率。

上述"特种部队五项原则"内含特种作战的本质：朝着异乎寻常的高度训练每一位特战队员的能力；将不同的个体融合成一支具备足够水准的"小而精"的团队；须承担常规部队所无力承担的军事任务；须有来自其他部队的深度支援。

在本书当中，我们将看清以上各原则是如何在过去一两个世纪当中逐渐形成并不断得到精炼的。在阐述美国特种作战部队的演变历史的同时，本书还切实地从概念和实践两个层面论证了"在常规部队之外，特种部队何以有存在的必要"这个问题。时至今日，种种冲突和战争相比以往任何时候都更加复杂了，在妥当处理战争目标相关社会和政治复杂性的同时，对敌方高价值目标实施精确打击的能力极为可贵，这即是特种部队的价值和使命所在。

有关美国内战时期战地狙击手的一张画像。需注意的是，当时的神射手已经在护墙上开设了射击孔，在往外瞄准的同时减少了自身的暴露面积。（美国国会图书馆）

1

美洲殖民地时期和南北战争时期的勇士

对页图：1876 年 7 月 15 日《哈勃周刊》上的一副版画，刻画的是美国独立战争期间的"民兵"形象。当时，民兵是一支随叫随到、可快速投入部署的军事力量。（美国国家档案和记录管理局）

从17 世纪上半叶开始，来自英国的殖民者在北美洲这片富饶的土地上开辟了弗吉尼亚和马萨诸塞等早期殖民地。数十年间，度过了最初的困难时期之后，北大西洋沿岸的各个殖民地的人口和财富都获得了长足的增长。其中一些面积并不大的沿海定居点，比如波士顿、纽约（原本是荷兰人建立起来的）、巴尔的摩、费城逐渐成为重要的港口城市。到 18 世纪中叶，在北美各个殖民地生活的欧洲殖民者数量已超过 150 万人。

与来自其他欧洲强国的移民不一样的是，英属北美殖民地各定居点的早期居民通常是因宗教原因而主动远走他乡的难民。这些来自各行各业的人们很快就聚合在一起，在这片"新大陆"上努力开创新的生活，他们期待在这里迎接相较于留在欧洲更好的未来。尽管马萨诸塞的清教徒和宾夕法尼亚的贵格会教徒后来在人数上被其他追求财富而来的移民超过，但这两者所具有的特质并没有就此被消磨掉，而是继续在各殖民地的社会和政治生活中发挥着重要的影响力。弗吉尼亚及其以南的定居者在宗教信仰上并不十分刻板，他们大都是一些冒险家，期待建立富裕的种植园领地，并最终在弗吉尼亚和南卡罗来纳取得了成功。

这些殖民地的建立经历了各种战斗和争夺：起初美国人是和当地的印第安人争夺，印第安人一次又一次发动战争反抗这些外来者；在南部的佛罗里达和西班牙人争夺，在北部和西部与法国人争夺。但一段时间之后，佛罗里达的西班牙人基本上被英国人控制住了，南卡罗来纳和佐治亚的西班牙人还会时不时地制造一些麻烦，但总体上来说对英国人构不成威胁。法国人就是另外一回事了。法国人在北美洲广袤的内陆地带不断开拓，到 18 世纪初叶，法国人已经在自墨西哥湾到圣劳伦斯湾之间的地带构筑了一道对抗英国人的弧形屏障，其间遍布法国人的殖民地和前哨站。

法国人建立的殖民地在人口数量上比英国殖民地要少得多，但在军事上却很有实力，这很大程度上是因为其与周边的印第安人结成了联盟。统治这些法属美洲殖民地的是非常专制且军事化程度很高的殖民当局，除了驻守当地的正规军，殖民当局掌握的军事力量还包括一些组织良好、指挥有力的民兵，他们对穿越旷野进行远程机动和在林地中作战都十分精通。

非要追溯如今的美国特种作战部队的源头的话，大概就是当初为英属美洲殖民地的建立、拓展而奋力厮杀的战士们了。英属美洲殖民地的军事力量由常备部队和一些临时召集的部队构成，包括正规军和地方民兵。在北美洲的旷野环境中作战，战士们必须熟练掌握包括使用滑膛枪、军刀和匕首等武器在内的各种野战技能。

最早被用来代称这些人的词就是"游骑兵"，而这个词汇常被用来称呼赫赫有名的罗伯特·罗杰斯（Robert Rogers）指挥的部队。

对页图：18 世纪时期的美国游骑兵的装备、武器以及特殊服饰。
1. 为了使用方便而截短了枪管的长枪管型"褐贝斯"0.75 英寸口径滑膛枪（1735–1750 年），瞄具部分也因此有所改变。全枪长由 157 厘米缩短到 128 厘米，提高了使用者的机动性。
2. 带套筒式刺刀的 0.65 英寸口径英制线膛枪。
3. 军官野战用轻型燧发枪，相比"褐贝斯"步枪其枪身更短，线条更美观，还轻了几磅。
4. 插在腰带上的短柄斧或印第安战斧。
5. 一对带银饰的安妮女王式螺接枪管手枪，这种手枪广受军官与市民阶层喜爱。
6. 刃长 67 厘米，配木质剑把和铁质剑柄的美制短剑。
7. 这种两端包铜的骨柄折叠刀比起带鞘的直刃刀更受游骑兵喜爱，并因为显而易见的原因被称作"剥皮刀"。
8. 游骑兵军官在进行侦察时通常携带 10 厘米长的小型全铜望远镜，被称为"间谍镜"或"潜行镜"。
9. 游骑兵更喜欢使用散装的子弹和火药，而不是纸壳预包装弹。
10. 一种典型的游骑兵子弹，按诺克斯上尉的记载，"一并装填六七枚成熟豌豆大小的小弹丸和 1 枚大弹丸"。
11. 用皮绳或扣带固定在鞋下的一种铁质冰耙。
12. 18 世纪的一种滑冰鞋，这种滑冰鞋由皮质绑带、铁质冰刀以及几个穿过木质底板与鹿皮鞋相扣的短铁钉（足跟位置一颗，足掌位置三颗）构成。
13. 带装饰的皮绑腿，也被称为印第安绑腿。
14. 粗羊毛绑腿，相比皮绑腿，游骑兵更经常使用的是粗羊毛绑腿，通常为有绿色饰带的粗呢或哔叽面料，边缘有绑带以防滑落，也有深蓝色的。
15. 18 世纪新英格兰边远地区风格的雪鞋，以马、鹿或驼鹿的筋做网面。
16. 典型的苏格兰民间风格宽檐软帽，这种帽子基本上都是蓝色的，但一些殖民地商人也出售其他颜色的。
17. 一项简易的骑帽，无装饰的帽舌向上翻起。
18. 绒质连指厚手套，也有用海狸毛编织或用其他动物皮为原料制作的。
19. 便于游骑兵在树林中穿行的帽檐带切口的帽子。
20. 在 1756 年冬进攻王冠角的作战计划中要求提供的雪地鞋（Snow Moggisons）。
（加里·扎波利绘制，鱼鹰出版公司）

游骑兵

1754—1763年期间，英法两国为争夺美洲殖民地发生了大规模战争："法国－印第安人战争"。大部分战斗都发生在北美英法殖民地的交界处，也就是在这片区域，英属美洲殖民地的"游骑兵"担负游击和侦察任务，有力支援了当局的主力部队（包括正规军和地方民兵）的作战行动。这些"游骑兵"基本上是边远蛮荒林区居民出身，比如猎人、地方民兵、印第安战士等。他们习惯于单独行动而非随大部队出动，以就地取材的方式获得补给，他们之所以能够在一次又一次的军事行动中活下来从来不是因为己方火力胜过对方，而是因为熟悉地形地貌以及精通枪械的使用。"游骑兵"部队具备一些被很多正规军指挥官所鄙弃的气质，比如让人极易联想到印第安人的作战服饰、非常规的战术、时不时的散漫无序、允许黑人和印第安人加入的民主化招募标准，但正是因为这些颇为另类的气质，"游骑兵"即便是在恶劣的天气和地形条件下，在与法国殖民地部队及其印第安盟友的战斗中依旧能发挥出色的灵活性，从而取得战斗的胜利。

17世纪与印第安人之间的战斗已经证明了，在"新大陆"的丛林中，欧洲人的盔甲、长矛、骑兵以及相应的军事谋略近乎无用。尽管新英格兰民兵部队此前已经在残酷的"菲利普国王战争"（1675—1677年）中证明了自己的勇气，但直到18世纪早期，北美的英国殖民当局才首次培养出一批有能力深入未知的印第安领地活动的"边境拓荒者"。比如，本杰明·赖特上尉在1709年率领14名"游骑兵"以独木舟为交通工具，沿康涅狄格河上溯，穿越青山山脉抵达尚普兰湖最北端，往返行程长达400英里（约640千米）并在途中与印第安人发生共计4次小规模遭遇战。马萨诸塞的约翰·洛夫维尔上尉指挥的"印第安猎手"也是早期最有战斗力的"游骑兵"部队之一。1725年5月9日，该部在如今名为洛夫维尔湖（Lovewell's Pond）的地方，与披熊皮的军事首领波古斯率领的皮夸基特部阿布纳基人进行了艰苦而漫长的战斗。这成了新英格兰边疆史上的分水岭事件，此后的数十年间，人们一直在壁炉和篝火边讲述这个故事。

1744年，英法双方争夺美洲殖民地的第三次战争爆发了，因当时的英国国王为乔治二世而被称为"乔治王之战"（King George's War）。一些此前参加过洛夫维尔湖战争的英方老兵各自招募成员，组建新的"游骑兵"连，并将宝贵的野战知识和技能传授给部属。其中一个"游骑兵"连指派一些新兵前去侦察新罕布什尔地区的拉姆福德（Rumford）附近的梅里马克（后来改称康科德）河谷。在这些新兵当中，有一位不满20岁的年轻人，名叫罗伯特·罗杰斯（Robert Rogers）。在法国殖民当局和印第安人联盟的不断袭扰之下，1744—1748年期间，英国殖民当局在北部的几个殖民地大体处于守势。居住在战斗前线区域的英方家庭只好以原木栅栏和木制堡垒来防卫；仅在拉姆福德地区，英国人就构筑了12座"碉堡式房屋"。在巡逻和追击敌方袭扰人员之余，游骑兵还负责武装保卫在野外劳作的英方人员。一旦发现附近有敌方人员出没，英方堡垒内部的人员就摇铃并开炮示警。

在"法国-印第安人战争"之初，英方新组建的地方民团内部一般都包含一两个"游骑兵"连，其服装和装备皆以

下图：邦克山战役最后阶段的行动暴露了北美民兵部队内在的弱点。一旦防御工事遭突破，英国正规军使用刺刀就足以击败北美民兵部队。英军将领会有意避免在白天对躲在工事后面的民兵部队发动长距离冲击。（图像由美国陆军军事历史中心提供）

轻量化为准则，承担快速反应之责，还负有侦察和情报搜集的任务。时任英军总司令（文职）的坎伯兰公爵（Duke of Cumberland）不仅鼓励组建"游骑兵"连的做法，还指出：如果不按照"游骑兵"的方式进行整改，一些正规军将无法在北美的旷野中取得战争胜利。不过，直到1757年威廉·亨利堡（Fort William Henry）陷落之后，将正规军进行"游骑兵"化的整改计划才得以加速实施，以更有效地对抗人数众多的法属加拿大殖民地军和印第安游击队。开明的英军将领，比如威廉·亨利的表兄长、准将乔治·奥古斯塔斯·豪认识到，没有"游骑兵"，北美殖民地的英军将无法赢得丛林战。乔治·奥古斯塔斯·豪对于这一点极为确信，他于1758年说服北美英军总司令詹姆斯·阿伯克龙比（James Abercromby）少将对全部所辖部队进行"游骑兵"化整改，包括服装、武器以及训练三个方面。1758年后期，刚从詹姆斯·阿伯克龙比少将手中接过北美英军总司令（正是他后来统一指挥英军最终征服法属加拿大）一职，杰弗里·阿默斯特（Jeffrey Amherst）少将就积极支持罗伯特·罗杰斯少校编练"游骑兵"部队。他向罗伯特·罗杰斯承诺道："对于你所提出的任何有关军队整改的建议，我任何时候都会欣然采纳。"到了1759年，阿默斯特少将给予"游骑兵"部队的信任和支持收到了成效。在围攻位于提康德罗加的卡里永堡（Fort Carillon）的过程中，"游骑兵"再一次证明，他们是唯一能够有效对抗敌方丛林战士的英方部队。甚至阿默斯特少将一向引以为豪的路易斯堡轻步兵（light infantry）[1]部队也在此战之后遭到了阿默斯特的严厉斥责，因为该部在印第安人的两次夜袭中死亡了18人，其中大部分是被友军误击的。

1759年结束之前，罗伯特·罗杰斯率领的"游骑兵"部队，烧毁了位于遥远的圣弗朗西斯河河畔的奥达纳克的阿布纳基部印第安人村落，此前很长一段时间之内，从这里出发的印第安人一直是英属新英格兰殖民地边疆地区的一个重大威胁。1760年，在罗伯特·罗杰斯率领的"游骑兵"部队引领其他英军部队将法军赶出黎塞留河（Richelieu River）河谷之后，阿默斯特少将又派该部将"驻守蒙特利尔的法军已经投降"的消息送去蒙特利尔以西将近1000英里（约1600千米）的法军前哨。因为"游骑兵"是他麾下唯一有能力完成该项任务的。

罗伯特·罗杰斯指挥的"游骑兵"部队成为英属北美殖民地的正规军和地方民兵的主要整改模板。除了罗伯特·罗杰斯指挥的"游骑兵"部队，为北美英军最终赢得"法国－印第安人战争"起到了重要

对页图：罗杰斯游骑兵的画像，时为1760年左右。图中人物身上的绿色制服在某种程度上是一个重大革新，这种制服是伪装的一种早期形式，也表明了罗杰斯游骑兵对隐蔽性的重视。（美国国家档案和记录管理局）

[1] 轻步兵（散兵）是在主力步兵战列前方形成散开屏护幕袭扰并迟滞敌军队形的步兵。轻步兵与普通步兵、重步兵和战列步兵的战斗方式截然不同。重步兵主要以密集队形进行作战，是大规模会战中的主力。而轻步兵则采用松散队形，通常与重步兵配合作战。战斗中轻步兵能够以远程武器掩护重步兵的密集队形，而重步兵则拥有更为密集的火力和严整的队形，能够避免轻步兵被敌军重步兵或者骑兵击垮。起初重步兵不仅拥有比轻步兵更沉重的肉搏武器，还配有盔甲，但随着火药武器的发展，重步兵也摘去了甲胄，两者都以火枪作为标准装备。——译者注

作用的非正规军还包括：伊斯雷尔·帕特南（Israel Putnam）指挥的康涅狄格"游骑兵"，该部包括几个来自斯托克布里奇（Stockbridge）地区的马希坎部印第安人和来自康涅狄格地区的莫希干部印第安人"游骑兵"连；约瑟夫·戈勒姆（Joseph Gorham）和乔治·斯科特（George Scott）指挥的新斯科舍（Nova Scotia）"游骑兵"；还有一些在英属北美殖民地作战的"游骑兵"连队，例如赫齐卡亚·邓恩上尉指挥的在新泽西边界活动的"游骑兵"连。在庞蒂亚克战争（Pontiac's War）期间的 1763—1764 年，托马斯·克雷萨普（Thomas Cresap）上尉和詹姆斯·史密斯（James Smith）上尉等召集了数个"游骑兵"连前去保卫位于马里兰、宾夕法尼亚边疆的城镇和山谷。

征召、训练和服役

"罗杰斯的游骑兵"这支"法国-印第安人战争"期间最著名、最活跃、最有影响力的"游骑兵"部队，从来不曾在驻北美殖民地的英军部队中得到一个长期的编制，没有稳定的军官架构，也不曾像其他每年都会新组建的地方民兵部队一样获得一个固定的团级或营级编制。事实上，即使是在由罗伯特·罗杰斯本人指挥的鼎盛时期，"罗伯特·罗杰斯的游骑兵"也不过是一支"自给自足"的临时部队。在严格意义上，"罗伯特·罗杰斯的游骑兵"仅指罗伯特·罗杰斯本人指挥的那个"游骑兵"连。但习惯上也将除地方民兵外，哈得孙河谷和乔治湖部队中的"游骑兵"连称为"罗杰斯的游骑兵"。

在 1755 年的乔治湖战役中，罗伯特·罗杰斯首次指挥约瑟夫·布兰查德（Joseph Blanchard）上校任团长的新罕布什尔团第 1 "游骑兵"连。威廉·亨利堡于 1757 年冬天陷入敌手后，32 名勇敢的志愿者在那年冬天跟着罗伯特·罗杰斯上尉留在威廉·亨利堡，继续对北方敌人的各个据点进行侦察和袭扰，尽管这时他们已经领不到来自英国驻北美殖民当局的奖金和军饷了。

临近 1756 年开春时，罗伯特·罗杰斯所部大有斩获的捷报传来，威廉·雪利（William Shirley）总督（当时任北美英军临时总司令）因此授权罗伯特"独立指挥一个'游骑兵'连"，该连的编制包括 60 名列兵、3 名中士、1 名少尉以及 2 名中尉。罗伯特·罗杰斯的兄弟理查德·罗杰斯就成了其麾下的中尉。不久之后，罗伯特·罗杰斯指挥的各"游骑兵"部队开始按所在地区的标准，领取英国皇家战争资金并直接向北美英军指挥官负责。尽管这些"游骑兵"部队依然没有获得永久性编制，但其军官此后开始领与英国军官一样的军饷，士兵的军饷则是民兵的两倍（饷酬比英军正规军士兵更高）。约瑟夫·戈勒姆上尉指挥的驻扎在新斯科舍地区的老"游骑兵"连享受英国皇家专门调查委员会（royal commission）的拨款，因此永久性地失去了进入哈得孙河谷服役的机会。威廉·雪利少将命令罗伯特·罗杰斯"只招募那些擅长远程行军和打猎，且在勇气和忠诚度两方面都值得信赖的人"。

由于罗杰斯本人统率的"游骑兵"连，以及由那些从该连出去的老兵组建的"游骑兵"连基本上始终奋战在边疆前线，新募成员所必须经历的基本训练无法像一般英军部队那样在一段相对较长的时间内有条不紊地开展。以1名来自德里菲尔德（Derryfield）的农夫为例，若要加入"游骑兵"部队，他首先必须是1名熟练的追踪者和猎手，应掌握以下技能：在1个小时之内，以树皮或枝叶为原料搭建完成一座单坡屋顶小屋；在漆黑的森林里辨明方向；以某些树的内层树皮制作绳索；尽管食物稀缺却依然可以连续行军数日。来自第27爱尔兰步兵团（27th Foot）的亨利·普林格尔（Henry Pringle）上

下图：根据托马斯·戴维斯上尉从南面视角对克劳波因特的描述所画。在显眼的位置是游骑兵的棚屋和印第安人的锥屋，在其附近能看到多种不同样式的小屋，包括印第安锥屋、帐篷以及披棚。（托马斯·戴维斯，加拿大国家档案局／C-013314）

尉认为，1 名来自新罕布什尔地区的"游骑兵"新兵通常已经掌握了"好得惊人的射术"。

1757 年 12 月，亨利·普林格尔上尉在日记中提到 1 位来自爱德华堡（Fort Edward）基地的"游骑兵"军官：在罗杰斯的"游骑兵"部队发动的一次长途侦察行动中，他"曾经以 4 发子弹击杀了 1 头鹿、1 只野鸡以及 2 只野鸭，其中，那 2 只野鸭是被 1 发子弹打下来的"。事实上，按照一位驻扎在新斯科舍地区的目击者的看法，很多来自新罕布什尔的军人可以"在火枪还在背上的时候完成装弹，然后迅速取下，端在手中，对敌瞄准。没有比他们更优秀的狙击手了，他们的所有日常娱乐就是比赛射击，并以此打赌"。

在对抗法属加拿大殖民兵和印第安人的战斗中，罗杰斯的"游骑兵"部队对于射术的极端强调和尽力向大部分成员配发线膛卡宾枪的做法换回来了一次又一次的胜利。射术是当初的"游骑兵"部队流传至今的几项最重要的遗产之一，如今的美国特种作战部队尽管一直在追求各种高科技装备，但在训练过程中依然非常强调成员的个人射术。罗杰斯的"游骑兵"部队在 1758 年 3 月 13 日的"雪鞋之战"中遭遇了其历史上的唯一一次重大失利，也正是在这次战斗中，面对寡不敌众的险恶情势，他们硬是依凭精湛的射术让渐次缩小包围圈的印第安人在 90 分钟之内无法进一步靠近。印第安人死伤二十多个，其中有 1 人是他们的军事首领。就行踪诡秘的印第安人而言，这么高的伤亡率非常罕见。"印第安人不习惯损失人员"，参加了这次战斗的蒙特卡姆（Montcalm）如是说。印第安人因此极为恼怒，他们不顾之前做出的宽大处理战俘的承诺，立刻枪毙了大致相同数量的已经投降的"游骑兵"成员。

对每一位"游骑兵"成员而言，在美洲北部的湖中和溪流中操纵船只的技术是另一项至关重要的技能。最初，乔治湖上的罗杰斯"游骑兵"部队使用桦皮舟和内河平底船（原本皆是为运输货物而建造的划船）对敌人发动突袭。从 1756 年开始，他们转而采用雪松木质捕鲸划艇。出于提高速度的考虑，这些捕鲸划艇都有龙骨、圆底和尖尖的艉艉，可快速变化航行方向而不发生侧翻，即使水面风浪较大也可灵活机动。他们还会将一些毯状物用作简易船帆。

新加入的成员须学会或者进一步增进的其他技能还包括：建造船只、涉水横渡湍急的河流、携带捕鲸划艇翻越山脉、在森林里伐倒树木构筑临时防护墙、模仿鸟兽的叫声向友军发出信号、引燃并投掷手榴弹。

战术和作战

因为当时的大多数正规军对"游骑兵"部队内部的种种准则还很陌生,罗伯特·罗杰斯受令就此撰写一份有关"规则或训练大纲"的文件,以供那些希望学习、借鉴经验的"绅士军官们"参阅。为确保正规军能在最大限度上领会"游骑兵"部队的"做法",驻北美殖民地英军还特意从8个下属团抽调出50名志愿者组成一个连,并将其置于罗伯特·罗杰斯的节制之下。罗伯特·罗杰斯的职责是"按照自有的方式指挥他们行军、撤退、伏击敌军以及战斗"。罗伯特·罗杰斯总共提出了28项"规则",其中大部分都是来源于古老的印第安人战术和战法,很多来自北美新英格兰地区的边民对此也很了解。

比如,"规则"2指出,如果侦察人员数量不多,"须以一列纵队行军,前后间距以避免敌方1发子弹击中2人为准";"规则"5指出,从敌占区回撤的部队不能经由来路返回,以防遭伏击;"规则"10则提出警告,如果遭敌军击溃的危险即将来临,"立刻化整为零,各人选择不同的路线返回事先指定的集结点,而且最好是在夜间抵达"。

在罗杰斯撰写的"规则"中,其他条目还着重指出一点,无论某新募成员如何"精通战斗",一旦加入"游骑兵"部队,要接受专门的丛林战训练。"规则"6指出,如果一支人数为三四百人的"游骑兵"部队前去执行攻击任务,"须分成三路纵队……每一路纵队都以单列队形前进,左右两侧的纵队与中央纵队的距离不得少于20码(约20米)",队伍的前方、后方以及侧翼须有专门的警戒人员。若敌方攻击自前方而来,"立即以前卫人员构筑前方防御阵线,同时确保两翼的行动自由……坚决杜绝两翼遭敌军压迫或包围的情形出现——两翼包抄正是印第安人的通常战法"。

"规则"7的建议是,如果会正面承受敌军的第一波火力,"先迅速卧倒,或蹲下","然后站起身来朝敌还击"。"规则"9建议"如果不得不撤退,先让前方人员开火—撤退,然后让后方部队如此照办,并在此过程中迅速抢占有利地形,其目标在于:让敌方追兵(如果他们确实派兵追击的话)面临我方的持续火力"。

"游骑兵"部队参与的大部分军事行动都不是与敌正面对抗(无论规模大小),而是快速突袭、追捕等。如威廉·雪利少将在1756年下达的命令所述,"游骑兵"部队的任务是"尽最大的努力打击法国人及其盟友的士气,破坏其战斗力,作战模式包括抢劫敌方物质、纵火以及摧毁敌方的房屋、谷仓、兵营、独木舟等"。其他作战模式还包括杀死敌方的牲畜和战马、

伏击并破坏敌方运送补给的雪橇、在敌方的庄稼地和薪柴堆里放火、潜入敌方要塞前沿侦察敌情以及捕俘。

在威廉·约翰逊（William Johnson）准男爵（曾被授予少将衔，后来主动请辞）、詹姆斯·阿伯克龙比少将、约翰·福布斯（John Forbes）准将、詹姆斯·沃尔夫（James Wolfe）准将、杰弗里·阿默斯特少将、亨利·布凯（Henry Bouquet）上校等人统率的北美英军大部队朝敌境不断深入之时，"游骑兵"部队往往担当前卫和侧卫力量，他们主要负责对付那些从不正面接战的敌方游击部队，在此前的1755年7月，第一任北美英军总司令爱德华·布拉多克（Edward Braddock）少将率领的远征部队就是被这些敌方游击队击败的。丛林作战中的一个重要部分就是伪装，罗杰斯的"游骑兵"部队在整个战争期间都穿着绿色伪装服。其他北美英军部队非正规军有的穿着褐色伪装服，比如托马斯·盖奇（Thomas Gage）上校率领的第80轻步兵团和伊斯雷尔·帕特南率领的康涅狄格"游骑兵"；有的穿着灰色伪装服，比如约翰·布拉德斯特里特（John Bradstreet）上尉率领的武装平底船船员和赫齐卡亚·邓恩上尉率领的新泽西"游骑兵"部队；新斯科舍地区的一些"游骑兵"连则身穿深蓝色或黑色伪装服。

也许，罗杰斯的"游骑兵"部队确实比较偏爱绿色伪装服，但他们在5年役期内并不仅有一成不变的制服，他们和其他正规军和地方民兵团一样还会有其他着装。据第46步兵团的约翰·诺克斯（John Knox）上尉的观察，在1757年7月，一次有罗杰斯的"游骑兵"部队参加的战役中，1名来自德里菲尔德的农夫出身的"游骑兵"成员"穿着很随意"，并且，他们都穿着一身"褪褐"。他所谓"褪褐"很可能是指各种短大衣、外套、马甲或者衬衣；为了轻便，这些衣服都做了针对性的修改。在战场上，"游骑兵"部队成员往往打扮得和印第安人差不多，看上去"既凶狠且野蛮"，一位来自路易斯堡的作者于1758年如此写道。

在阿第伦达克山脉地区，执行冬季侦察任务的"游骑兵"部队需要承受众多的艰险和磨难，包括低温引起的雪盲、失温、冻伤、坏疽等。冻湖当中往往雪泥间杂堆叠，冰面上的洞穴甚至会在转瞬之间吞没一个大活人。经常出现的一种情况是，在外出执行任务的第一天，"游骑兵"部队就不得不让一些难以跟上的人或心气消沉的人自行返回。越是接近敌方区域，"游骑兵"部队的处境越是艰难：夜间露营时绝不敢生火取暖，除非露营地刚好是在某处高地的低陷区，只有在这种情况下，他们才敢用雪地鞋挖出一个深深的洞穴来，在里面生一堆小篝火。在篝火

对页图：1757年游骑兵在拉巴比溪进行的一次边境防御战。很多白人边区战士都明智地使用一种印第安战术：2人1组守在1棵树后，1人射击时另1人躲在树后装填。前景中有1名游骑兵正在用嘴向枪膛中吐入子弹，因为嘴里一次可以含6~8颗弹丸，用这种方式可以加快装填速度。（加里·扎波利绘制，鱼鹰出版公司）

周围,"游骑兵"们用松树枝搭好避风小屋,地上先铺上厚厚的常绿枝叶做"褥子",再将熊皮大衣铺在上面;用毯子裹紧,像蚕茧里的幼虫一样,就可以躺下睡上一觉了。不过,夜晚生火总是一种难得的奢侈。

在无人区或敌占区,每处"游骑兵"夜间露营地都会安排6个人站岗放哨,"任何时候都有2人处于警戒状态","换岗必须悄无声息地进行"。天快亮时,所有人都会醒过来,"这些'野蛮人'朝敌人发动进攻的时候到了"。在此之前,他们早已将从露营地通往敌军所在方位的道路侦察清楚了。

"游骑兵"部队的补给、寝具以及额外的衣物通常是以手拽雪橇拖运,以减少部队成员的能量消耗并避免过量出汗。雪地行军好手可以在1日之内接连翻越"好几座大型山脉",1756年3月,地方民兵成员杰杜森·鲍德温(Jeduthan Baldwin)就曾随"游骑兵"部队这么干过。一进入冬季,在野外行军的"游骑兵"成员会给自己添上法兰绒里衬、羊毛袜、鞋内保暖填充物、皮帽、厚手套等保暖衣物,在有必要的情况下,他们还会再用毯子缠裹在身上,甚至头部也用毯子裹上,就像印第安人一样。

在雪地里(雪有时候深及胸部)和法国人、印第安人战斗时,一旦雪地鞋破了,很可能引发致命性的后果。更可怕的是,如果"游骑兵"身后是一片白雪覆盖的斜坡而他们又身着绿色衣物,就会直接暴露在敌人面前。据亨利·普林格尔上尉回忆,在1758年发生的"雪鞋之战"中,罗伯特·罗杰斯上尉的随从因此不得不"脱下其绿色马甲"。在这次战斗最终失利之后,由于不习惯雪地鞋,亨利·普林格尔上尉无法同"游骑兵"部队一起撤退,他和其他英军人员在白茫茫的森林里游荡了整整7天,最后只能向法国人投降。

由于其作战行动的特殊性质,"游骑兵"部队的给养纪律极为严格。在1759年冬天的一次长途行军中,"游骑兵"部队的补给员詹姆斯·戈登(James Gordon)如此写道:"我们只剩下一两磅面包、十多块咸饼干、两磅左右新鲜猪肉以及一夸脱(1.136升)白兰地酒"。在"雪地鞋之战"失利之后的野外逃亡中,亨利·普林格尔上尉仅靠"少量博洛尼亚香肠、一点儿姜、水以及树皮、野果子"等活下来了。烤玉米也是印第安人很喜欢的一种干粮,烘烤之后捣碎,和水吞食,也是"游骑兵"部队的口粮之一。

"游骑兵"部队的回程所需给养往往需要以"搜刮"敌军的方式来获得。他们在提康德罗加和克朗波因特(Crown Point)两地屠宰敌方牛群,获得了很多牛舌。罗杰斯回忆道:"那是一种非常美味的食物"。1759年，戴维·佩里（David Perry）以及另外几位来自摩西·黑曾（Moses Hazen）上尉指挥的"游骑兵"连的人在魁北克附近突袭了一座法国人的房子，找到了"大量腌渍三文鱼，这对我们大多数人来讲都是稀罕物"。在另外一所房子里，他们大吃了一顿"速食布丁"。在圣弗朗西斯，罗杰斯的"游骑兵"找到了大量的玉米并将其用作回程的口粮，但8天之后，"口粮还是所剩无几了"。在1759年秋季，在新英格兰北部的旷野中活动的罗杰斯的"游骑兵"猎取甚少，口粮短缺严重，而复仇心切的法国人及印第安人又一直尾追其后。他们偶尔能打到一两只猫头鹰、松鸡或麝鼠，但大多数时候只能以两栖动物、蘑菇、山毛榉树叶以及树皮绉充饥。来自第77高地步兵团的志愿兵罗伯特·柯克（Robert Kirk）写道："到了后来，我们只能从雪层底部搜寻橡果，甚至啃鞋底和皮带，牛角制火药筒烤过之后也成了我们的眼中的美味佳肴。"

下图：描绘美军步兵作战场景的图像，他们无论射击还是拼刺都排成如墙的战列。散兵、神射手和"游骑兵"则打破了这种战术模式，更乐于使用小规模集群机动的方式作战。（图像由美国陆军军事历史中心提供）

其他战斗挑战

"我们深陷在一片遭到了诅咒的敌区",一位参加了乔治湖战斗的第55步兵团中尉于1758年如此写道,"(这里)只适合狼群,还有在当地土生土长的野蛮人生存。"万分残酷的环境不断地将"游骑兵"推向身体和心理的极限,尤其是那些被敌军俘虏的人。在1757年1月发生在提康德罗加附近的一次战斗中,不满20岁的"游骑兵"成员托马斯·布朗(Thomas Brown)因身中3弹而大量出血,"(他)决定——如果可能的话,设法爬进丛林里,然后在那儿静待死亡的来临"。但他最终还是被印第安人俘虏了,后者经常对他以死亡相威胁。后来,托马斯·布朗的枪伤竟然得以痊愈了,印第安人将他卖给了一位加拿大商人,"境遇比奴隶还糟糕",但他最终还

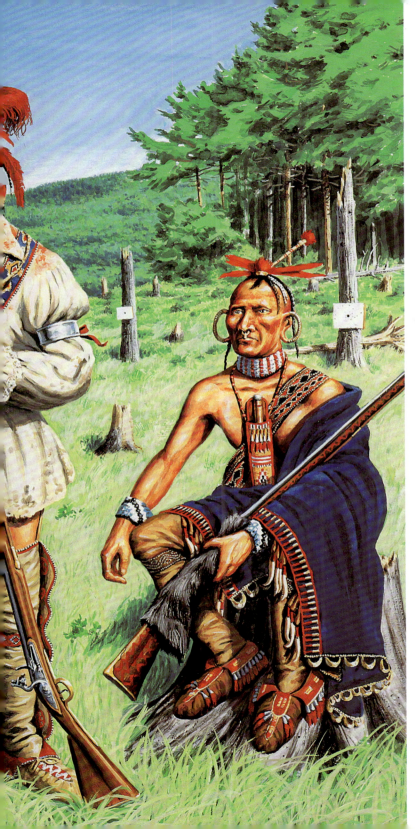

左图:除了侦察技能和勇气外,出色的枪法也是"游骑兵"能远超同侪的原因。"游骑兵"大部分都是猎人出身,明白一次精确的射击就可能改变森林中一次小规模交战的进程。罗杰斯要求他的"游骑兵"连经常性练习射击,以至于英国军官威廉·哈维兰中校因此责骂他,指责他"浪费弹药"。(加里·扎波利绘制,鱼鹰出版公司)

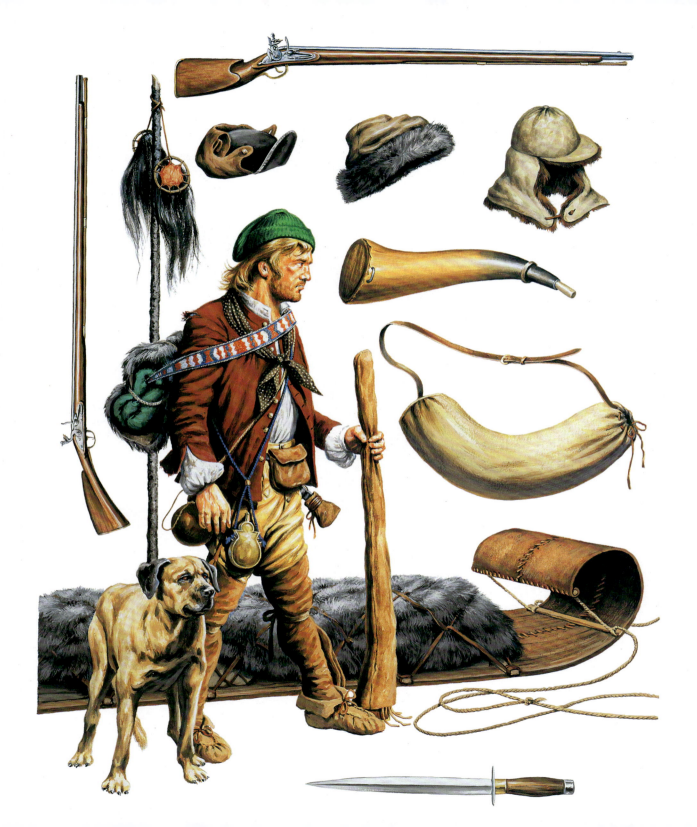

是逃脱了。伊斯雷尔·帕特南上尉本人也差点儿被敌军施以火刑，最后一刻才因为一位加拿大军官的干涉而幸免。2名印第安裔"游骑兵"成员被上了手铐脚镣之后运往法国，然后被贱卖为苦役。

对"游骑兵"来讲，在外人看起来艰巨无比的任务可能是家常便饭。1756年7月，罗杰斯率领他的"游骑兵"部队在乔治湖和伍德河（Wood Creek）之间林木茂盛的山上砍出了一条长达6英里（10千米）的通道，然后扛着5艘武装捕鲸划艇翻过山去，在尚普兰湖中对法国船队发动了一次突袭。在朝圣弗朗西斯行军的过程中，罗杰斯的"游骑兵"在一片沼泽地区艰难跋涉了9天时间，"途中没有找到一个干燥的露营点"。据说，在1758年3月的"雪地鞋之战"失利之后，罗伯特·罗杰斯本人也差点儿被一群追赶的印第安人抓获，他在一道缓坡上滑行了将近700英尺（210米）之后才得以逃脱。1760年，罗伯特·罗杰斯还曾参加过一次以底特律为目的地的任务，往返行程长达1600英里（2500千米），这是美国历史上最引人注目的远征之一。

当然，每次战役结束之后，"游骑兵"部队总能感受到种种胜利的喜悦。1758年8月晚期，罗杰斯让他的部属享受了一次"葡萄酒盛宴"，他们燃起了一堆大型篝火，在一旁载歌载舞，欢庆英军近期取得的胜利。于1760年肃清了黎塞留河河谷的法国人之后，民兵队长塞缪尔·詹克斯

对页图：1725年，约翰·洛弗维尔上尉指挥的新英格兰"游骑兵"连的1名列兵。他的服饰与装备展现出洛弗维尔连士兵服饰、装备的欧洲—印第安混合风格。注意图中的印第安式雪橇，这种雪橇是以生牛皮绑缚住的两片木板，其木板通常由云杉、桦木或榆木等制作而成。（加里·扎波利绘制，鱼鹰出版公司）

左图：一幅描绘罗杰斯的版画。罗杰斯留下了一份长久流传的军事遗产，至今仍可在美军游骑兵手册中找到与他的《游骑规则》相关的内容。（美国国家档案和记录管理局）

高兴地写道："'游骑兵'部队……告诉我们,当地的女人对我们非常友好,进入居民稠密的地区之后,我们的日子似乎更好过了"。在过去的一年当中一直跟着罗伯特·罗杰斯奋勇作战,同法国人争夺五大湖地区的200名"游骑兵"成员得以欣赏到种种前所未见的自然奇观,包括尼亚加拉大瀑布,他们最终还赢得了某些此前经常与他们厮杀的当地印第安部落的友谊。

轻步兵和神射手

当事实证明机械、僵硬的线式战术(linear tactics)[1]在美洲北部的森林地带毫无用处之后,"游骑兵"部队在北美英军正规部队中激起了种种变革措施,其中之一即是组建了第一个轻步兵连。本书之所以打算叙述轻步兵的历史,是为了指出一个事实,即轻步兵部队对位置不固定、行动敏捷的神射手成员的强调为未来美军的侦察部队奠定了概念基础。美国人长期以来就很擅长使用线膛枪,打猎是居住在边疆区域的人们获取食物的重要方式,出色的射术也是美国人的一种重要民族自豪感。截至18世纪中叶,原本在德国森林地区使用的那种短枪管的大口径线膛猎枪演变成了长枪管的小口径线膛枪,使用者是一批射术精湛的北美边疆居民。美国独立战争(1775—1783年)爆发之后,很自然地,那些使用后一种线膛枪的人(他们非常信赖由德裔制造的"宾夕法尼亚线膛枪")击败了使用无膛线、准头差的滑膛枪的人。1775年,"大陆军"(Continental Army)[2]中爱德华·汉德(Edward Hand)指挥的线膛枪团聚拢了大量来自宾夕法尼亚的边疆居民,这个团之后被派往波士顿,围攻驻守在那里的英国殖民兵。"大陆军"的另外几个线膛枪团也很快组建起来了,其中之一是弗吉尼亚线膛枪团,"大陆军"总司令乔治·华盛顿对这些线膛枪团有以下评价:"这些人都是精心挑选出来的,擅于使用线膛步枪并精通其战术运用,可作为对抗印第安人的有效力量……他们将成为一支功勋卓著的部队"。

早期的"大陆军"线膛枪团的步枪存在装弹缓慢的缺点,由于无法安装刺刀,大陆军的线膛枪兵很难在战斗中和行动敏捷的英国殖民地轻步兵对抗。尽管如此,一些线膛步枪部队还是全程参与了美国独立战争。在约克城的战斗中,乔治·华盛顿甚至要求他们前去消灭藏身在要塞内部的炮手。线膛步枪兵对于

---

[1] 线式战术,采用线式队形进行战斗的方法,是火器、弹药的改进和广泛运用以及军队实行雇佣兵制的产物。16世纪后期,线式战术在莫里茨统帅的荷兰军队中初具雏形。欧洲三十年战争时期(1618—1648年),线式战术在瑞典军队中形成并被普遍采用。18世纪,线式战术在欧洲战场上占有统治地位并得以完善。运用线式战术时,军队展开成2~3条步兵线,每条线分为2~6列,各线相距50~200步,骑兵居于两翼,火炮配置在步兵线前后或翼侧。战斗时,火炮先行远射,掩护步兵推进,距敌人150~200米时,最前列步兵进行齐射,而后,后退装填弹药,第二列再行齐射,如此交替射击;最后,一起转入冲击,骑兵由两翼迂回突击。线式战术在战术史上标志着单纯冲击作为基本战斗手段的结束,从此火力与冲击开始结合起来。线式战术的长处在于,能发挥更多数量的火炮和步兵的作用,便于指挥,使士兵在战斗中保持整齐的战斗队形,有秩序地进行射击。但线式战术只适于在平坦的地形上战斗,难以随战斗的变化变换战斗队形和实施机动,加之纵深浅、两翼薄弱,易被敌方突破。随着火器性能的改进,线式战术于18、19世纪之交逐渐被纵队战术所取代。引自樊洪洲、张卫新《中国军事百科全书》——译者注

[2] "大陆军",即美国独立战争中由北美13个殖民地联合建立的革命武装力量。1775年6月15日,第二届"大陆会议"决定组建军队并任命乔治·华盛顿为总司令。全军由正规部队、民兵和志愿兵组成,由"大陆会议"实施政治领导,由各级将领组成的军事会议负责作战指挥。正规部队服役期为3年,民兵和志愿兵为几个月,先后约有10万人服役。独立战争结束后,根据《巴黎和约》,"大陆军"大部分解散,仍然保留的一部分军队成为后来的美国陆军。——译者注

美国独立战争的胜利贡献并不大，但有关他们的故事却在此后被美国人传得神乎其神。事实上，美军军事当局后来组建了1个正规军版本的宾夕法尼亚线膛枪团，装备M1803式0.54英寸（约13.7毫米）口径的短枪托式线膛燧发枪。1808年，面对战争的威胁，美军正式建立其第一个正规军线膛枪团。在1812年战争[1]中，该团表现优秀，官方报告中有关于其夺取加拿大约克（York）地区的记录是："本杰明·福赛思（Benjamin Forsyth）上尉指挥的线膛枪部队在这一系列的战斗中冷静沉着。"1814年，美国国会批准了新增3个线膛枪团的议案，但在1812年战争结束后将其缩减为1个团。到了1821年，一个更加关心节约开支（而不是军备）的美国政府解散了美军第1线膛枪团（1st US Rifle Regiment）。

在墨西哥战争期间（1846—1848年），美国没有专门的神射手部队，尽管当时美国的一家建立于1841年的军工厂已经开始生

[1] 1812年战争也称为"第二次美国独立战争"，美国与英国之间发生于1812—1815年期间的战争，也是美国独立后第一次对外战争。参加此次战争的英国军队中有50%的兵员是加拿大民兵。1812年6月18日，美国向英国宣战。1812—1813年，美国攻击英国北美殖民地加拿大各省。1813年10月—1814年3月，英国在欧洲击败了法国的拿破仑大军，抽调出更多的兵力增援北美战场，一度攻占美国首都华盛顿。但英军在美国南部的路易斯安那战场上以及尚普兰湖战役、巴尔的摩战役、新奥尔良战役中多次失利，其海军也遭受败局。1815年双方停战，边界恢复原状。——译者注

下图：军队行军路上罕见的一幕：这是托马斯·戴维斯上尉1760年所画的关于阿默斯特部队沿着湍急的圣劳伦斯河向蒙特利尔下游的拉齐尼行军的水彩画。两个游骑兵连（维特连和奥格登连）乘坐捕鲸划艇伴随大部队行动。（托马斯·戴维斯，加拿大档案馆／C-000577）

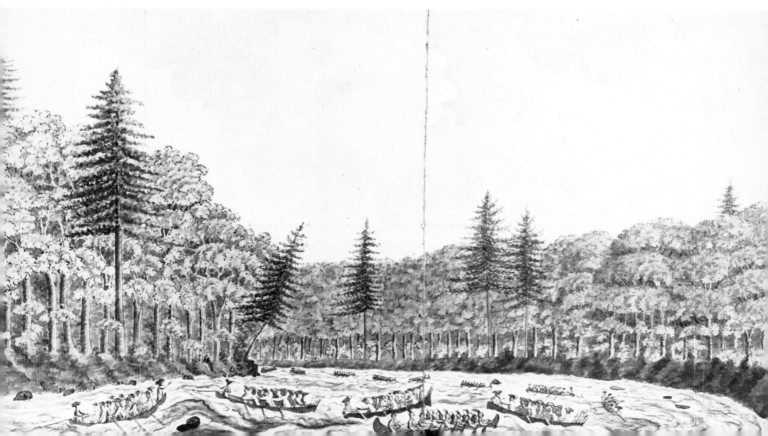

右图:"游骑兵"部队并不住帐篷。如果木屋不够住,他们会建造一座半开的、由树皮和灌木丛组成的遮蔽所(与现代披屋颇为相似)。他们的非侦察任务之一,就是外出狩猎,猎鹿捕熊,或者一些轻松的猎捕行动,来补给他们自己和英国军人的肉品储藏。动物的皮毛被洗净、风干,熊皮可以制成极好的床垫和毯子,鹿皮可以剪制成鹿皮鞋、绑腿、枪盒和雪鞋网。(加里·扎波利绘制,鱼鹰出版公司)

[1] 南方邦联(Confederate States of America),成立于1861年2月4日,覆灭于1865年4月9日。确知亚伯拉罕·林肯当选为美国总统后,美国南部6个蓄奴州(南卡罗来纳州、密西西比州、佛罗里达州、亚拉巴马州、佐治亚州与路易斯安那州)建立联盟国。杰佛逊·戴维斯于次日当选南方邦联总统。得克萨斯州在3月2日加入联盟国,并撤换其拒绝宣誓拥护联盟国的州长山姆·休斯顿。这7个州脱离合众国并控制境内的海陆军、港口与海关,从而引爆了美国内战。——译者注

产使用火帽击发式线膛枪了。后来成为南方邦联[1]总统的杰佛逊·戴维斯(Jefferson Davis)当时正是密西西比志愿步兵团(Mississippi Volunteer Regiment)的指挥官,他设法给部下装备了一些火帽击发式步枪,并在墨西哥战争期间的比尤纳维斯塔(Buena Vista)战斗中将其火力优势发挥得淋漓尽致。但是大部分美军使用的仍然是滑膛枪,而且其中大部分都是燧发式的。直到1855年之后,长枪管的线膛枪才被批准广泛装备美国军队。从理论上来说,任何1名装备了长枪管线膛枪(457米以内的射击精度非常可观,而有效杀伤距离还远不止于此)的士兵都有潜力成为1名狙击手。然而,由于此前只接受过很有限的射击训练,装备了M1855式线膛枪的大多数美军士兵的射击精度并不比那些美国独立战争时期使用滑膛枪的先辈们高多少。

美国南北战争爆发后,敌对两方的专家都认定,有

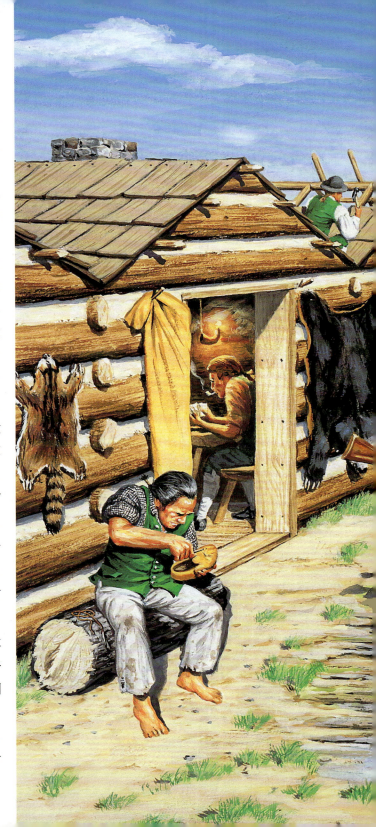

必要组建新的神射手部队。不过，北方联邦（北军）组建新的神射手部队的实际行动要比南方邦联（南军）早得多。从那时开始，美国南北双方的神射手部队成员就自视为精英部队的一员，他们有专门的制服和徽标、装备了专门的武器，还要接受专门的射击及其相关训练。不过，当时军方运用这些神射手部队的方法并不同于今日的美军。当然，一直会有一些尤其优秀的成员被抽调出来，前去执行一些专门的狙击任务。须指出的一点是，大多数有关某些重要人物（比如将军）被敌方的"神射手"狙杀的报告都是杜撰的，那些人物其实更有可能是被一颗流弹或者某个幸运的线列步兵（line infantryman）射出的子弹杀死的。

在美国南北战争期间，敌对双方的神射手部队往往被作为"散兵"（skirmisher）派上战场，这是一个类于后来第一次世界大战末期德军"暴风突击队"（storm troop）的角色，主要承担朝敌军阵地实施渗透攻击的任务并负责攻坚和填补阵地缺口。在美国南北战争时期的战场上，神射手部队不像一般的线列步兵那样分成齐头并进的两列向前攻击，而是和轻步兵一样以疏散队形展开，灵活利用一切可能的掩蔽物。对于南北战争期间的神射手部队的作用，南方邦联（南军）的神射手部队成员约翰·D. 扬（John D. Young）后来这样描述："如金莱克（Kinglake）[1]所说，被用作'大部队的矛头'，负责强行突破敌军防线或者迎头抵挡敌军的攻击锋线。"

北方联邦（北军）神射手部队

南北战争爆发之初，北方联邦的神射手海勒姆·伯丹（Hiram Berdan）提议组建一支专门的神射手部队。海勒姆·伯丹1823年出生于纽约州，他是一位名声显赫、家财颇丰的发明家，其大部分发明都和枪械有关，同时也是美国顶尖的平民神射手。此外，他还颇有营销才能，但不具备从军经历。

海勒姆·伯丹的建议是，任何一位想要加入这支新组建的神射手部队的人都必须通过严格的射击考试。对此，《纽约时报》1861年8月发表了如下一篇报道：

本文的内容大概会给读者一种"不近人情"的印象，但这篇报道所要反映的正是这样一个事实：主人公们都想证明自己有能力从600英尺（约183米）的距离外朝枪靶连续射出10发子弹，并使任意两颗子弹在枪靶上的平均间距不超过5英寸。也就是说，这10发子弹在枪靶上的间距累积值不得超过50英寸。任何参加这次考试的人，如果射击成绩相比上述要求有任何细微的差距，都决不允许通过。这个

---

[1] Kinglake 应该是指 Alexander William Kinglake，英国历史学家和旅行家亚历山大·威廉·金莱克（1809—1891年）。——译者注

要求看起来非常严苛，但还是有很多人的成绩达到甚至超过了预定标准。在一个有风的日子里，海勒姆·伯丹上校本人使用一支陌生的步枪从600英尺（约183米）的距离外朝枪靶射出了10发子弹，结果，所有子弹在枪靶上的平均间距不超过一英寸，且每一颗子弹与靶心的距离都在十分之一英寸以内。在1000英尺的距离外，海勒姆·伯丹上校射出的10发子弹在枪靶上的间距累积值仅为22英寸。在不利的射击条件下，布朗军士长（Sergeant-Major）使用一支陌生的步枪射出了10发子弹，使其在枪靶上的间距累积值为33英寸。这次选拔考试在奥尔巴尼（Albany）展开，结果有三分之二的受试者遭淘汰，还有大量有意向加入的人根本没有参加此次考试。还须考虑到这样一个事实，即美国人的平均射击水准是很高的，尤其是生

下图：在1775年列克星敦之战中作战的轻步兵。1名装备滑膛枪的士兵在100码距离上能够击中敌人已纯属运气，如果装备线膛枪，他能准确射击200码范围内的目标。（美国国家档案和记录管理局）

活在新英格兰地区和美国西部的猎人……

按照海勒姆·伯丹上校的计划,这个神射手团的人员将以特遣小队的形式派上战场,主要职责是清除敌方军官和炮手,因此,他们遭敌方骑兵部队阻断、围攻或俘虏并处死的风险极高。这是美军历史上第一支名副其实的线膛枪团,也就是说,每一位加入该部队的人都必须事先通过严苛的考试。

1861年6月5日,北方联邦时任战争部长[1]西蒙·卡梅伦(Simon Cameron)批准了海勒

[1] 战争部长(Secretary of War)是美国战争部(War Department)的(非军职)首长,1789—1798年期间专门主管所有军事事务,只对总统负责。1798年,美国设立了专门的海军部长(Secretary of the Navy)一职,战争部长从此只负责陆军事务。1947年9月18日,美国战争部被拆分为美国陆军部(Department of the Army)和美国空军部(Department of the Air Force),后两者与美国海军部(Department of the Navy)联合组成(美国)国家联合军事部(National Military Establishment,NME)。1949年,(美国)国家军事部改名为(美国)国防部(Department of Defense)。——译者注

左图:这幅人物素描是美国革命结束后不久,一位名叫丹尼尔·尼古拉斯·查多维奇的德国画家,依据一位刚从美国返回的德国军官的描述所画。左边是1名美国神射手,右边是1名宾夕法尼亚州线列步兵。(美国国家档案和记录管理局)

姆·伯丹上校的建议，美国北部各州都举办了相应的征召考试。事实上，神射手团与一般的志愿兵部队还存在另一个显著的不同，即神射手团所辖兵员来自不同的州。最后，北方联邦征召到了足够组建2个神射手团的射击好手。第1神射手团（1st USSS）总共包含10个连，其中A连、B连、D连以及H连的兵员来自纽约州；C连、I连以及K连的兵员来自密歇根州；E连的兵员来自新罕布什尔州；F连的兵员来自佛蒙特州；G连的兵员来自威斯康星州。第2神射手团（2nd USSS）总共包含7个连，其中A连的兵员来自明尼苏达州；B连的兵员来自密歇根州；C连的兵员来自宾夕法尼亚州；E连、H连的兵员来自佛蒙特州；F连、G连的兵员来自新罕布什尔州。

从一开始，每位加入神射手团的新兵就自视为美军中的精英。来自第2神射手团F连的怀曼·怀特二级军士长后来回忆，当他所在的连队成员在一所旅馆中首次集结时，互相之间完全不认识，"但我们都能够很容易地分辨出在这里遇到的宾客是不是神射手：即使还是一个新兵，其神态举止也透露出他们自感肩负着整个联邦的安危。就其气势而言，这个只有100名成员的连队给在场的外人这样一种印象，它的兵力远远不止100人"。

这2个神射手团随波托马克军团（Army of the Potomac）参加了多次大小战役。1864年8月，这2个神射手团的某些连队在其成员第1个役期结束之后陆续解散了，剩下的连被重组合并。1864年12月31日，第1、第2神射手团的所有连队被重组合并成1个神射手营。到1865年2月20日，第2神射手团被整体撤销编制，原属该团的各神射手成员返回本州普通部队。与此同时，美军其他部队开始组建新的神射手营，其中包括1861年12月组建于伊利诺伊州的"耶茨神射手营"[1]、1864年晚期组建的"缅因第1神射手营"、1861年9月组建于马萨诸塞州的"安德鲁神射手营"[2]。

就神射手的训练而言，海勒姆·伯丹最初的观点是：既然他的手下都已经通过了严苛的射击选拔，因此可以立即派上战场参战。所以，他很快就将第一批神射手连派上了弗吉尼亚战场，此时距离他们抵达华盛顿州集合时间还很短，结果这批人出师不利——尽管战斗规模不大，却损失了2位成员。来自第1神射手团的鲁道夫·阿施曼（Rudolph Aschmann）上尉后来写道："初战表明，一个人光有勇气和优秀的枪法还不足以成为1名好战士，还必须接受充分的其他军事训练"。

神射手的训练相比普通步兵要复杂、

[1] "耶茨神射手营"（Yates' Sharpshooters）是由伊利诺伊州的时任州长理查德·耶茨（Richard Yates，1815年1月18日—1873年11月27日）的大力倡导而组建起来的。起初该营下辖4个连，后来又新增了2个连。其官方番号为"伊利诺斯第64志愿步兵团"（64th Illinois Infantry）。——译者注

[2] "安德鲁神射手营"（Andrews' Sharpshooters）因马萨诸塞州时任州长为约翰·A.安德鲁（John A. Andrew，1818年5月31日—1867年10月30日）而得名。该营最初只下辖1个连，后来又新增了1个连。——译者注

专业得多,普通步兵的训练科目通常不过是基本的战斗机动和滑膛枪射击而已,有些普通步兵甚至在走上战场之后也很少遇到开火的机会。来自第1神射手团的C. A. 史蒂文斯(C. A. Stevens)上尉后来写道:

(我们)整日忙于射击训练、连队协同作战、营级机动、警戒、巡逻以及安营扎寨等方面的训练。此外,在来自正规军的弗雷德里克·米尔斯(Frederick Mears)中校的指挥下,神射手团的成员很快就学会了如何进行团级规模的协同作战,甚至比其他任何部队都做得更好,尤其是在小

下图:在神射手部队军官的注视下,一群平民正在展示他们的射击技术。在北方大部分州都进行了这种特别的射击技能测试,目的是为美军神射手部队寻找最出色的射手。(斯蒂芬·沃什绘制,鱼鹰出版公司)

规模战斗方面，直到这支部队光荣解散，一直如此。

就至为关键的射击训练而言，神射手团的成员不断创造更好的纪录，由于海勒姆·伯丹上校的严格要求，我们的枪法有了显著提升。

可能正是因为神射手团的组建，当时的美国战争部（War Department）组织出版了《射击训练规则》（A System of Target Practice），该手册是《法军手册》（French Army Manual）的英译本。该手册要求美军士兵平时要注意做好"校枪"工作。"校枪"的时候，1名军官站会在士兵身后负责监督，随时指出其"校枪"过程中的失误。每位神射手都要以自己的枪支为道具，进行分解组装训练，还要学习估计距离。在刺刀作战操练方面，神射手部队的教材是《拼刺格斗操练手册》（Manual of Bayonet Exercises），这是另一本"法军手册"的英译本，译者是之后出任波托马克军团指挥官的乔治·麦克莱伦（George McClellan）少将。由于这些神射手部队更经常地被当作"散兵"，而非"狙击手"使用，散兵队形操练（skirmishdrill）因此成为最重要的训练内容。在当时最为常见的战术书籍——威廉·哈迪（William Hardee）所著《线膛枪和轻步兵战术》（Rifle and Light Infantry Tactics）中，散兵队形操练相关内容占据了42页的篇幅。

据怀曼·怀特二级军士长后来回忆，他所在的连队非常享受散兵队形操练：

散兵队形操练以疏散队形展开。所有人先排成两横列，然后听令进一步展开为4个横列，每个横列的相邻纵列之间间隔20英尺（约6米）。接着，4个横列最左侧的人听令排成一列，然后，于各自前一横列1号兵左侧5步之外站定，保持不动。后横列1号兵运动至前横列1号兵左侧5步处站定。前横列2号兵运动至后横列1号兵左侧5步处站定，后横列2号兵移动至前横列1号兵左侧5步处站定。直到整个连或团的成员最终展开成两两相距5步的单横列队形，4个横列最左侧的4人小队（squad）各人之间的相互距离才会渐次缩小至5步。

完全展开之后，350名士兵将展开成一个长约1英里（约1609米）的横列。所有人都以军号为令，因为任何人的声音都无法同时被两端相距这么远的人听清。（右翼或左翼依次或同时）前进、开火、停火、卧倒、起身、暂停以及后撤……一切战术动作都有对应的军号指令。

所有4人小队同时集结、抵抗敌方骑兵也有相应的军号指令。这是一个非常漂亮的战术动作：每个人都事先清楚自己的

上图：美军第2神射手团的一位士兵站在描绘有湖泊与堡垒的幕布前，他穿着联邦军制服，携带的武器有：精确射击步枪、博伊刀和柯尔特1849年式袖珍转轮手枪。（美国国会图书馆）

每个人都以左脚和左肩支撑对角线方位的战友，结成一个坚固的4人战斗团队。这4个人都必须克服其内心对骑兵的恐惧，沉着应对。

我们也有专门的分队（section）集结、排（platoon）集结、连（company）集结和团（regiment）集结军号指令。整个南北战争期间，我们团经常以散兵队形（skirmish line）投入战斗。当然，我们也会开展刺刀作战操练和步兵操练，进入第2年春天之后，我们团已经被锻造成1支训练有素的部队了。

海勒姆·伯丹及其手下的军官认识到，以严格的散兵队形长途跋涉至战场，需要士兵们具备一流的身体素质。因此，他们组织士兵们开展橄榄球、跳远、短跑、摔跤、拳击以及击剑等体育竞赛活动。到了冬天，他们还会组织打雪仗活动。

出征

由于神射手部队在战斗中是以散兵队形展开的，其行军距离和强度远超一般线列步兵，他们在战场上消耗的精力也要多得多。很多时候，神射手部队都要顶着烈日行军，为了降温，他们会在军便帽内垫上一层新鲜树叶。

在行军的过程中，无论是否身处危险区域，神射手部队相比一般线列步兵部队

方位，前横列1号兵位置不变，另外3人面朝右侧快速跑动，后横列1号兵从后方靠近前横列1号兵并面朝后方，前横列2号兵从左侧靠近前横列1号兵，后横列2号兵从左侧靠近前横列2号兵的左侧。之后，4人都给步枪上刺刀，保持位置不变，

1 美洲殖民地时期和南北战争时期的勇士 | 039

左图：《哈勃周刊》的一期封面。展示了美国神射手进行射击比赛和向公众演示枪法的画面。下方展示的是配有早期望远镜瞄准具的火帽击发步枪，带有辅助装填用的"假枪口"附件。

都要警惕得多。1862年7月27日,当时身在北弗吉尼亚战场的格林(Greene)曾经在家信中提到了他所在的部队在当晚行军过程中的一次停驻:

其他部队的人都将枪支堆放在一起,身上武装带也解开了,开始煮咖啡,但我所在的连队并没有这样做。海勒姆·伯丹上校要求我们"兵不解甲",枪必须放在随时够得着的地方。

因此,当1名来自约翰·吉本(John Gibon)将军所辖部队的侦察兵带着"大量敌方骑兵正朝这里冲过来"的情报奔下公路时,威斯康星第2志愿步兵团(2nd Wis.)一部正在洗脚。那名侦察兵的话还未说完,大批叛乱者——南军特纳·阿什比(Turner Ashby)上校所辖骑兵部队就从树林中冲了出来。在场的北军士兵顿时大乱。

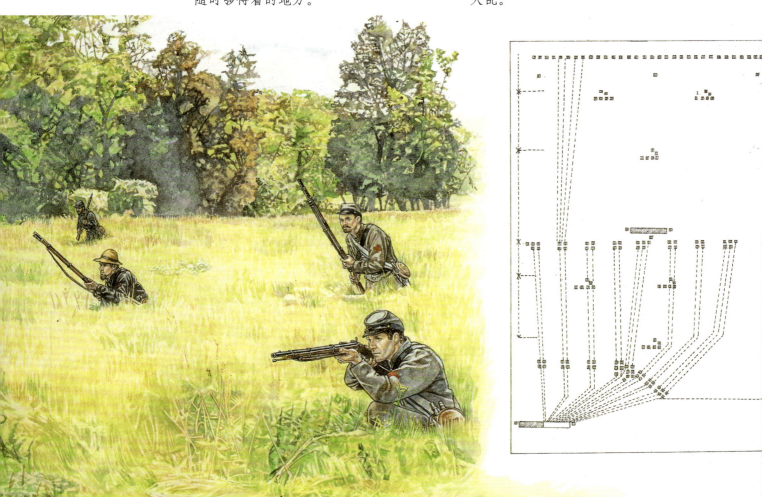

威斯康星第 2 志愿步兵团的少校团长命令他的手下朝树林中奔逃，但在场的神射手部队却不待上级命令，勇敢地抓起了放在一旁的线膛枪，朝敌军打出了第一波齐射，打死 5 人，并击伤了敌军指挥官。敌方骑兵立刻低伏在马脖子上，并开始调转马头。神射手部队又打出了第二波齐射，敌方骑兵开始撤退了，跟在特纳·阿什比上校所辖南方骑兵部队后方的印第安人骑兵也撤退了。

在战场上，神射手部队的使用与海勒姆·伯丹上校当初的计划大抵相符，一般不会同时投入超过两个连的兵力。1864 年 3 月，刚刚接任第 1 神射手团指挥官职务的查尔斯·马托克斯在家信中写道，神射手部队的职能是"对敌军发动迅猛攻击，使之陷入混乱"。

南方邦联的神射手部队非常清楚海勒姆·伯丹上校组建的这支新部队的战斗力，并对其满怀敬意。弗吉尼亚第 17 步兵团的亚历山大·亨德尔（Alexander Hunder）列兵回忆了 1862 年北方联邦神射手部队通过他所在的部队在威廉斯堡的一处防御阵地时的经历。"北方联邦的一些神射手在距离我方战壕很近的地方挖好了散兵坑，从那儿一刻不停地监视我方动向。我们经常用木棒支起一顶帽子并举高，吸引对方射击"。他写道，"我们团有 1 名中士和 1 名列兵死在北方联邦神射手的枪下，另有 2 人受伤。"

就 1 个步兵团来讲，2 死 2 伤的伤亡可以说算不上什么，不过，这却反映了神射手部队的战场效能。一些证据显示，神射手部队的实际战斗效能与组建者最初的设想确实存在不小的差距。例如，在葛底斯堡战役的第 2 天，北方联邦第 1 神射手团在战场上与南军的亚拉巴马第 10、第 11 志愿步兵团的残军遭遇。在一片开阔地上，对阵双方相距 300 码（274 米），亚拉巴马第 10、第 11 志愿步兵团的人所能利用的遮蔽物只不过是一道脆弱不堪的篱墙。尽管如此，在此次遭遇战中，北方联邦第 1 神射手团的战果不过是打死敌方 1 名军官，打伤 17 名敌方士兵。事实上，此战之中，北方联邦总共有 66 人死亡、受伤或失踪，而南方邦联总共有 56 人死亡、受伤或失踪。

北方联邦的这 2 个神射手团还面临着另外一个问题，即组建者海勒姆·伯丹本人，海勒姆·伯丹固然是一个优秀的管理者和组织者，但很快就在这 2 个神射手团内部面临"众叛亲离"的境地。由于自身不具备任何从军经历，他不得不从正规军部队中引入军官，为部下开展基本的军事操练。此外，他性格傲慢、喜怒无常且专横。更重要的是，他似乎还胆小如鼠，而当时的社会风气是特别推崇男性的

对页图：神射手部队的小集群战斗训练使用的是与线列步兵相同的标准方法。按该方法，1 个连的部队会被分成由 4 人组成的小型队列，然后，这个小型队列又分为 2 人在前，另 2 人在后，并与其他 4 人队列相距约 5 步远。这 2 对士兵交替前进或后退。这是某一时期的步兵战术手册中的一幅图表。在图表中，1 个黑色方块就代表着 1 名士兵，展示出了小规模战斗训练中战士们是如何分解成 4 人队列的。（斯蒂芬·沃什绘制，鱼鹰出版公司）

勇气和胆量的。在半岛战役（Peninsula Campaign）最为激烈的那段时期，海勒姆·伯丹经常以"保护伤病员""筹集弹药"等借口躲到后方去。不过，有关于他的官方报告还是在很大程度上夸大了他的作用。1862年7月4日，5位连级军官向海勒姆·伯丹的上级递交了一份请愿书，要求解除其神射手部队总指挥官的职务。他最终躲过了这次解职风波，却于1863年3月2日被其所属师[1]师长下令逮捕并送交军事法庭审判，但他设法躲过了有罪判决。第1神射手团指挥官卡斯帕·特雷普（Caspar Trepp）是一位杰出的职业军官，他是瑞士人，此前参加过克里米亚战争以及朱塞佩·加里波第领导的一系列旨在统一意大利的战役。卡斯帕·特雷普和海勒姆·伯丹之间的关系非常糟糕，伯丹曾经捏造罪名逮捕了特雷普。不过，卡斯帕·特雷普最终被军事法庭宣判无罪并返回军中服役。

1863年8月7日，海勒姆·伯丹再次因旧伤（他曾经在第二次布尔伦河战役遭炮弹碎片击中背部，但并不严重）复发而住院，与此前不同的是，他这次离开之后再未返回军界。1864年1月2日，海勒姆·伯丹体面地退役。卡斯帕·特雷普则继续在军中服役且表现一如既往地优秀（1863年11月，他在雷奔（Mine Run）战役中被1发子弹击中头部，因此阵亡）。

南方邦联（南军）神射手部队

"到了内战后期，如果将兵员数量考虑进来，战斗效能最高的部队"，来自南方邦联北弗吉尼亚军团威廉·马洪（William Mahone）旅所辖神射手营的小约翰·劳顿（John Laughton, Jr.）上尉写道，"当属神射手部队。由于神射手部队的价值越来越明显，南方邦联的大多数步兵旅都陆续组建了自己的神射手连或神射手营"。

起初，南方邦联军队并不打算组建神射手部队。不过，他们还是很快发现了神射手的价值，因此，南方邦联国会于1862年4月通过了一项旨在组建神射手营的决议：

第1部分。南方邦联国会决议：授权战争部长在所有步兵旅内部组建1个神射手营，每个神射手营应包含3~6个神射手连，其成员既可从各旅所有现役士兵中选拔，也可从其他渠道选拔，每位神射手装备一支远射程滑膛枪或线膛枪。各神射手连的（尉级）指挥官由总统亲自任命，参议院可向总统提出建议并最终批准总统的决定。各神射手营皆归其所在旅控制，其（校级）作战军官和参谋军官的任命批准程序与一般步兵营相同，即由总统亲自任命，参议院可向总统提出建议并最终批

---

[1] 指波托马克军团所辖第3军第3师。

GUERRILLA DEPREDATIONS—SEIZING HORSES.—Sketched by W. D. Matthews.—[See Page 822.]

准总统的决定。

第2部分。南方邦联国会进一步决议：

I. 为了（优先）武装新组建的神射手营，在南方邦联政府无法及时向各神射手营提供足够数量的远射程滑膛枪或线膛枪的情况下，各步兵旅的既有远射程滑膛枪或线膛枪营应移交给神射手营。

II. 因神射手营的组建而导致的各步兵旅军事指挥部门的扩编须以实际需要为限，且须报备所在军级指挥部门，由后者向国会提出军官任命批准申请。

III. 因组建神射手营而导致的人员抽调不应使各步兵连出现兵员低于法律规定的最低限度的现象，且各旅应尽量从部队

上图：非常规战争有大量的骑马机动需求，这导致马匹快速消耗，美国内战时期的游击队和掠袭者经常在他们争夺的领土上掠夺当地的马匹供自己使用。（美国国会图书馆）

下图：葛底斯堡战役中被布置在北军最左翼的北军第2神射手团的1个连，伏击了在战役的第2天企图迂回北军左翼的南军部队。由于无法判断他们的兵力，南军司令官的指挥受到干扰，这对北军夺得最后的胜利有很大帮助。（斯蒂芬·沃什绘制，鱼鹰出版公司）

抽调人员。

IV. 为了组建神射手营的目的，各步兵旅可向军械部（Ordnance Department）提交武器请购单，且只有在军械部就此做出肯定批复之后才能从本旅其他部队抽调远射程滑膛枪和线膛枪，当军械部完成交付之后，多余的武器应归还其原属部队。

1862年5月22日，南方邦联国会再次做出决议，进一步界定了神射手营的人员构成：每个神射手营的士兵都必须来自同一个州，而不像北方联邦的第1、第2神射手团那样，不同的连队士兵分别来自不同的州。而且，各神射手营不会面向平民招募成员，而是通过专门的选拔活动从

其他普通步兵部队抽调。西部战场上的南方邦联军队很早就组建了这种性质的连级部队，1862年之后开始正式成建制投入战场。

由于南方邦联军队中的神射手在加入专门的神射手部队之前就已经是经验丰富的老兵了，他们早就熟悉了各种连级和营级操练办法以及其他基础性军事知识和技能。因而，他们不需要花大量时间为投入现役做准备。不过，神射手的战斗任务要求他们学会更多的基础性技能，还要掌握一些普通步兵不需要掌握的技能。来自田纳西军团所辖帕特里克·克利伯恩（Patrick Cleburne）旅的欧文·巴克（Irving Buck）曾经写道，当该旅的第1个神射手连于1862年早期刚组建时，师部参谋人员卡尔霍恩·贝纳姆（Calhoun Benham）少校首先指导他们详细了解线膛枪每一个零部件的工作机制、精进射击技术，还带他们去各种地貌不同的环境中学习肉眼判定射击距离。通过不断的练习，他们逐渐变成了这些方面的专家。

在南北战争爆发之前，贝纳姆是1名律师，逐渐成为田纳西军团的神射手训练专家，1863年，他被派去里士满（Richmond）推动他此前写就的一本相关题材的手册的出版工作。这本手册大部分摘自英军的《滑膛枪射击术条例》（*Regulations for Conducting the Musketry Instruction*），包括"武器"（指出了太阳、风、发射装药等对于射击的影响）、"实际射击"（谈及"空弹射击"相关内容）、"射击距离判断"等章节。但是，这本手册中并没有专门的"实弹射击"相关章节，贝纳姆指出："有鉴于我军实际和节省弹药的考虑，我们的士兵不可能开展任何实弹射击训练。"这本手册最终于1863年9月出版并发行。

贝纳姆撰写的这本手册被田纳西军团广泛采用，但北弗吉尼亚军团却采用了另外一种神射手训练手册。南方邦联神射手军官约翰·扬（John Young）提及，北弗吉尼亚军团的神射手营训练依照的是"C.M. 威尔科克斯（C.M. Wilcox）将军译自法文的一本手册，该手册包含散兵队形操练、拼刺格斗操练、射击距离实战评估等内容"。

南方邦联神射手巴里·本森（Barry Benson）中士回忆道："1864年4月6日，神射手营正式组建起来了，还举行了检阅仪式。从此之后，我们经常进行射击训练。我们还要练习射击距离评估并据此调整瞄准点，这是一项非常重要的训练内容。"

对于1864年的早春，小约翰·劳顿上尉这样写道：

> 我们一直在开展散兵队形操练和不同距离——从50码到1000码的打靶训练，

不久之后，我们就变得非常精通了，以至于我们在射击时都不再有使用测链（测量射击距离）的必要了，除非是为了事后确认目视评估结果。训练每天都会进行，过程非常严格，我们还制订了系统性的条例，每个人的进步都会被记录下来，那些跟不上训练进展的人会被退回原部队，另外抽调其他人来替代他们。

对南方邦联神射手来说，挑选一款合适的武器的工作使得射击训练工作变得更加复杂了。由于南方邦联工业基础设施薄弱，其军械部无法向神射手部队提供像北方联邦神射手部队所装备的夏普斯步枪（Sharps rifle）或柯尔特步枪（Colt rifle）那样的高精度步枪。南方邦联军队此时装备了一些英国制惠特沃思（Whitworth rifle）步枪。虽然这种枪造价高昂且需要突破北方联邦海军日益严密的海上封锁从国外进口，但惠特沃思步枪依然是一款特别适合狙击的步枪，它的重量和尺寸也与制式步枪基本相似，相比北方联邦神射手部队装备的那些口径更大的高精度步枪，其使用和携行也因此更加方便。事实上，惠特沃思步枪的 0.45 英寸（11.43 毫米）口径子弹比南方邦联线列步兵所使用的恩菲尔德步枪（Enfield rifle）的 0.577 英寸（约 14.66 毫米）口径子弹还要轻一些。

此外，绝大部分军用版惠特沃思步枪都被用来供应英国本国军队了，这也增大了南方邦联政府获取这种步枪的难度。不得以之下，邦联政府只能接受实质上属于民用版的惠特沃思步枪，这种版本的惠特沃思步枪原本是为了供应英国志愿兵的。这种步枪的扳机护环上有"二等品"的压印，其品质由此可见一斑。而且，这种步枪大部分是在南方邦联政府于 1862 年春季紧急组建神射手营之前制造的。艾伯特·约翰斯顿（Albert Johnston）将军统率之下的密西西比军团于 1864 年 6 月 25 日发表的一份武器和弹药报告指出，该部拥有 32 支惠特沃思步枪，这些枪后来被移交给了田纳西军团。一份标注日期为 1863 年 7 月 13 日的报告指出，佐治亚州奥古斯塔一座兵工厂生产的 13 支配备了望远瞄准镜的惠特沃思步枪被送去了南卡罗来纳州查尔斯顿。

南方邦联政府还将一批民间"狩猎步枪"和"塔尔盖特"（Target）线膛枪紧急调入一线部队，并将这些步枪的枪管改造成 0.54 英寸（约 13.7 毫米）和 0.58（约 14.73 毫米）英寸口径，以适用制式弹药。肯塔基"孤儿旅"[1] 的 11 名神射手接收了一批英国制克尔步枪（Kerr rifle）。其中的爱德华·汤普森（Edward Thompson）后来回忆："克尔步枪是一种远射程的前膛装填步枪，可有效杀伤 1

对页图：1 名北军神射手部队的中士，穿着别具特色的绿色上装与裤子，携行特制的背包与弹药盒，手持夏普斯步枪。第一代神射手制服颜色很深，几乎无法与其他制服区分开来，这是因为军需部最初没有绿色布料库存，第一代制服全是用深蓝色制服染的深绿色，结果这批制服色彩过暗，实际上更接近于黑色。第一代军帽则是制造商利用手中现成的黄布染为绿色后制作的。最终费城军需仓库采用特拉华州纽瓦克市埃尔克米尔斯出产的羊毛制成绒布，从而制作了别具特色的第一批"蒂尔森"外套（2）及裤子。神射手会将弹药装入两个马口铁盒子中，再放入可用腰带携行（1b）的皮制弹药盒（1a）内。图中还展示了侧面用厚合成板支撑，内有亚麻衬里的带毛牛皮背包（3）。我们可以看到北军神射手第 1 团和第 2 团配发的野战餐具（4a）和这种餐具是如何作为背包附件放入背包内侧携行或单独挂在背包外携行的（4b）。（斯蒂芬·沃什绘制，鱼鹰出版公司）

[1] "孤儿旅"又称"肯塔基第 1 旅"（First Kentucky Brigade）。

上图：1862年12月的弗雷德里克斯堡，以一道石墙为掩体的科布所部和克肖所部南军神射手正在射击。神射手的攻击目标是敌军军官与军士。（美国国会图书馆）

英里（约1609米）甚至更远距离的目标，但须使用一种特殊的发射药。这种步枪较难瞄准，只有非常沉着镇定的人才能有效运用。如果使用的是普通发射药，每击发四五次之后，就必须清理一次枪管。"

克尔步枪由伦敦兵工厂（London Armoury Company）制造，发明者是该厂主要负责人及持股人之一詹姆斯·克尔（James Kerr）。这是一种0.44英寸（约11.18毫米）口径步枪，采用了新奇的棘轮式膛线，其膛线缠度相比一般的步枪也

更大。南方邦联政府发现，克尔步枪的问题是和南方邦联军队装备的制式滑膛枪相比，它更容易发生枪管堵塞问题，而使用原装弹药时，其远距离上的命中率也会迅速下降。为解决这些问题，南方邦联神射手的办法是用惠特沃思弹药替代其原装弹药。1863年春天，田纳西军团的帕特里克·克利伯恩少将组建了一个神射手连，该连装备了20支带望远瞄准镜的惠特沃思步枪和克尔步枪，"这个数量比南方邦联军其他任何师都多"，克利伯恩少将的

参谋欧文·巴克后来如此夸口。就其构造设计而言,克尔步枪无法安装刺刀。

不过,南方邦联的神射手营极少作为专门的狙击手参战,绝大多数时候是被所在旅用作散兵营。每次战斗之初,南方邦联的神射手部队兵通常是打响第1枪的部队。"上级对神射手部队兵部队的职责期待是,向前突击、建立并守住散兵线",来自威廉·马洪旅的神射手营成员小约翰·劳顿写道,"并负责前哨线的防守,到了夜间则由所在旅的一个普通步兵团接替,大部队撤退时则担任后卫。如有需要,神射手营的军官还要承担其所在旅的侦察任务"。

南方邦联某神射手营营长W.S.邓洛普(W.S. Dunlop)上尉说:"在战场

下图:散兵被用于围攻诺克斯维尔、亚特兰大、彼得斯堡和纳什维尔的战役,以在尽可能短的时间里击退敌军部队。图中的掩体是用装满泥土的柳条筐垒成,顶部用平放的横筐,其上垒着泥土与原木都留有射击孔。(斯蒂芬·沃什绘制,鱼鹰出版公司)

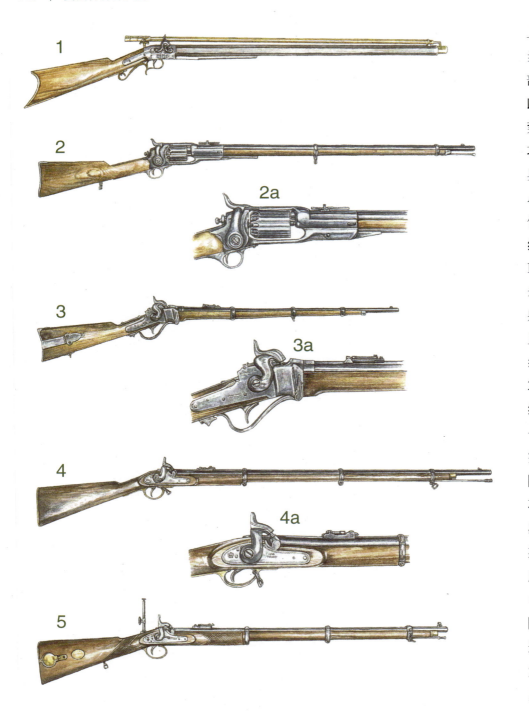

上，一旦与敌遭遇，（被当作散兵使用的）神射手部队的职责是奋力突击，以打开局面并力图建立优势，或者随时为友军的进攻提供接应和引导。"D.奥古斯塔斯·迪克特（D. Augustus Dickert）是一位来自北弗吉尼亚军团约瑟夫·克肖（Joseph Kershaw）旅神射手营的老兵，他回忆了他所在神射手营1864年进攻锡达克里克（Cedar Creek）的经历："第3神射手营下辖2个连，于数月之前加入约瑟夫·克肖旅，他们这一次要为所在旅打先锋，突击敌方据守的渡口、清除敌军警戒哨。"这是一项非常艰险的任务。在这次战斗中，D.奥古斯塔斯·迪克特本人受令前去所在的拉斐特·麦克劳斯（Lafayette McLaws）师阵地的最左翼某处接应本连的幸存者，当他赶到指定地点时，北方联邦军队反扑过来：

刚一抵达指定地点（一处树木茂密的林地），我就惊骇地发现，周围全是北方士兵。我竟然马不停蹄地奔进了"蓝肚皮"[1]的中心。"投降"，对方的叫喊声响若炸雷。我呆立在原地，惊得脑子里一片空白。"投降"，对方再次命令道。绝无他法了。战亦无法战，逃亦无处逃。我和战友一齐被北军俘虏了。

其他神射手经历过更残酷的战斗。南方邦联某神射手连的指挥官乔治·伯纳德（George Bernard）参加过"大弹坑战斗"（battle of the Crater）[2]，他后来写道：

只在墙后方移动了不过30英尺（约9米），我就遭受了3次重创，这些密集的齐射火力来自一批试图向前推进的北方联邦军队人员。敌方火力不仅从正前方射过来，右侧也有敌军躲在弹坑里朝我们开枪。神射手营的伤亡极其惨重：神射手部队在此次战斗中一共投入了104名的官兵，伤亡人数高达94人；在或伤或亡的9名军官中，有8人是前胸部位中弹。

"大弹坑战斗"结束之后，人们在威廉·马洪旅所辖神射手营指挥官华莱士·布罗德本特（Wallace Broadbent）上尉的尸体上发现了12～15处刺刀创口。

南方邦联军队的神射手部队有时候也被用来承担"抓舌头"的任务。例如，南方邦联北弗吉尼亚军团的莱恩旅指挥官詹姆斯·亨利·莱恩（James Henry Lane）曾经这样问道："你们今晚能否去为罗伯特·李将军抓1名北方联邦军人回来？我们发现一些北方军队正在调动，罗伯特·李将军想知道究竟是哪支部队"。莱恩将军这次派出了其麾下的神射手营指挥官，让他带一些人趁着夜色的掩护摸进敌方的散兵壕。莱恩将军后来说："要摸进敌方散兵壕，我们那些神射手只能在昏暗的月光下匍匐前进，但后来J.T.伍顿（J.T. Wooton）将军喊道，'小子们，我们已经抓到了几个。'这个时候，那些神射手们已经出发了，他们如入无人之境，左冲右突，进展顺利，带回几名敌军俘虏。"

神射手们很喜欢执行这一类任务。邓洛普少校后来写道："各个神射手营之间存在着一种积极的竞争，比如竞赛谁杀敌更多，谁执行了更加大胆的行动，谁对敌方神射手部队造成最大的袭扰和杀伤。各个神射手营都睁大着眼睛，唯恐冲击敌军防线、摸哨、捕俘的任务落入他人手中"。

南方邦联军队高层有时候还将几个神射手营集中到一起执行任务。其中一次是在1865年3月27日，巴里·本森所在师的数个神射手营被召集到一起，总共大约400人。他们成一列纵队悄悄进入一处树林并就地潜伏。不过，1名北方联邦军队哨兵起了疑心，并召来另外几人，准备

对页图：图中展示了神射手部队使用过的步枪，从上到下是：

1. 精确射击用线膛枪。
2. 柯尔特M1855型左轮步枪及其细节（2a），这种步枪转轮内的弹药易燃爆误击发。
3. 北军列装的夏普斯后装击发步枪及其细节（3a）。除了图中这种全尺寸枪管型号外还有供骑兵用的短枪管骑枪型。
4. 南军列装的恩菲尔德M1853型前装线膛枪及其细节（4a）。
5. 南军列装的惠特沃斯步枪。（斯蒂芬·沃什绘制，鱼鹰出版公司）

[1] "蓝肚皮"代指美国南北战争时期的北方联邦士兵。——译者注
[2] "大弹坑战斗"是指第二次彼得斯堡战役。第二次彼得斯堡战役于当年7月初开始了，北方联邦军队预先在南方邦联军队防御阵地的中央部位下方挖好了一条约500英尺长的地道，往其中填入8000磅炸药并于1864年7月30日实施爆破，炸出一个长约50米、宽约24米、深达4米的大弹坑。北方联邦军队约2万人随即冲入这一缺口，试图突破南方邦联军队的防线，但最终还是由于计划不周而失败。——译者注

上图：约翰·辛格顿·莫斯比上校。他领导着唯一一支游骑兵游击分队。这支小分队没有因为1864年2月《游骑兵游击队法案》而解散。他战绩卓越，纪律严格，这使得他在独立指挥作战时要比软弱的邦联军更具优势。（美国国会图书馆）

对页图：1863年，西部战场上1名邦联军神射手的典型穿着。他身穿由乔治亚州军需仓库生产且没有任何特殊标志的标准制服。图中还展示了第2营营旗以及士兵们携带的各种装备。（斯蒂芬·沃什绘制，鱼鹰出版公司）

前来打探。"就在此时，潜伏在那里的南方邦联神射手部队突然发出一声尖啸"，巴里·本森回忆道，"我们一齐迅猛攻击，越过敌方工事，而敌军这个时候才如梦初醒一般，立时四散奔逃。我们在敌军阵地上左冲右突，势如破竹。没费多少工夫，这场奇袭战斗就大告成功了。不过，我方没有投入后续兵力，进一步扩大战果。在此地坚守一整个白天之后，这些神射手部队被线列步兵团接替了"。

这次战斗结束之后，很多驻守一线阵地神射手开始在对方阵亡者身上搜刮战利品。"我认为，在战争初期，死者身上并没有什么值得搜刮的物品"，巴里·本森写道，"但到了后来，士兵们的心地也变硬了，确实有这种需要了，战地搜刮的对象不仅包括现金、手表和戒指等贵重物品，还延伸至外套和裤子"。

这一类的"锋线战斗"伤亡都比较大，但各旅都会确保其神射手部队随时处于满员状态。约翰·劳顿后来回忆："一旦神射手部队遭受了较大的伤亡，步兵旅都会及时从所辖各团选拔、抽调人员加以补充"。与此同时，战事慢慢变得对南方邦联越来越不利了，线列步兵部队开始出现严重的逃兵现象。不过，约翰·扬认为："我很

下图:1895年美军第6骑兵旅配属的阿帕奇族印第安人侦察兵。对美军正规部队来说,阿帕奇族侦察兵增添了一种专业的特种作战模式,特别是在侦察和追踪方面。(美国国家档案和记录管理局)

高兴地说,神射手部队从来没有逃兵的问题。这是很自然的事情,因为他们都自视为南方邦联军队的精英。"

约翰·扬的看法很中肯,在那个强调兵员数量和部队规模,而其中大部分都存在训练不足、装备低劣的弊病的时代,神射手部队代表了新鲜的战术思维和先进的训练及作战技术。不过,截至1865年,在美军内部组建一支专门且享受相当程度的独立性的精英部队的概念还远未被高层接受。此后,又过了70多年,美军才算是全面认识并接受了"相对独立的精英部队"的概念。

卡斯特旅印第安人侦察兵。图中可见他手持一支亨利杠杆式连珠步枪。(美国国家档案和记录管理局)

1944年6月27日,在塞班岛的一处散兵坑里的美洲原住民步话员。在太平洋战场上有大约400名美洲原住民在美军中服役并充当步话员,他们使用原住民语言进行通信,确保了日军无法破译通信内容。(美国国家档案和记录管理局)

2

第二次世界大战时期的美军精锐部队

在 20世纪前50年，美国武装部队发生了深刻的变革，而此种变革的催化剂则在于两次世界大战。从1917年美国卷入第一次世界大战开始，美军就走上了快速变革和发展的道路。自此之后，美军由一支规模很小、主要承担警察性职责的职业化军队急速成长为一支规模可与欧洲大国比肩的军队（美利坚民族全民拥枪，且各阶层都踊跃参军）。

潘乔·维拉（Pancho Villa）于1916年领军突袭美国新墨西哥州哥伦布市的时候，美军总兵力（不包括国民警卫队）不过125000人。到了第一次世界大战时期，美军总兵力高达4734991人，其中200万人被编入"美国远征军"（AEF）奔赴法国参战。这种扩编幅度不可谓不大。最初，美国军队被分成三部分：常备军（Regular Army）、国民警卫队（National Guard）以及国民兵（National Army），国民兵由征募兵员组成。不过，由于现代战争的需要，这三部分合而为一，成为美国陆军，其所辖各师都有一部分征募兵员。

像参加了第一次世界大战的其他各国军队一样，美军陆军和美国海军陆战队在专业化方面取得了巨大的进展。对于炮兵、后勤、通信、战斗工兵、军事航空以及其他众多专业兵种的需要使得军队内部的"多样性分化"需求前所未有地增强了。不过，就战斗部队本身而言，此时尚未出现严格意义上的"特种部队"。第一次世界大战时期，被称为"生面团"（dough）的美国步兵中出现了战斗技能娴熟的专用于堑壕攻击的部队，他们会综合运用手榴弹、步枪和机枪。从很多方面来看，这种部队为第二次世界大战中的精锐突击部队的出现奠定了基础，同时也证明：如果一支部队能够同时具备高度机动、善用计谋且精通各种轻型武器和爆炸物的使用等特质，其战斗力相比一般部队将会有质的不同。不过，第一次世界大战时期的此类部队只是一般性部队的"延伸",而非为了特定的目的以特殊方式训练的专业化精锐部队。

到了第二次世界大战时期,美军诞生了真正的"特种部队",尽管当时还没有被整体性地冠以这个称号。特种部队之所以在第二次世界大战期间诞生,其原因就在于这次全球性战争的复杂性和广泛性——不仅指军事层面,也指政治和意识形态层面。从某种意义上来讲,科技也是特种部队在第二次世界大战期间诞生的驱动因素之一。20世纪30年代及其之后的战争时期是人类历史上科技创新最密集的时间段之一,尤其是在运输和军事武器方面。单翼军用飞机和更先进的道路/越野车辆的出现让部队获得了前所未有的战场

下图:图为第一次世界大战时期,一队美军士兵正在战壕中。其中1名士兵的步枪枪口上装有枪榴弹发射器。美军在第一次世界大战中没有现代意义上的特种部队,但是在这次战争中提升了快速突击方面的技术。(美国国家档案和记录管理局)

上图：1944年6月6日，德怀特·D.艾森豪威尔将军与充当进攻欧洲德占区第一波突击力量的101空降师官兵进行交谈。（美国国家档案和记录管理局）

对页图：1942年在苏格兰阿克纳卡利突击队训练营地的美国游骑兵学员的典型形象。

1. 1名第1游骑兵营的成员手持安装弹鼓的M1型汤普森冲锋枪（原文如此，但美军装备的M1型汤普森冲锋枪并不能安装弹鼓，从图中冲锋枪的枪口、护木与照门的外形判断，实际应为M1928A1型汤普森冲锋枪）。他依然戴着老式的M1917型钢盔，不过很快就会换装新式的M1型钢盔。
2. 60毫米口径迫击炮与炮弹（2a）。
3. 14毫米口径博伊斯反坦克步枪。游骑兵只在训练与迪耶普之战中使用过该武器。
4. M1步枪。
5. M1919A4机枪。
6. M1911A1半自动手枪。
7. M1903A1步枪，枪口装上M1型枪榴弹发射器后可发射M9反坦克枪榴弹。
8. M1918A2勃朗宁自动步枪。
9. 81毫米口径M1式迫击炮及其炮弹（9a）。
10. 费尔班－塞克斯格斗匕首，第1游骑兵营的学员毕业后会佩戴这种突击队员使用的短刀。
11. 1.4米长的粗绳，把这种绳子交错串联，可以搭建出渡河的索桥。
12. 1名游骑兵跳下6米高的障碍，尽管不需要空降资质，但一些新兵依旧会接受此类训练以达到最佳状态。
13. 康拉德突击队与游骑兵的总部：阿克纳卡利堡。

（迈克尔·维普利绘制，鱼鹰出版公司）

机动能力与部署范围。最新一代的运输和补给飞机出现之后，前线的军队不仅能以空运方式获得补给，还可以以大规模的空降部队或者小规模的秘密部队的形式直接部署到敌军后方去。如果某支部队必须深入敌后并争取到最大的生还概率，它就必须事先接受相应的高水平的专业训练。

特种部队之所以在第二次世界大战期间诞生，另一个原因是这场战争空前广大的地域范围以及由此造成的政治和社会影响。截至1942年中期，欧洲和亚洲都有大片土地分别处于德国、日本这两个轴心国的直接占领之下。这场战争的持续时间和地域广度意味着，很多时候，秘密行动和小规模部队发动的突袭战才是唯一可行的战斗形式。执行这一类军事任务的人必须具备异常坚韧的精神，事先还需要接受不同寻常的训练。以在法国南部某个小镇活动的美国战略情报局（OSS）人员为例，身份和行踪暴露即意味着死亡。这一类秘密行动所涉及的范围非常广泛，可能是训练缅甸起义军，也可能是报告德军在法国的兵力配置。特工人员（其身份可能是军人，也可能是平民）须事先接受相应的专业性训练，不仅要学会使用轻型武器和爆炸物，还要学会通信、破坏、颠覆、外语、伪造等诸多技能。

真枪实弹的战斗确实是此类精锐部队最为"高调"的外界印象，但需要注意的是，第二次世界大战期间的很多特种作战行动其实是以避免实际战斗为宗旨的。第二次世界大战是一次名副其实的全面战争，敌对双方都力图以最有效的方式给对方造成最大的社会、政治以及军事破坏，在这种环境下，情报才是最大的王牌。正因如此，第二次世界大战期间的精锐部队的主要职责之一就是以一切可能的方式侦察和情报搜集。

秘密行动的执行者冒着极大危险与敌接近，有时候甚至是"与狼共舞"，目标只在于搜集可能给身在一线的盟军作战部队带来重大优势的情报。殊途同归的是，盟军特工还会试图向敌方散布虚假情报，以诱导其犯下战略和战术错误。

本章将讲述诸多组建于第二次世界大战期间的特种部队的故事，其中某些部队已经广为人知，还有一些则属于高度机密的部队。读者们将会发现，作为一个整体，本书所述各支特种部队在人数、任务等方面存在诸多差异，但在个体的层面上，所有特种部队成员都必须具备相当的勇气和聪明才智。

新的游骑兵

1942年，第二次世界大战已经进行了两年多，整个世界都被卷入了死亡和毁灭的漩涡。由于没有做好准备，此时的美军

对页图：美军游骑兵在1944年6月6日攀上诺曼底的海岸峭壁，摧毁德军炮位。游骑兵在霍克角的这次行动是特种部队突袭明确的重要目标的经典战例。（美国国家档案和记录管理局）

首先需要赢得国内民众的信心。大概两年之前就开始遭逢此种危急局面的英国人的应对措施是，组建突击队（Commando），该措施由来自英国战争部（War Office）[1]的参谋人员达德利·克拉克（Dudley Clarke）中校提出并得到了时任英国首相温斯顿·丘吉尔的支持。

在美国，时任总统富兰克林·D.罗斯福也开始寻求组建一支英军突击队风格的部队，其任务也与英军突击队相同：主动出击、有选择地打击敌方目标，恢复民众对于本国军队的信心。1942年春，时任美国陆军参谋长乔治·马歇尔将军将小卢西恩·K.特拉斯科特（Lucian K. Truscott Jr.）上校派往英国，出任美国陆军驻英国总参谋部（British General Staff）联络官，提前协商缺乏战争经验的"美国突击队"与久经战阵的英军突击队展开协同训练的相关事宜。1942年5月26日，特拉斯科特上校向马歇尔将军正式提交了一份关于仿效英军突击队、组建一支类似的美军专门部队的报告。美国战争部授权特拉斯科特上校和美国北爱尔兰驻军司令拉塞尔·P.哈特尔（Russell P. Hartle）少将正式开始美军第1游骑兵营（1st Ranger Battalion）的组建工作。特拉斯科特上校之所以以18世纪"法国-印第安人战争"时期著名的"游骑兵"命名第1支"美国突击队"，是因为"'突击

队'这个名称的英国色彩太重了，我们需要的是一个更具美国特性的名称"。大多数人都有所不知的是，美国陆军组建第1游骑兵营的初衷是训练本部队士兵，使其掌握各种突击队作战技能，然后将其派往其他部队任职，从而为整个美国陆军输送一批接受过精良训练且经得起恶战考验的核心士兵。1942年6月7日，美军第1游骑兵营正式成立，其军营设立在英国北爱尔兰的卡里克弗格斯（Carrickfergus）。

在组建之初，美军第1游骑兵营下辖1个营部直属连（7名军官和62名士兵）和6个游骑兵连（A连、B连、C连、D连、E连以及F连），每个游骑兵连包括3名军官和59名士兵。相比美国陆军的普通步兵营，游骑兵营的兵力规模要小得多，而游骑兵营所属各连的这种兵力规模是由英国突击队使用的小型登陆艇的装载能力所决定的。

兵员招募和训练

一份发布于1942年6月1日的正式公告对美军第1游骑兵营做出了如下描绘：

本部队是新近组建的，将和作战经验丰富的英军突击队协同作战，因此，只有那些接受过各种专业且最严苛训练的人才会被批准加入。第1游骑兵营的军官和军士都必须具备高于自身军衔需要的领导能

---

[1] 从20世纪初期开始，英国战争部基本上履行的是英国陆军部的职责，是与英国海军部、英国空军部并立的部门，到了1964年，这三个部门被统一并入了1947年就成立但在很长一段时间内"徒有其表"的英国国防部（Ministry of Defence）。——译者注

力,特别是与此相关的主动性、判断力和常识。所有军官和士兵都必须具备良好的运动能力和体能,不能有身体缺陷。心理方面的基本要求是机敏和主动,但会优先选用智力更高的人员,如此才能最大限度地发挥各种军事技能的效用。没有明确的年龄限制,但需要注意的是,英军突击队成员的平均年龄是25岁左右。

须注意,在体能和武器使用之外,突击队的训练还包含众多其他专业性技能,比如爆破、机械修理、大型车辆驾驶与维修。那些具备各种专业资格、身体条件达标和接受过较高程度相关训练的人会被优先录用,以缩减基础训练阶段所需时间。

在上述专业性技能以外,具备如下各种经历／特长的人也是优先录用的对象:

下图:一些第2游骑兵营的成员在1944年7月8日被授予优异服役十字勋章,以表彰他们在早期反攻欧洲大陆的战斗中的英勇行为。(美国国家档案和记录管理局)

柔道

侦察（通晓露宿、打猎等森林知识的人）——特别重要

熟悉小型船只的驾驶——特别重要

登山能手

海员

工兵（爆破兵和拓荒者）

了解铁路机车的人

武器专家——特别重要

了解发电厂、广播电台等（足以更有效地破坏敌方此类设施）的人

毫无疑问，这是一份不同寻常的素质要求。很多追求冒险和神秘的平民响应了这一招募公告，也有不少现役军人前去应征。经过2周的测试和训练之后，相关选拔机构从2500名申请加入的志愿者中挑选出了大约700人，其余的人都被退回了原单位。这些留下来的人被编成了一个

下图：1944年6月在法国某地，一支游骑兵部队正用俘获的德军战马派送急件和进行侦察。最左边的士兵后背一把M1卡宾枪。这种枪虽然不适合远程射击，却是特种部队常用的轻武器。（美国国家档案和记录管理局）

514人的游骑兵营,多出的大约200人则暂时未被列入编制。1942年6月28日,由威廉·O.达比(William O. Darby)少校任营长的美军第1游骑兵营移驻苏格兰地区阿克纳卡利堡(Achnacarry Castle)突击队训练营地。该营包括26名军官和488名士兵。在将美军第1游骑兵营塑造成一支攻击矛头方面发挥了极大影响的2名军官是营长威廉·O.达比少校和副营长(XO)赫尔曼·德默(Herman Dammer)上尉。曾在游骑兵营服役的沃伦·埃文斯(Warren Evans)后来回忆:

赫尔曼·德默是威廉·O.达比的得力助手,他天资不如达比,在谋划方面却胜达比一筹。德默是那种能够将一切都考虑

下图:游骑兵部队正在演示他们1944年6月诺曼底登陆时采用的垂直攻击战术。悬崖上悬挂着他们临时制作的绳梯,而海岸边的海军舰艇则为他们提供火力掩护。(美国国家档案和记录管理局)

右图:在北非的一位法国军官正与威廉·O.达比中校(右)交谈。达比负责指挥游骑兵各营,并因1942年在迪耶普英勇而艰险的突击行动而晋升为中校。(美国国家档案和记录管理局)

对页图:在意大利港口城市杰拉,游骑兵威廉·O.达比与"蛮子"查克·桑斯特罗姆操作一门37毫米口径反坦克炮应对意军装甲部队发起的反冲击。在突袭杰拉港的战斗中意军与德军对美军发动过多次反冲击,而美军依靠巴祖卡火箭筒、TNT炸药和单纯的勇气挡住了装甲部队的多次反击。其中一场战斗就是达比与桑斯特罗姆使用仅有的几门可用的反坦克炮之一击毁一辆意大利黑衫军的"雷诺"坦克。(迈克尔·维普利绘制,鱼鹰出版公司)

得非常周详、细致的人。达比则是一个较为情绪化、善于激励部属的领导者……每次战斗结束之后,达比的战后总结总能让人感到兴味盎然,而德默的战后总结则直切要害,非常枯燥。他们是两类非常不同的人。威廉·O.达比就像是教科书上描绘的那种领导者,但他有时候也会无意地显露出浮夸的一面。他为人并不苛刻,但我们都知道,他本质上是一个非常严肃的人。我们敬佩他的一个重要原因是,他会和部属一起参加战斗。

在阿克纳卡利堡突击队训练营地,指导美军第1游骑兵营的训练的还有一位英国军官,即查尔斯·沃恩(Charles Vaughan)中校,这是一位脸颊红润、身材壮实、浑身洋溢着热情和善意的英国军官。威廉·O.达比对这位英国"监工"的印象是:

沃恩中校巨大的人格魅力极大地影响了突击队训练营地的氛围。此前,他曾经是英国皇家卫队的操练军士、第一次世界大战时期的英国陆军军官,第二次世界大战时期又作为英军突击队的一员参加战斗,非常胜任他的工作。在1941年英军突击队突袭挪威的沃格岛和罗弗敦群岛(Lofoten Islands)的行动中,沃恩中校表现突出。他身材魁梧,身高6英尺2英寸,身体强壮且面色红润,脸色有时候阴云密布,有时候满面春风。就50岁的年纪来讲,他的身体状况非常棒,且非常灵敏。他时时刻刻都在训练场上,参与、照看美国游骑兵的训练,一旦有人犯了错误,他会立刻予以批评并亲身示范如何纠正错误。他始终抱着极大的热情。尽管他对受训人员的要求非常严格,但无论是军官还是士兵都很尊敬他。他总是能想出很

多"折磨"已经疲惫不堪的美国游骑兵的方法,他指出:"我必须让你们从这段时间的训练中学会全部的东西。"陪同训练的英军突击队员也施展出全部的本领,以更有效地考验我们,帮助我们做好走上战场的准备。这些英国老兵有的参加过挪威沃格岛和罗弗敦群岛突袭行动,有的曾经在新加坡从日本人手中逃脱,有的曾经在英属索马里兰(Somaliland)从意大利人手中逃脱。这些英国教官时刻激励着美军第1游骑兵营的人,同时也以现身说法的方式向我们展示未来的战斗将会何等艰险。在训练活动开始之初,我就告诫第1游骑兵营的所有军官,他们必须接受和士兵完全一样的训练。此外,第1游骑兵营的军官还应当是首先克服训练过程中不断"冒出来"的每一个新障碍的人,无论是何种障碍。这条规定对我本人同样适用,我深信一点,即只要军官能够以身作则,冲在前头,士兵们必然不甘落后。

第1游骑兵营的训练包括三大类,即体能、精通武器的使用以及小股部队作战战术。5英里每小时(8千米每小时)急速行军、仿自古代苏格兰人的原木负重操练以及近身格斗是主要的训练科目。障碍越野训练科目要求受训人员具备持久的耐力、精准的射击能力,最后还要在异常疲惫的情况下开展拼刺训练。两人配对战术非常有效,其中一人向前跃进时,另一人在原地负责掩护,如此交替。使用敌方武器开展的实弹射击训练可以为游骑兵提供最真实的战场体验。创造性的训练器材包括软头枪弹(这种枪弹的弹头使用肥皂制作,用于进行实战对抗训练)。这一类的训练要比美军士兵的任何一种基础训练都要先进得多。

最终完成了突击队训练的第1游骑兵营成员的出身和情况各不相同。年纪最小的不过17岁,年纪最大的有35岁了,平均年龄是25岁。60%的人来自美军第34步兵师,30%的人来自美军第1装甲师,另外10%的人则是来自美军第5军的医务兵、军需官、通信兵。在第1游骑兵营的所有军官当中,只有西点军校毕业的威廉·O.达比一人是现役陆军军官,其他人全是美国国民警卫队人员或预备役军人。而就第1游骑兵营的士兵来讲,尽管他们都是来自现役陆军部队,但大部分都是志愿应征者。

甲万那端营救

第二次世界大战期间,美军游骑兵部队在意大利、非洲、欧洲和太平洋战区等地展开了众多行动,但其中一次行动确实突出地揭示了游骑兵部队与特种部队在气质上的根本性联系。1945年1月,美军第6游骑兵营接受了一项高风险的任务,即营救关押在菲律宾甲万那端(Cabanatuan)市战俘营里的500名美国、英国及荷兰战俘。参与这次行动的还有一支当时正处于萌芽状态的美国陆军"特种部队"。[1]

1945年1月26日一大早,1名戴着老式宽边毡帽的美国人出现在位于林加延湾(Lingayen Gulf)的美军第6集团军司令部。他骑着马连夜穿越战区,赶了40英里(64千米)山路而来。接待他的是美军第6集团军情报主任霍顿·V.怀特上校。来者是罗伯特·拉帕姆(Robert Lapham)少校,他原本是驻菲律宾美军第45步兵团("菲律宾侦察部队"[2])的1名少尉。巴丹(Bataan)战役失败,美军向日本人投降之后,拉帕姆少校在吕宋岛中部组建了一支10000人的游击队,被称为吕宋岛游击队(Luzon Guerrilla Armed Forces)或者"拉帕姆突袭者"。拉帕姆少校说话声音柔和,日本人悬赏100万菲律宾比索追捕他。他曾经随一支36人的敢死队参加过一次旨在摧毁日军飞机的行动,他们从巴丹半岛出发,目的地是位置偏僻的克拉克机场。就在这支部队快要渗透至机场附近时,一个已经投降日军的人告密了,这次行动因此失败。不过,他们没有听从美军高层发布的"向日本人投降"的命令,而是向山区转移,开展游击活动。

美军第6集团军情报部门早就听闻过拉帕姆少校的大名,因为在他们登陆吕宋岛之前就经常收到拉帕姆少校发送的无线电报告。拉帕姆少校声称他领导的游击队一直在监视日本人设立的甲万那端战俘营,这个战俘营距离第6集团军设在新怡诗夏(Nueva Ecija)省的司令部大约60英里(96千米)。甲万那端(在当地语言中意为"多岩石的地区")市是新怡诗夏的省会城市。这座战俘营里关押的战俘人数经常变化,因为日军高层发布了将菲律宾群岛上的所有盟军战俘都送去他地做劳役的命令,在过去的几个月里,日本人已经将这座战俘营里的很多战俘转移去了其他地方。如今,甲万那端战俘营只关押着约500人,处境悲惨。拉帕姆少校领导的游击队认为,守卫战俘营的日军有可能会赶在这里处决所有战俘。拉帕姆少校此次带来了有关该战俘营的详细资料,比如设计图、岗哨配置以及守卫部队等,同时向霍顿·V.怀特上校保证,他领导的游击队将为拟议的营救行动提供协助。

1945年1月6日,此时距离美军登陆吕宋岛还有3天,发生了一件奇怪的事情:甲万那端战俘营的大部分日军守卫匆匆忙忙地离开了,只留下少量病号。日军指挥部意识到反攻菲律宾的美军舰队正在接近,因此集结了专门的临时部队。甲万那端战俘营此时正处于无守卫状态,战俘

[1] 指第二次世界大战时期美军第6集团军所辖的一支侦察部队,即阿拉莫侦察兵。该部于1934年11月28日在新几内亚弗格森(Fergusson)岛成立,初衷是执行西南太平洋战场的侦察与袭扰任务。——译者注

[2] 是美军在当地扶植的仆从军部队。——译者注

们开始考虑趁此机会出逃，但他们面临着一个很大的阻碍：大约一半的人几乎无法行走。他们也曾设想过让那些身体状况较好的人单独逃跑，但又担心因为不熟悉周边的地形以及友军的方位而无法成功，且随时可能被敌军追上。另外一个担心是，一旦身体状况较好的人逃跑了，日军守卫会迁怒于那些身体状况更差的战俘。意识到日军守卫很可能无差别地处决所有战俘之后，战俘们开始制作、搜集棍棒和刀具，准备跟日本人决一死战。在接下来的2天里，换防的日军守卫逐渐到达，吕宋岛游击队没有多少时间了。美军第6集团军于1945年1月9日在吕宋岛西岸的林加延湾首次登陆菲律宾群岛，甲万那端战俘营的大部分日军守卫再次离开，留下来监管战俘的日军只有20人左右。战俘们此时已经饿得快不行了，于是铤而走险，在日军守卫的眼皮子底下冲进战俘营里的牲畜栏，杀了两头水牛，把得到的牛肉分配给所有人。日军守卫此后查获了战俘们留存下来的不少食物，但很快就离开了，并没有做出其他举动。无论如何，因为这次"偷食"行动，战俘们暂时增强了体力，一旦有友军赶来营救，大多数人至少可以独立行走一段距离。不久之后，这里的日军守卫又增多了，对战俘的看管也再次严苛起来。

1945年1月26日，怀特上校注意到了甲万那端战俘营的情势非常多变并将此种情况上报第6集团军司令沃尔特·克鲁格（Walter Krueger）将军。该集团军所辖第1军预计将在未来5天之内推进至甲万那端市，最迟是1月31日或2月1日。怀特上校估计，如果不能在1月29日之前开展营救行动，甲万那端战俘营里的战俘很可能会被日军处决，他们必须立刻做出决定并行动，哪怕存在"草率"的嫌疑。在对甲万那端战俘营发动突袭之前，营救

右图：第6集团军司令官沃尔特·克鲁格中将，这位具有远见卓识的将军组织第6游骑兵营与阿拉莫侦察兵实施了甲万那端营救行动。（美国陆军）

人员首先要在敌方区域内秘密行军至少30英里（48千米），这一过程需要2天时间。营救人员沿途需要防范的不仅有日军，还有和日本人勾结在一起的菲律宾人。另外，营救人员还要防范菲律宾的"人民抗日军"（People's AntiJapanese Army），这支武装尽管经常和美国支持的当地游击队一起行动，却存在严重的反美情绪，可能妨碍营救人员向目的地行军。一旦日军有所警觉，他们很可能当即处决所有战俘。更令人担心的是，在营救成功后，部队要带着这些羸弱不堪的人对抗紧追不舍的日本人。一旦这种情况发生，美军并没有其他可以及时赶到的增援部队。而在日军一方，除了战俘营的守卫部队之外，在该地区还有大量隶属于日军第105师团的、可获得坦克支援的部队。

"看起来非常冒险。"来自美国得克萨斯州的沃尔特·克鲁格将军如此评论这一行动。他需要承担的风险不仅仅是营救部队和战俘的性命，还有他本人的名誉。这次行动必须在高度机密的情况下展开，只有少数经过仔细筛选的人才能事先得知行动目标，以避免万一行动失败而招致举世哗然的局面。

做出最终决定之前，克鲁格将军必须仔细审视这次行动的所有动机。这次行动是否仅是一次营救巴丹战役和科雷希多岛战役幸存者的感情用事？还有没有其他更现实的军事意义？克鲁格本人就是从部队底层渐次升上来的将军，他对士兵有感情。这次冒险是否值得？一旦行动失败，不仅直接参与这次行动的人员很难生还，还可能会给沿途为美军人员提供援助的当地平民带来危险。行动目标本身的正义性能否为这次行动提供足够的理由？最终，在克鲁格将军心中，理性的军事价值考量向感性的人道主义情怀"让步"了。依照第6集团军司令部的参谋人员的想法，尽管这次行动成功的概率只有50%，但一旦成功，必然极大地提振美军部队以及美国全体民众的士气。

第6集团军司令部的一些参谋人员认为，吕宋岛游击队的协助可使这次营救行动的胜算大大提高。他们可以担任向导、负责沿途警戒、掩护营救部队通过沿途村庄、构筑阻碍日军增援和反扑部队行进的路障，还可向负责提前监控战俘营的侦察部队提供必要的支援。此外，吕宋岛游击队还可以组织一些非武装的人员，负责用担架或牛车转移身体羸弱的战俘，向返回途中的美军提供食物和饮用水。

1942年，菲律宾群岛上的一些"初出茅庐"的游击队试图攻击日军，但由于缺少足够的武器、弹药、补给，且训练和指挥水平较低、战斗经验不足，他们的行动往往以失败告终。麦克阿瑟将军命令他们转入地下，以保存有生力量，并注意搜集

右图：阿拉莫侦察兵部队的内利斯特战斗小组和罗斯威尔战斗小组在甲万那端战俘营突袭战后的照片。
前排左起：一等兵吉尔伯特·科克斯、一等兵威尔伯·威斯默、中士哈洛德·哈德、一等兵安德鲁·史密斯、一等兵弗朗西斯·拉奎尔。
后排左起：一等兵加仑·吉特森、一等兵鲁夫·瓦吉拉尔、中尉威廉·内利斯特、中尉托马斯·罗斯威尔、一等兵富兰克林·福克斯。
未出现在照片中的战斗小组成员还有中尉约翰·多芬、一等兵托马斯·西亚森、一等兵萨巴斯·艾西斯和一等兵阿尔弗雷德·阿方索。（美国陆军）

武器、储存补给和加强训练。在1942年年初至1945年年初，已经撤出菲律宾地区的美军和岛上的各支游击队之间有正式的联络小组负责联系。这些联络小组最有价值的职责是搜集情报并报告给岛外的美军，因此，美军在准备反攻菲律宾群岛之时对岛上的日军动向掌握得十分清楚。

1944年9月，岛上的各游击队最终等到了美军发出的行动命令：积极进攻日军的交通线、破坏和袭扰其补给和兵力输送。

1944年期间，吕宋岛游击队曾经数次谋划突袭甲万那端战俘营，解救当时关押在那里的约2000名盟军战俘。不过，即使突袭甲万那端战俘营的行动成功了，他们还必须护送这些战俘先穿过40英里（64千米）的开阔谷地，到达菲律宾群岛的东海岸，再翻越马德雷山脉（Sierra Madre Mountains），将这些战俘移交给美国海军派出的负责接应的20~30艘潜艇。在此之前，日军可以无所顾忌地追击他们。在得不到美国正规军支援的情况下，吕宋岛游击队独自行动极难成功，一切行动都必须等到美军正式开始反攻菲律宾群岛之后。

克鲁格将军面临的下一个问题是，他应该派哪一支部队去执行这项危险的任务呢？美军第6集团军所辖的47个步兵营此前已经连续作战、行军3个星期之久。此外,在向南推进的过程中,美军第6集团军宽广的正面和侧翼需要每一支部队。这次营救行动须事先在崎岖的山地秘密行军30英里(48千米),再对一个设有武装岗哨的战俘营发动攻击,然后带着500名身体羸弱的战俘返回,路途中也可能会与日军接战。美军第1骑兵师,当时是一支纯步兵部队,计划于1945年1月30日登陆吕宋岛,来不及执行这次任务。独立第503空降步兵团(PIR)刚刚在菲律宾的民都洛岛(Mindoro)上经历了长达1个月的残酷战斗,此时正处于休整状态,而莱特岛上的美军第8集团军所辖第11空降师正在为5天以后将对吕宋岛实施的一次两栖及伞降突击做准备。幸运的是,很有先见之明的克鲁格将军此前组建了两支特殊的部队,非常适合承担此次任务。这两支特殊的部队则只用于承担某些紧急且意义重大的任务,而眼下摆在他面前的显然正是这样一种情势。

这两支特殊的部队是在1943年11月组建的。1943年11月,克鲁格将军发布了组建一个特殊的侦察人员训练机构的命令,此即为设在新几内亚的阿拉莫侦察兵训练中心(ASTC)。阿拉莫侦察兵训练中心承担着双重任务。

第一个任务是向那些从美军第6集团军所辖步兵部队中精选出来的士兵传授丛林战和两栖侦察技能。这些士兵将在完成了阿拉莫侦察兵训练中心训练课程之后各自返回原属部队,向本部队的其他士兵传授自己在阿拉莫侦察兵训练中心学到的技能。阿拉莫侦察兵训练中心的训练课程时长6个星期,训练内容包括体能、近身格斗、丛林生存、情报搜集、侦察和巡逻、导航、通信、盟军及敌方武器的使用、(秘密)渗透和撤出及橡皮艇操纵。所有参训人员必须具备战斗经验、会游泳、身体素质极佳、视力正常。

第二个任务是进一步挑选出某些完成了阿拉莫侦察兵训练中心训练课程的士兵,组建"第6集团军特种侦察部队",简称"阿拉莫侦察兵"(Alamo Scouts)。这支部队的很多人都是伞兵出身或者来自美军第1菲律宾步兵团[1]。作为美国陆军历史上第一支远程侦察巡逻(LRRP)部队,"阿拉莫侦察兵"采用了独一无二的"同侪互评"(peer evaluation)方式来挑选兵员。每一个完成训练并合格的士兵主动选择"战斗小组"军官,每1名军官选出3个愿意加入"战斗小组"的士兵。所有"战斗小组"都以指挥官的名字命名。在如今的美国陆军游骑兵训练课程(Ranger Course)中,依然是以这种"同侪互评"的方式组建"战斗小组"。

"阿拉莫侦察兵"的基本作战单位是由1名军官和5~7名士兵组成的"战斗

[1] 美军第1菲律宾步兵团(1st Filipino Infantry Regiment)。主要由来自美国本土的菲律宾裔美国人组成的一支部队,还有一些参加过菲律宾战役(1941年12月8日—1942年5月7日)的老兵,该部队组建于美国加利福尼亚州,成军时间是1942年7月13日。——译者注

右图：参与战俘救援行动的美国游骑兵行军时的轻装装备。

1. 为实施战俘营救行动而最大限度轻装的美军游骑兵，身着军常服，脚穿M1944式作战靴，头戴战斗帽，胳膊上扎着白毛巾作为敌我识别标记。他携带2个弹药包（每个装有48发子弹），1个急救包，1个1夸脱容积的水壶（挎于右臀），1把M1918 MK1型肉搏刀，1支7.62毫米口径的M1步枪。

2. 在甲万那端战俘营的大门、瞭望台和其他战位站岗的日军守卫。他们也是尽量轻装，通常只在腰带上携带一个弹药盒而不是正常的两个。图中的战俘营守卫身着常见的日军热带制服、战斗帽、绑腿和军靴，水壶挂在右臀。使用38式步枪和30式刺刀，携带30发子弹。（霍华德·杰拉德绘制，鱼鹰出版公司）

小组"。他们在敌后执行秘密侦察任务，最常见的是登陆海滩侦察，但有时候也会执行内陆侦察任务，偶尔还会执行"抓舌头"的任务。1942年10月，"阿拉莫侦察兵"派出的2个"战斗小组"——"罗斯威尔（Rounseville）[1]小组"（6人）和"内利斯特（Nellist）[2]小组"（7人）在荷属新几内亚的奥兰斯巴里角（Cape Oransbari）成功解救了遭日军关押的78名荷兰、法国平民。和这2个"战斗小组"一起行动的还有1名来自荷兰陆军的翻译人员和3名当地向导，他们首先搭乘鱼雷快艇在奥兰斯巴里角的北面登陆。登陆之后，这个作战团队在鱼雷快艇上留下了一个4人联络小组。这2个"战斗小组"沿着一条长5英里（8千米）的小路穿越丛林，并于凌晨2点抵达了日军关押点所在的小村庄。当地向导从村民那儿得知，村里有25名日军和5名日本宪兵（驻扎在另一座单独的棚屋里）。距离关押点2.5英里（约4千米），在奥兰斯巴里角南面还有1个配备了机枪的日军海滩前哨，由4人驻守。这群"阿拉莫侦察兵"迅速制订了相应的作战方案，兵分三路，并全部于拂晓之前抵达各自的战斗位置。"罗斯威尔小组"所有成员加上2名来自"内利斯特小组"的成员负责攻击关押点所在的村庄里的两群日方人员，"内利斯特小组"其余人员负责攻击日军海滩前哨。最终，"阿拉莫侦察兵"迅速拿下了这3处日军据点，并在4分钟之内杀死了大部分日方人员。营救人员将所有被关押者聚拢到一起，然后带着他们步行至已被攻克的日方海滩前哨。早上7点钟，这些人被接上了2艘鱼雷艇。这次任务之所以能够顺利完成，得益于密切合作的能力、充分的灵活性以及因应具体情势快速决策的能力。

甲万那端突袭行动获得批准之后，霍顿·V.怀特上校联系了负责指挥"阿拉莫侦察兵"并与吕宋岛游击队联络的第6集团军特种情报分队的弗兰克·雷沃勒中校。让他感到高兴的是，"阿拉莫侦察兵"的"罗斯威尔小组"和"内利斯特小组"都可参与此次任务。"阿拉莫侦察兵"的其他战斗小组此时已经渗透至菲律宾群岛上的日军后方执行侦察任务，并联系那些可能与美军合作的游击队。取得联系之后，他们会为各游击队筹集弹药和补给，核查游击队呈送的情报报告并协调联合行动。

甲万那端突袭行动的主力部队则来自克鲁格将军创建的另一支部队。地中海和欧洲战场上的美军已经先后组建了5个游骑兵营，但在太平洋战区，一个游骑兵营也没有。第6游骑兵营的起源十分特别，其前身是组建于1940年7月的第99野战炮兵团（装备75毫米口径驮载榴弹炮）第2营。该营在1941年1月整编为

[1] 指挥官为托马斯·罗斯威尔（Thomas Rounsaville）中尉。——译者注
[2] 指挥官为威廉·内利斯特（William Nellist）中尉。——译者注

第 98 野战炮兵营。在美国科罗拉多州卡尔森堡（Fort Carson）的山区集训之后，第 98 野战炮兵营于 1943 年 1 月抵达澳大利亚，为投入新几内亚战场做准备。1943 年 2 月，该营转移至新几内亚境内，又开展了为期一年的训练。在当时的新几内亚，盟军和日军之间的战斗并未止歇，但该营一直没有接到直接参战的任务。到了 1944 年 4 月，时年 33 岁的亨利·A. 穆奇（Henry A. Mucci）中校被派遣至第 98 野战炮兵营担任指挥官，并受令将该营改造成游骑兵营。其原因在于，上级发现，在瓜达尔卡纳尔岛上，第 98 野战炮兵营不但毫无用处，反而可能成为一个累赘。此后，该营的一部分成员被转运至缅甸，进入"梅里尔突击队"（Merrill's Marauders）服役，后来又作为"战神特遣队"（MARS Task Force）的一部分参加了打通滇缅公路的战斗。

第 98 野战炮兵营原有 900 名成员，仅有 300 名士兵和 12 名军官志愿加入游骑兵营。另外 200 人则是从储备兵员中挑选出来的。来自第 98 野战炮兵营的士兵都是非常厉害的角色，他们熟悉榴弹炮的操作，还能驾驭倔强的骡子。他们的身高都在 5 英尺 10 英寸（1.8 米）以上，而且其中不少人都是农夫出身。

亨利·A. 穆奇中校对部下要求严格，督促他们开展 5 英里（8 千米）越野跑、全套装备负重 20 英里（32 千米）强行军、军事障碍赛、田径、游泳、武器操作、巡逻、小股部队及突袭作战战术以及橡皮艇等训练，以提高部队成员的超强体能和灵活性。亨利·A. 穆奇中校向第 6 游骑兵营成员灌输的条令是，在具体的军事行动中，相关负责人必须善于自主思考和决策。尽管在亨利·A. 穆奇中校接任指挥官之后不久，这支部队就开始进行游骑兵训练了，但直到 1944 年 9 月之后，该部才被正式命名为美国陆军第 6 游骑兵营。这支部队还刻意保持低调，没有自己的徽章，甚至没有取得正式编制。各成员之间以绰号互称，目的是促进形成紧密的团队精神。

1944 年 10 月中期，第 6 游骑兵营执行了其建军以来的首次任务：夺取莱特湾入口处的 3 座小岛，为反攻菲律宾的美军部队建立登陆点。第 6 游骑兵营建立了航标灯，为美军舰队通过海湾导航，并突袭了日军的一处小型军事设施，以获取情报。该部一个连返回其中一个小岛上，继续肃清残敌。他们还侦察了莱特湾附近的其他岛屿，并负责美军第 6 集团军司令部的安保工作。

反攻菲律宾的美军于 1945 年 1 月登陆吕宋岛，第 6 游骑兵营也随即登陆。此后，该营暂时没有其他作战任务，而是作为一支预备力量被"搁置"起来，为其他

对页图：1944 年 1 月 29 日，游骑兵队进军攻占甲万那端战俘营的途中。他们轻装上阵，甚至都没有携带背包和寝具。（美国陆军）

甲万那端营救行动示意图

上图：游骑兵进攻和撤退的路线示意图。（鱼鹰出版公司）

特殊任务做准备。但穆奇中校期待美军第6集团军司令部能够尽快赋予第6游骑兵营一项与其长期以来的严苛训练，以及战斗技能相匹配的特殊任务。1945年1月27日，穆奇中校接受了美军第6集团军参谋部布置的任务，参谋部向他简单介绍了有关甲万那端战俘营的情况。这正是与第6游骑兵营长期以来开展的大量针对性训练相匹配的任务。弗兰克·雷沃勒中校领导的第6集团军所辖特种情报分队将负责此次行动的总体谋划工作。按照预先谋划，这次行动尽量不从美军第6集团军以外寻求支援。美军第6集团军所辖第6步兵师当时是距离甲万那端战俘营最近的一支正规部队，他们接到了"为即将抵达其防区的500人提供交通、口粮及医疗支援"的命令，但他们对于那500人是何方神圣、将从何处来一无所知。

1945年1月26日，雷沃勒中校与罗伯特·拉帕姆会面之后，很快制订出一个简单的行动计划。然后雷沃勒中校将这个行动计划提交给怀特上校，由怀特上校向克鲁格将军做了简报，克鲁格将军问了一些问题之后予以批准。根据该计划，"阿拉莫侦察兵"将首先渗透至甲万那端战俘营附近，提前布控，并与吕宋岛游击队取得联系，后者将在这次行动中发挥重要作用。此时离美军第6集团军首次登陆菲律宾群岛还不到3个星期，但雷沃勒中校对吕宋岛游击队已经有了相当的了解和信任，尤其是在他与罗伯特·拉帕姆会面之后。经过一段长距离的秘密行军之后，第6游骑兵营将参与攻击甲万那端战俘营释放战俘的行动，之后还要承担危险的远距离护送战俘撤退至友军防区的任务。吕宋岛游击队接下来要做的则是阻击日军的援兵，并掩护第6游骑兵营及其护送的战俘撤退。美军第6集团军高层认为，拉帕姆少校留在甲万那端附近区域继续负责协调各游击队的行动对实行计划的作用更大，所以没有让他全程参与第6游骑兵营的行动，拉帕姆少校本人对此感到颇为失落。

太平洋战争期间最为大胆的一次突袭行动开始了。1945年1月27日，由胡安·帕霍塔（Juan Pajota）上尉指挥大约14名"阿拉莫侦察兵"首先朝敌后进发，旨在前往甲万那端战俘营附近的普拉特罗（Platero）村提前布控并与当地游击队取得联系。120名游骑兵也于次日朝预定目的地渗透，为此，他们需要秘密行军30英里（48千米）。完成了艰难而紧张的长途行军之后，所有参战部队最终在距离甲万那端战俘营仅数英里的某处会合，此时，他们决定将行动时间延后24小时，因为一支人数众多的日本陆军部队正在附近通过。这次行动所面临的最大挑战是，在最后一刻如何接近战俘营。日本人事先清理了战俘营周边的地面，各岗哨视野极佳。胡安·帕霍塔的建议是，请求美国陆军航空队（USAAF）派1架飞机在某约定时间飞临战俘营上空并不断盘旋，将守卫战俘营的日本人的注意力暂时引向天空，第6游骑兵营则趁机通过战俘营周边的开阔地。第6游骑兵营的指挥官穆奇中校同意了这一建议。就攻击战俘营这一具体行动而言，罗伯特·普林斯（Robert Prince）上尉指挥的90名游骑兵将负责进攻主战俘营并解救战俘，约翰·墨菲（John Murphy）中尉指挥的另外30名游骑兵则负责进攻战俘营的后方。将战俘全部解救出来之后，游骑兵会带着他们转移至战俘营以北1.5英里（2.4千米）处的邦板牙河（Pampanga River）河岸处，那里等候着150名游击队员，他们将负责用牛车将这些战俘转运至距离最近的美军防区。

1945年1月30日下午5点，游骑兵、"阿拉莫侦察兵"以及伴随行动的游击队员悄无声息地从会合点普拉特罗村出发了。他们在左臂上部缠上一圈白布，以方便在夜间识别敌我。无线电小组则留在普拉特罗村，因为其所装备的SCR-694型无线电台在行军状态下无法正常工作。突袭甲万那端战俘营的部队一旦得手，将发射数发照明弹，无线电小组再向后方发报。

这支营救部队总共不到370人，他们在无路的竹林、白茅丛中披荆斩棘，朝邦板牙河进发。邦板牙河有一处被一道沙洲分为两条小溪，水深及膝，可较为轻易地涉水通过，其他河段则要深得多。渡河之后，游骑兵继续朝战俘营进发，游击队和"阿拉莫侦察兵"则各自占领一些关键位置。游击队的重要职责之一是建立阻击阵地，阻挡附近的日军增援部队朝战俘营移动。其中，胡安·帕霍塔上尉指挥的200名士兵在战俘营以东的卡布河木桥附近设置了路障，并给木桥安装了炸药；爱德华多·约森（Eduardo Joson）上尉指挥的75名士兵以及1个游骑兵巴祖卡（反坦克）火箭筒小组在战俘营东南方建立了一道公路阻击防线，以阻挡来自甲万那端本地区的日军增援部队。

继续前进的游骑兵首先穿过了一片高草地带，接着又穿过了一片稻田。接着，30人的游骑兵排朝东转向，再沿着战俘营连通外界的主干道旁边的一条小溪前进至位于战俘营东面及南面的预定地点。C连则继续径直朝战俘营前进，直到他们能够大致瞧见日军警戒塔的地点。他们就地潜伏，悄悄等待。此时距离天色完全黑下来

下图：帕霍塔指挥的"阿拉莫侦察兵"，穿着旧式美军卡其布军服、工装甚至混搭日军军服。他们的武器与装备同样来源混杂。（美国陆军）

还有一个多小时。

1945年1月30日傍晚6点35分，美国陆军航空队派出的1架P-61A"黑寡妇"战斗机以200英尺（61米）的高度咆哮着飞临日军夜间岗哨上空并盘旋，受惊不已的日军四散奔逃，警戒塔上的日军也赶紧逃了下去。这架美军战斗机飞得非常低，以至于飞行员都能看清俯卧在稻田里的游骑兵成员。全速冲上1000英尺（304米）高空之后，这架美军战斗机又转了回来，顺着战俘营外的主干道飞至木桥上方，然后再次飞临战俘营上空：日军守卫赶忙混入战俘关押区并蹲下身去，那些盟军战俘则攀爬至狱舍栅栏上，疯狂地朝天上挥手。飞行员有所不知，底下的这些盟军战俘最初还满心疑虑：这架奇怪的战斗机到底是美国人的还是日本人的？他们从未见过这种模样的飞机——其样貌极富未来派色彩，通体黝黑且无任何机身标志。1名战俘信誓旦旦地对其他人说，他看到天上的这架战斗机的机鼻部位有裸女涂装……一定是美国人的飞机！在接下来的20分钟内，这架"黑色"的飞机继续在战俘营上空盘旋并多次俯冲。

晚上7点15分，第6游骑兵营F连第2排匍匐着越过了横亘在战俘营东面的排水沟和小溪，此时他们距离战俘营还有约200码（182米）。另有一些人潜行至战俘营的南侧围墙外，接着向西爬过一条与南侧围墙平行的排水沟，占领了几处射界可覆盖战俘营的东南角警戒塔、防御据点及后门的火力点。藏身在战俘营东面小溪底部的游骑兵也继续朝他们的目标爬行，以缩短最后时刻的冲击距离。这时，东北角警戒塔上的日方哨兵突然举起步枪瞄准这些游骑兵的所在。他们立时停止动作，过了一会儿，那名日方哨兵打消了疑虑，放下了步枪。很快，每一个游骑兵"战斗小组"都悄悄潜行至距离预定攻击目标（日方警戒塔或防御据点）距离6~25码（5.5~23米）的位置。这个时候，他们都有把握以手中的M1式加兰德步枪、勃朗宁自动步枪（BAR）以及汤普森冲锋枪，瞬间消灭眼前的日方哨兵，而日方哨兵此时还浑然不觉，正三三两两地低声说话或者将一支燃着的香烟来回传递。乔·扬布拉德（Joe Youngblood）中士指挥的游骑兵"战斗小组"负责对付战俘营东南角的日方警戒塔，但他们一直未能确认上方是否有哨兵。无论如何，一旦攻击开始，他们还是会朝塔上开火，以防有日方哨兵漏网。乔·扬布拉德"战斗小组"还负责在战俘营的外围篱墙上剪开一个入口。

在战俘营的北面，担负正面突破任务的第6游骑兵营C连1排此时隐藏在战俘营主干道紧对面的沟渠中，C连2排则藏在C连1排后方10码（9米）处的一条排水沟中，C连2排后方10码（9米）

下图：双发双尾撑布局的诺斯洛普P61A "黑寡妇"式夜间战斗机，该机装备有机载雷达，武器为4门20毫米口径机炮和4挺12.7毫米机枪，全部为前向火力而且机枪都安装在机背上而不是机腹部。（美国陆军）

处的稻田中还藏着摄影师（上级指派了几名官方摄影师全程记录这次行动）、医务兵以及一些游击队员。所有人都在等待约翰·墨菲中尉打响第一枪（指挥第6游骑兵营F连2排部署在战俘营东面及南面）。与此同时，一些游击队员悄悄爬上附近的几根电话线杆，将日军的电话线剪断。

到了晚上7点30分，预定的攻击时间到了，但墨菲中尉并没有打出第一枪。

显然，作为美国圣母大学的前美式橄榄球四分卫，约翰·墨菲此时还没有拿定主意。他希望能确认那几座位于其所在位置后方的日方棚屋内确实没人驻守，并且各游骑兵"战斗小组"都已经抵达指定位置。为此，他分别派出两拨人去进行第二次核查。约翰·墨菲的小心谨慎固然是情有可原的，但亨利·穆奇中校和罗伯特·普林斯上尉的内心却随着每一分钟的过去而变

得越发不安了。

晚上7点45分，墨菲中尉手中的M1式加兰德步枪开始瞄准了：表尺窥视孔、刃形准星、日军士兵脑袋，三点成一线。他深吸了一口气，随即将胸中的空气慢慢呼出一些，轻轻扣动扳机。游骑兵的突袭开始了。

顷刻间，战俘营四周枪声大作。战俘营各处大门、警戒塔及防御据点中的日军士兵被瞬时击倒。东南角警戒塔上的1名日军士兵翻身摔了下来。游骑兵们对准各处目标重复扫射，确保没有敌军生还。他们开始朝战俘营里冲锋了，手中的枪一刻也不停。各处岗哨中的大部分日方士兵已经被打死了，密集的子弹和弹片却没有停止的迹象，竹制棚屋被撕成了碎片。乔·扬布拉德"战斗小组"开始在战俘营的外围篱墙上剪洞，罗伯特·普林斯上尉则用M9信号枪射出了一发红色照明弹。

第6游骑兵营C连1排迅速击倒了战俘营正门附近的所有日方哨兵，然后冲过主干道，一边冲一边开枪并投掷手榴弹。西奥多·理查森（Theodore Richardson）上士被事先指定为打开战俘营正门的人。他一开始没有想到用手中的汤普森冲锋枪朝大门上的挂锁射击，而是试图用枪托来砸开挂锁，但没有成功；接着，他拔出手枪朝挂锁射击，这时候，1名日方士兵从警卫室中冲了出来，开枪打伤了西奥多·理查森的手，美军1名射手赶紧用勃朗宁自动步枪将日方士兵击杀了。手枪还是没能将挂锁打落，理查森只好再用汤普森冲锋枪射击，终于将挂锁打落了。C连1排士兵刚一脚端开战俘营的大门，前方有一人朝他们跑过来并用英文喊："发生什么事了？"游骑兵们开始以为他是1名盟军战俘，但那人很快就掉头逃跑，并改用日文大喊大叫。

他们立刻将那人击倒了，并朝日军宿舍射击。攻击开始之后不到一分钟，威廉·奥康奈尔（William O'Connell）中尉指挥的C连1排就从大门外的主干道对过冲进了战俘营。此后，他们继续朝各处日军宿舍开火。从战俘营大门往里300码（274米）处，有几处疑似停放着日军坦克的棚屋。游骑兵的反坦克火箭筒小组前进至距离那几处棚屋50码（46米）处，发射了3枚火箭弹。路过甲万那端战俘营的日军警备司令部的部队也遭到了美军营救人员的集火射击，他们乘坐的2辆卡车被打成了马蜂窝。由于日方棚屋燃起了大火，这支不断往前冲的日军部队的轮廓被照得清清楚楚，让游骑兵可以轻松地瞄准射击。

战俘营内的战斗打响之后，吕宋岛游击队一齐朝卡布河对岸不到300码（274米）处的日军营地开火了。安装在卡布河木桥上的炸药也起爆了，日本人根本来不

及从桥上经过。烟雾和灰尘飘散干净之后，游击队发现，木桥只在东端断裂了几英尺而已。胡安·帕霍塔上尉指挥本部的自动武器瞄准木桥的断裂处，防止任何日军从此处跳过去。不过，日军的坦克是无论如何无法从桥上通过了。游骑兵进攻战俘营的战斗打响之后不到5分钟，第一批日军就从周边的树林中冒了出来，并径直朝桥上冲去，他们显然不知道木桥东端刚刚已经被炸断了。游击队射出去的子弹密集地朝断裂口飞去，一群又一群日军士兵倒下了。于是，日军开出了1辆架设了机枪的卡车，以掩护本方冲锋人员，但美军很快就用反坦克火箭筒将其击退，车上的幸存者也被很快逐一狙杀。

在甲万那端战俘营，C连1排也从正门冲入，紧接着就朝战俘关押区奔去，战俘们已然陷入了极度混乱和喧嚣状态。一些战俘以为，发动这次攻击的是当地的游击队，也有人惊恐地认为，日本人的屠杀来临了。游骑兵穿着一身泥泞的绿色军装，头戴野战帽，脚上穿着奇怪的军靴，手中的武器也是战俘们从未见过的，因此，战俘们一时之间分辨不清来者到底是谁。3年之前被日军俘虏之时，美国陆军的军服还是卡其色的，而眼前这些人的制服却与日军军服颇为相似。据说，这些营救者朝战俘们大喊"我们是美国人""我们是美国兵"以及"我们是游骑兵"，战俘们却答道，"你们看起来不像是美国人""游骑兵是什么？"有些战俘甚至趁着这乱糟糟的局面躲了起来。

游骑兵们只好走进关押区，将战俘们一一拖了出来，与此同时，住在医患区的100多位身体羸弱的战俘倒是已经自行走到了战俘营的大门处。眼见马上就可以回家了，战俘们高兴地大喊大叫，有的则痛哭不止。一些获救战俘得有人搀扶着才能往外走，还有一些获救战俘根本走不动，营救者只能将他们抬出去。令人伤心的是，詹姆斯·赫里克（James Herrick）下士发现了1名已经病得下不了床的战俘。他抱起这名战俘，告诉他马上就可以回家了，战俘却苦苦坚持道："不要管我，我已经不行了。"赫里克下士抱着他刚刚走出关押区，他就四肢瘫软了（就在距离战俘营大门不过数米的地方，这名战俘死于心脏病突发）。

游骑兵在战俘营的关押区内继续扫清残敌，而预备兵力则继续待在战俘营大门对面的壕沟内，以防日方反攻部队扑过来。当游骑兵和战俘们开始越过主干道时，日方发射的3发迫击炮弹落了下来。这些炮弹来自距离较远的东南角，可能是由掷弹筒（美军称之为"89式迫击炮"）

发射的。部署在战俘营后方的F连一部迅速朝敌方战壕开火，将那门掷弹筒打哑了。敌方的3发迫击炮弹当场炸伤了5名游骑兵，费希尔上尉（医官）被发现腹部受了重伤。2名游骑兵和2名游击队员抬着费希尔径直朝邦板牙河渡河处奔去，其他美军士兵则带着刚刚获救的战俘们（其中很多人身上只穿着内衣）渐次走出战俘营。月亮渐渐升起，营救人员须防止战俘和大部队走散，尤其是防止那些身体尤为羸弱的战俘掉队。

战斗已进行了半个小时，卡布河对岸的日军竭力试图渡河，但都无功而返。很可能大部分日军军官都阵亡了，士兵们无法组织有力的反击。虽然有小股日军朝游击队开火，却只是招致了更加猛烈的还击。偶尔会有一些日方掷弹筒射出的炮弹落在游击队的阵地后方，游骑兵用反坦克火箭筒朝日方坦克和支援部队开火之后，日方的掷弹筒就哑火了。

美国陆军航空队派出的1架P-61A"黑寡妇"战斗机在甲万那端市通往东北部的黎刹公路上空盘旋。在美军营救人员和被解救出来的战俘即将横穿这条公路时，飞行员发现日军第2大队（秋生大队）正在这条公路上行进。这个大队是从圣何塞市出发，赶去增援甲万那端战俘营的。于是P-61A"黑寡妇"战斗机对这支日军部队进行了3次俯冲攻击，摧毁了12辆卡车

对页图：突袭甲万那端战俘营行动的指挥官、第6游骑兵营C连连长罗伯特·W.普林斯上尉在行动结束后的照片。如照片所示，游骑兵营成员通常以肩带式枪套携行手枪。（美国陆军）

下图：对甲万那端战俘营的突袭以猛烈的轻武器射击开场，C 连 1 排的西奥多·理查森上士在普林斯上尉发射的红色信号弹落地时，用 11.43 毫米口径冲锋枪破坏了战俘营大门的门锁，但他紧接着就被击中，手部负伤。（霍华德·杰拉德绘制，鱼鹰出版公司）

和 1 辆坦克，让他们再也无法赶到目的地。

截至当晚 8 点 10 分，大多数盟军战俘都撤出了战俘营。由于很多战俘的健康状况都很糟糕，只能用简易担架抬着走。他们的出发地距离邦板牙河事先指定的集合点 2 英里（3.2 千米）。很多战俘至今没有缓过神来，无法完全理解他们如今已经自由了。

普林斯上尉带着一些士兵在战俘营内的关押区最后搜寻了一遍，此时，穆奇中校已经带着一半人马上路了。之后，普林斯上尉射出了第 2 发照明弹，通知所有参与此次营救行动的人朝邦板牙河边的预定集合点进发。爱德华多·约森上尉指挥的阻击部队还将在原地逗留一段时间，随后该部一些人员也和部队主力提前会合了，目的是协助那些行动不便的战俘。此时，按照作战计划部署在战俘营南面围墙外的

左图：甲万那端战俘营一号营区内部结构图：
1. 哨塔。
2. 掩体。
3. 战俘营大门。
4. 警卫室。
5. 战俘居住区。
6. 战俘医院。
7. 日军军官营房。
8. 日军守卫营房。
9. 停车场（停有坦克）。
10. 通信室。
11. 小教堂。
12. 水塔。
13. 临时营房。
14. 后门警卫营房。
15. 后门。
16. 主要攻击方向。
17. 剪出的逃生口。
（鱼鹰出版公司）

甲万那端营救行动示意图

6名游骑兵成员还没有前来报到，普林斯上尉带着20人在战俘营大门外继续等候。

在卡布河上，日本人连续发动了数次微弱的进攻，其中一伙日军试着从北部渡河，但还是被消灭了。胡安·帕霍塔上尉指挥的部队将继续在原地逗留一段时间。

当第2发照明弹升上天空时，按照作战计划部署在战俘营南面围墙外的6名游骑兵成员绕着战俘营往东面运动，途中曾突然遭遇到一阵密集的子弹。他们判定这些子弹只是从卡布河木桥战斗现场射过来的流弹之后，于是未加理会并继续前进。这时又遭遇到一些从战俘营内部射出来的子弹。2发来自游骑兵友军的子弹击中了罗伊·斯威齐（Roy Sweezy）下士，1名医务兵立刻施救，但没能把他救回来。他们随后与部署在战俘营外的主干道一侧的博萨尔德（Bosard）中尉会合了，得知本

右图:一些被解救的俘虏枯瘦如柴,以至于当他们离开这个相当于小型贫民窟的集中营时,住在菲律宾民宅里的他们需要靠喂食才能进食。心怀感激之情的菲律宾人非常乐意分享他们本来就不多的食物。(美国陆军)

连有一人阵亡而且还无法带回尸体之后,博萨尔德中尉不禁感到万分悲痛。

晚上8点40分,普林斯上尉在邦板牙河边指挥士兵将那些步履蹒跚的战俘抬进25辆等候在此的牛车,其他游骑兵和战俘也陆续抵达,费希尔上尉和几名受伤的"阿拉莫侦察兵"则在现场设立的战地医院里接受救治。其他"阿拉莫侦察兵"在这个渡河点设立了埋伏。晚上8点45分,即此次突袭行动发动1个小时之后,普林斯上尉发射了第3发照明弹,然后朝巴朗卡雷(Balangkare)进发。爱德华多·约森上尉指挥的公路阻击部队开始撤离。胡安·帕霍塔上尉指挥的在卡布河木桥一带阻击日军的部队此时也已结束了与日军的战斗,本已可以撤离,但为了保险起见,他们还是在原地坚守至晚上10点。此后,为避免遭日军跟踪,他的部队从东南方绕行,3个小时之后才抵达邦板牙河边的预定渡河点。胡安·帕霍塔上尉指挥的这些菲律宾游击战士欣喜若狂。他们第一次独立作战,就彻底打败了一支人数超过己方的日军部队,而且他们只不过付出了数人轻伤的代价。

在大火冲天的甲万那端战俘营内,日军伤亡超过270人,大部分重伤员都因为得不到及时救治而在拂晓之前死去。日本人的尸体在卡布河木桥上堆了一层又一层，而在河边的树林里也零零散散地躺着不少日军的尸体。到了晚上9点45分，获救的战俘已经乘着牛车从邦板牙河边朝着巴朗卡雷进发了。在排着一路长队的战俘朝北行动之后，普林斯上尉命令此前在邦板牙渡河点附近设伏的"阿拉莫侦察兵"转而去保护医护兵小组以及费希尔上尉的安全。改由胡安·帕霍塔上尉指挥的菲律宾游击队一部接替了在邦板牙河一带设伏的任务，以阻击可能前来追击的日军。

晚上10点30分，获救战俘逐渐接近巴朗卡雷，在这里，又有另外15辆牛车加入了这支队伍。无线电小组一路上不断尝试与设在金巴（Guimba）的美军第6集团军参谋部取得联系，美军第6集团军参谋部也一直在焦急地等待前方的消息，到了晚上11点，他们终于收到了"任务完成、开始返回"的电报。一直守在电台前的二级技术兵詹姆斯·欧文（James Irvine）已经连续60个小时没有合眼了，现在他总算可以欣喜地向军官们报告："营救行动已经成功了！"

1945年1月30日午夜，获救战俘及其护卫部队开始撤离巴朗卡雷。穆奇中校带着一部分营救人员走在这支队伍的前头，一瘸一拐的普林斯上尉则带着一些人负责殿后。前行了将近4英里（6.4千米）之后，他们渡过了莫尔肯河（Morcon River），再前行1英里（1.6千米）之后，于1月31日凌晨2点抵达马塔斯纳卡霍伊（Mataas Na Kahoy），在这里等候着另外11辆牛车。在此停留了不到半个小时后这支队伍又一次启程了。他们不能在同一个地方长久停留，一些游骑兵开始服用苯异丙胺来让自己保持清醒。此时，他们仍然在敌占区内，一旦日军出现并发动攻击，这支长达2英里（3.2千米）的队伍将不堪一击。抵达黎刹公路之后，这支队伍遇到了一个障碍——公路北面有一道无法直接通过的陡峭护堤，只好朝东南方向绕行1英里（1.6千米），到达卢纳（Luna），然后再绕回来。在营救人员的严密警戒之下，花费了1个小时，获救战俘终于越过了这道护堤。费希尔上尉也于1945年1月31日凌晨2点05分由6个人抬到了巴朗卡雷。在此处，一小支工程队临时清理出了一条可供轻型飞机起降的跑道。护送人员向上级请求派1架轻型飞机前来接应伤势严重的费希尔上尉。

抵达卡西利河（Casili River）之后，这一队人马的先头部分在原地休息了一段时间并等落在后面的人员赶上来，直到凌晨5点30分才重新启程。这个时候，他们收到了前方一个村庄里的菲律宾"人民抗日军"不会允许他们通过的消息。营救人员派传令兵去和"人民抗日军"协商，但后者坚持不改变初衷。失去了耐性的穆奇

甲万那端营救行动示意图

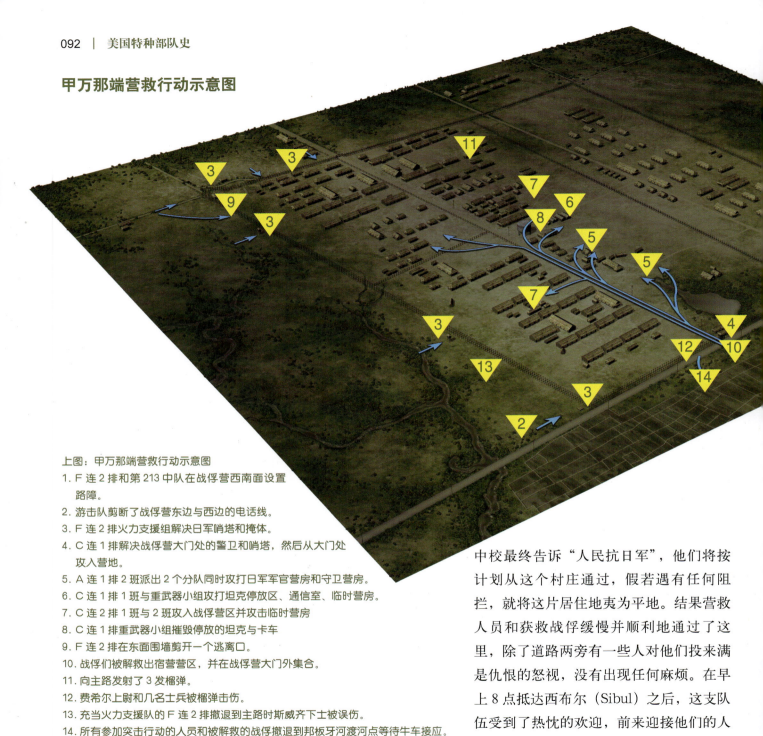

上图：甲万那端营救行动示意图
1. F连2排和第213中队在战俘营西南面设置路障。
2. 游击队剪断了战俘营东边与西边的电话线。
3. F连2排火力支援组解决日军哨塔和掩体。
4. C连1排解决战俘营大门处的警卫和哨塔，然后从大门处攻入营地。
5. A连1排2班派出2个分队同时攻打日军军官营房和守卫营房。
6. C连1排1班与重武器小组攻打坦克停放区、通信室、临时营房。
7. C连2排1班与2班攻入战俘营区并攻击临时营房。
8. C连1排重武器小组摧毁停放的坦克与卡车。
9. F连2排在东面围墙剪开一个逃离口。
10. 战俘们被解救出宿营营区，并在战俘营大门外集合。
11. 向主路发射了3发榴弹。
12. 费希尔上尉和几名士兵被榴弹击伤。
13. 充当火力支援队的F连2排撤退到主路时斯威齐下士被误伤。
14. 所有参加突击行动的人员和被解救的战俘撤退到邦板牙河渡河点等待牛车接应。
（霍华德·杰拉德绘制，鱼鹰出版公司）

中校最终告诉"人民抗日军"，他们将按计划从这个村庄通过，假若遇有任何阻拦，就将这片居住地夷为平地。结果营救人员和获救战俘缓慢并顺利地通过了这里，除了道路两旁有一些人对他们投来满是仇恨的怒视，没有出现任何麻烦。在早上8点抵达西布尔（Sibul）之后，这支队伍受到了热忱的欢迎，前来迎接他们的人送来了食物、水，还有19辆牛车。

面对无遮无挡的阳光和食物，获救的战俘们终于明白了，他们正走在返家的路上，当时的摄像片段如实记录了战俘们兴高采烈的表情。上午9点，穆奇中校通过无线电得知，比金巴（Guimba）更近12英里（19千米）的塔拉韦拉（Talavera）此时已在美军的控制之下。他请求上级派卡车来接应其中412名状态相对较好但也疲惫不堪的获救战俘；派救护车来接应另外100名状态尤为糟糕的获救战俘，接应地点为20号公路，接应时间为2个小时之后。距离20号高速公路不远时，天上传来了飞机的声音，莫名其妙的战俘们赶紧从牛车上跳了下来。4架P-51"野马"战斗机咆哮着飞了过来，为底下欢欣雀跃的人们来了一场飞行表演。不久之后，他们遇到了第1步兵团1营的巡逻队以及随之而来的卡车和救护车。战俘们坐着卡车抵达了金巴，

美军士兵在道路两旁夹道欢迎，美军第92流动医院随后接收了他们。之后，待到战俘们的身体渐渐康复之后，麦克阿瑟将军前来慰问了他们。

费希尔上尉于1945年1月31日中午在巴朗卡雷去世了，护送人员请求的飞机始终没有出现。将费希尔上尉就地埋葬之后，这几名护送人员改道前往塔拉韦拉，在当地遇到了部分游骑兵成员。罗伊·斯威齐下士的尸体也于1月31日被游击队找回，最终和费希尔上尉安葬在同一个地方。

甲万那端营救作战作为美军历史上计划与执行得非常成功的特种作战行动被载入了美军军史。麦克阿瑟将军称赞这次突袭行动"干得非常漂亮，各个方面都异常完美"。美军第6集团军情报部门的每周情报综述指出，这次行动"在事前侦察和谋划方面是一个近乎完美的范例"，鲜有其他军事行动像这次一样成功。巧合的是，少数几次堪与这次行动媲美的行动之一就发生在仅仅24天之后，即美军第8集团军第11空降师某部执行的洛斯巴尼奥斯集中营（Los Baños Internment Camp）解救行动。有趣的是，由于并不存在相关的交流机制且时间不允许，洛斯巴尼奥斯集中营解救行动的谋划者事先并没有从甲万那端营救行动的谋划者那儿获得任何教益。

右图：1945 年 1 月 31 日，从甲万那端战俘营解救出的战俘抵达第 6 步兵师防线。由于需要尽快离开，他们中许多人都只穿了内衣。（美国陆军）

美国海军陆战队的精锐部队

长期以来，美国海军陆战队一直不愿意组建用于承担特种作战任务的突击营（Raider battalion）。"突击队"（Raider）这一概念诞生于第二次世界大战早期，当时的美军亟须派出一些人数不多但精干、能够有效袭扰并阻滞强大的敌军进攻的部队鼓舞民心士气。因此，时任美国总统富兰克林·罗斯福就大力推动美军仿效英军突击队，尽快组建自己的游击部队和"海上突击部队"，并将其派去打击日本军队。

然而，美国海军陆战队的高层却无意在军内组建专门承担游击战职能的部队，并以"两栖突击本就是美国海军陆战队的传统职能之一"为理由搪塞。最后，美军总司令（美国总统）的主张最终占了上风，美国海军陆战队也组建了专门的突击营，但其存在时间尚不足 2 年。归根结底，在美国海军陆战队高层眼中，突击营首先是一支精锐的步兵部队而非专门承担特种作战任务的部队。

美国海军陆战队的士兵经由各种不同的途径进入突击营，而各个突击营的选拔程序也因管理者的个人设想不同而有所差异。尽管美国海军陆战队高层最初在组建突击营这件事情上并不积极，但他们后来还是鼓励突击营要积极进取，坚持专业性和创造性,并因而造就出了一批与其总兵力不成比例的"突击营名人",比如第1突击营的营长梅里特·埃德森(Merritt Edson)和第2突击营的营长埃文斯·卡尔森(Evans Carlson)。

梅里特·埃德森中校坚持一种传统的观点,即所有海军陆战队部队都应当有能力承担海上突袭任务(在英国是由专门的英军突击队来承担)。梅里特·埃德森是一位非常有头脑的战士,自从投身香蕉战争、在丛林中远距离追击尼加拉瓜游击队时起,他就留起了一把火红色的胡须,因此得到了"红麦克"的绰号。尽管埃德森体格矮小且其貌不扬,身上的衣物和携带的装备看上去总是给人大了一号的感觉,但他却率领美国海军陆战队的射击队数次夺得全国冠军,还撰写了名为《小规模战争手册》(Small Wars Manual)的反叛乱战争领域内的开创性著作。他蓝色的眼睛永远透出一股冷淡的神情。战地记者理查德·特里加斯基斯(Richard Tregaskis)称其为"……最勇敢的人,过

下图:1架道格拉斯C-47A运输机可以运送19名伞兵。第511伞兵团1营B连在伞降洛斯巴尼奥斯的行动中动用了9架这种运输机,每架运载15名伞兵。跳伞舱门位于照片左边缘外的位置。

去15年以来我所见到过的最高效的杀人机器"。美国联邦调查局特工亨利·亚当斯（Henry Adams）上尉曾经多次参与过追捕最凶暴的罪犯的行动，他说"……从未见过像梅里特·埃德森那样镇静沉着的家伙。我认为他从来不知道什么是害怕"。埃德森真诚地爱护他的部属。

"红麦克"似乎对远程徒步行军具有一种受虐狂式的热爱。在"红麦克"的督导下，他指挥的那个海军陆战队营刚开始还只是开展数英里远的全副武装行军，但很快其距离和强度就急剧增加。在一次耐力测验中，"红麦克"指挥的海军陆战队营曾经从匡提科（Quantico）基地行军至30英里（48千米）外的南北战争马纳萨斯（Manassas）老战场，并于次日返回。"红麦克"还非常注意通过其他训练来提高部属的武器使用熟练程度和越野定向的地图分析能力。很多训练都是在夜间开展的，埃德森对士兵野战能力的训练在很大程度上提高了其部属在实战当中的生存能力。

下图：空降部队为美军提供了一支可大规模用于特种作战的力量和一种快速部署的新式手段。图中是1名手持M1式汤姆森冲锋枪进行作战训练的空降部队士兵。（美国国家档案和记录管理局）

1941年12月7日,"珍珠港事件"爆发,美国海军陆战队的世界发生了巨变。此后,埃德森将其指挥的陆战队营的训练强度提高到令人麻木的程度。时任美军第1陆战师师长霍兰·史密斯(Holland Smith)发布命令,将埃德森所指挥的第1陆战师第5团橡皮艇营(rubber-raft battalion)改称海军陆战队第1特种营(1st Special Battalion),承担特种作战任务,归两栖部队(Amphibious Force)指挥官直接指挥。1942年1月,埃德森指挥的海军陆战队第1特种营改称海军陆战队第1独立营(1st Separate Battalion),海军陆战队第2独立营(2nd Separate Battalion)则在加利福尼亚组建,指挥官是埃文斯·卡尔森少校。

当时的海军陆战队还面临另一个难题。新上任的太平洋战区盟军总司令切斯特·尼米兹海军上将要求组建一支专用于反扑日军攻势的突击部队,因此助力埃文斯·卡尔森组建一支"游击"部队。罗斯福总统派绰号为"野蛮的比尔"的威廉·多诺万(William Donovan)上校(第一次世界大战时期的美军英雄、美国中央情报局前身"战略情报局"局长)进驻海军陆战队组建专门的"游击"部队。时任海军陆战队司令的托马斯·霍尔科姆(Thomas Holcomb)虽然不情愿,但还是派了2名军官前去英国观摩英军突击队

下图:"红麦克"埃德森(右)与海军陆战队司令霍尔科姆在瓜达尔卡纳尔岛。霍尔科姆认可"矛头"突击学说并决定了突击部队的组织结构。两人都穿着夏装,但衬衫的设计有所不同。埃德森系着通常发给守备营的非制式腰带手枪套,他的钢盔和往常一样显得偏大。(美国海军陆战队研究中心)

的训练，并遵从了被他视为"奇技淫巧"的所谓特种部队相关理念。

1942年2月16日，埃德森指挥的海军陆战队第1独立营改称海军陆战队第1突击营（1st Raider Battalion），但不久之后发生的变动又瞬间解散了他长期以来精心打造的部队。这支历史悠久的海军陆战队营还没来得及走上战场，上级就将其A连全部、1个机枪排以及1个迫击炮小队抽调出来充当组建由埃文斯·卡尔森少校任营长的海军陆战队第2突击营（2nd Raider Battalion）的基干。海军陆战队第2突击营的其他成员都是依据埃文斯·卡尔森营长的理念精心挑选出来的。作为1名基督教公理会牧师的儿子，埃文斯·卡尔森在14岁的时候就离家出走了，16岁的时候他谎报年龄加入美国陆军，在19岁的时候成为1名上士。在退役一段时间后，他于1917年重新入伍，成为1名中尉，在墨西哥追捕潘乔·维拉。第一次世界大战后他成了潘兴将军的参谋，获得上尉军衔。此后，他又退役了一段时间。1922年，他再次作为二等兵加入了海军陆战队。之后，卡尔森成了罗斯福总统位于佐治亚州的温泉（Warm Springs）度假屋的侍从武官，因此和总统本人以及总统的儿子小詹姆斯·罗斯福十分熟络。

埃文斯·卡尔森受令3次前往中国执行任务（担任情报官和军事观察员），他与罗斯福总统一直保持着直接联系。他随着中国共产党领导的八路军在中国北方的山区和荒漠地带行军2500英里（4000千米）以上。中国共产党人团结一致、英勇抗击日本侵略者的努力令他十分钦佩。

尽管卡尔森并不是1名共产主义者，但他对中国共产党的公开褒扬还是引起了其他人的怀疑。1939年，卡尔森从海军陆战队退役。1941年5月，卡尔森利用他和白宫的特殊关系再次加入了海军陆战队，成为1名上尉军衔的预备役军官，随后又被晋升为少校。

按照布赖恩·夸克（Brian Quirk）二等兵的看法，埃文斯·卡尔森是"你最愿意打交道的和善人，同时也非常胆大。他聪敏……在自制方面无可挑剔。从不让自己变得过于激动，从来不会大着嗓门说话，即使事情变得非常棘手时也是如此"。

除了从海军陆战队第1突击营抽调而来的士兵，卡尔森突击营的其他成员都是依照卡尔森本人的理念精心挑选的，他通过讲话的形式向每一位新成员宣讲其独特的理念。他引入了"工合运动"[1]的箴言，以传教士式的热忱向部属们阐述战后社会平等及正义、牺牲小我的必要性。卡尔森还以每周一次的"工合"讲习会的形式组织"出气会"、大合唱、看电影、聆听（特邀发言人就诸多政治及社会问题发表的）演讲等活动。军衔较高的军官发现，卡尔

对页图：1943年11—12月，美国海军陆战队突击营士兵带着侦察和送信用的军犬，警惕着日军可能的伏击，向着丛林中的前线进发。（美国国家档案和记录管理局）

[1] 中国抗日战争时期，由中外知名人士发起的"组织并建立一批制造军需及民用工业物资的合作社，以支援抗日战争"的民间运动，简称"工合运动"。此处的"工合"一词意味着"团结协作"的精神。——译者注

森推行的"不分军阶的平等主义"非常容易引发混乱。此处所谓"不分军阶的平等主义"的做法,包括官兵友善、不戴军衔徽章、下级公开批评上级等。

卡尔森也很注重加强体能锻炼。据欧文·卡普兰(Ervin Kaplan)回忆:"我们每天一起床就要绕圈跑20分钟……约两三英里。我们会背着某人跑上100英尺(约30米),然后让伙伴背着跑回来。我当时似乎一直是和一个重约100磅(约45千克)的家伙搭档。"

长途行军刚开始强度不大,但后来提高至2天走完长达70英里(112千米)。卡尔森希望一个真正的战士应当艰苦朴

素、极少娱乐。除了常见武器的使用和行军，卡尔森对部属使用刀具的能力也投入了不同寻常的关注。卡尔森突击营的每一个成员都配发了两把与众不同的匕首，即刻有"工合"字样的鲍伊猎刀和卡尔森突击营匕首。卡尔森突击营的人在刀具运用方面投入了非常多的训练时间。

卡尔森突击营在橡皮艇的使用方面训练较少，仅在加利福尼亚海岸训练了3个星期。他们部署至当时的夏威夷领地之后，又在位于瓦胡岛（Oahu）的卡特林营地（Camp Catlin）接受了额外的训练。5月22日，卡尔森突击营的C连、D连秘密进入中途岛，以抵御预计将要来临的日军入侵，但这个预估落空了。6月28日，A连、B连、E连以及F连乘船朝北边的阿留申群岛进发，准备参加美军夺回阿图岛和吉斯卡岛的战斗。"但是，在海上航行了2天之后，我们竟然折返回了中途岛"。对于这支精锐部队而言，这可不是一个好的开端。

1942年9月，绰号"马儿哈利"的哈里·B. 利弗西奇（Harry B. Liversedge）中校组建了海军陆战队第3突击营。当年10月，吉米·罗斯福[1]（Jimmy Roosevelt）中校组建了海军陆战队第4突击营，并在加利福尼亚州组建了一个突击队训练营由于身患各种病症，吉米·罗斯福在第4突击营被派往海外之前就从营长职位上退了下来。1943年3月，哈里·B. 利弗西奇中校升任新成立的海军陆战队第1突击团（1st Raider Regiment）团长，下辖第1、第4突击营。他是一位循规蹈矩的军官。海军陆战队第1突击营的新任营长山姆·格里菲思（Sam Griffith）是继梅里特·埃德森之后又1名很有头脑的战士。由于原来的10人制步兵班在丛林里行动不便，格里菲思将其改组为3个3人制火力小组和1名班长，每个火力小组配备一挺勃朗宁自动步枪，副射手和小组长则使用新配发的M1加兰德半自动步枪。

1943年9月12日，海军陆战队第2突击团正式成立（下辖第2、第3突击营），团长是艾伦·沙普利（Alan Shapley）中校。艾伦·沙普利中校明确宣称，他不认为海军陆战队的突击部队有什么神秘性。欧文·卡普兰后来回忆道："我们原本装备了大量独特的物件，比如突击队战靴。按照团长的命令，所有人都将这些独特的物件交出来了，然后点一把大火烧得干干净净。"

自1942年8月开始，海军陆战队各突击部队频繁参加太平洋战区的战斗。最先投入作战部署的是海军陆战队第1突击营，该部参加了瓜达尔卡纳尔岛战役期间的瓜岛本岛战斗和图拉吉岛战斗。海军陆战队所辖各突击部队后来还多次参加所罗门群岛和新乔治亚群岛的战斗，但大

对页图：1944年5月的新不列颠战役期间，海军陆战队狙击手一等兵迈克·巴里尼奥使用M1903A4狙击步枪进行瞄准。尽管狙击手的编制是设置在美国陆军和海军陆战队的常规部队中的，但他们经常被用于承担收集情报和前出侦察等特种部队的任务。（美国国家档案和记录管理局）

[1] 吉米·罗斯福是时任美国总统富兰克林·罗斯福的长子。——译者注

多数时候承担的是和普通陆战队部队一样的任务，而非专业的突击性任务。但发生于1942年8月17日的马金岛（Makin Island）突袭则属例外。为支援即将登陆瓜达尔卡纳尔岛的美军主力，尼米兹海军上将计划在其他地方发动一次佯攻，其参谋人员将佯攻地点定为马金环礁当中的布塔里塔里岛（Butaritari）。布塔里塔里岛上的日军气象站和海上飞机基地是一个军事价值极大的目标，其与所罗门群岛相距不远的条件也足以确保日军会分兵支援。被选出来承担这次任务的是海军陆战队第2突击营。由于战前侦察十分草率，海军陆战队第2突击营手中的情报只有为数不多的航空照片和由潜水艇通过潜望镜拍摄的照片。该营情报军官杰拉德·霍尔顿中尉还就此询问了一位来自该岛的渔民。所有情报都显示，布塔里塔里岛上的日军几乎没有建立任何滩头防御工事。

为了顺利执行这次任务，海军陆战队第2突击营在瓦胡岛的巴伯斯角（Barber's Point）附近某处仿制了布塔里塔里岛的地形条件，并安排所有参战人员在各自的既定战斗岗位上重复演练。布赖恩·夸克当时是仓促成立的爆破小组6名成员之一，尽管"我事先甚至不清楚导爆索和电话线有什么区别"。他当时是B连的固定成员，但同时也附属于规模不大的营直属部队。"我分配到的任务是进入日军无线电站（并摧毁它）……我们尽力设想了一切可能发生的情形，然后不断加以演练"。

为了执行这次任务，尼米兹海军上将派出了美国海军仅有的3艘大型潜水艇当中的2艘，即"鹦鹉螺"号（APS-2）和"舡鱼"号（APS-1），这就限制了参与此次行动的美军部队的规模。"鹦鹉螺"号最多能容纳85名士兵，"舡鱼"号可以容纳134名士兵。为此，卡尔森从参与此次行动的A连"剔除"了25人，从B连"剔除"了30人。

卡尔森认为，只要有1名高级军官参与此次行动就够了，美国总统罗斯福的长子吉米·罗斯福不应参加这次行动，以回避遭日本人俘虏的风险。但吉米·罗斯福坚持认为，他应当和部下共进退。为此，吉米·罗斯福还特意打电话请他父亲出面干预。

在瓦胡岛上开展的演练表明，如果海浪过大，橡皮艇的外挂式发动机的打火装置就会因为简易的金属护罩不够严密而出现问题。由于乘员众多，美军还在将要参加这次行动的2艘潜水艇上安装了空调系统。

1942年8月6日（所罗门时间为8月7日），珍珠港到处都在传说美军即将登陆瓜达尔卡纳尔岛的消息。次日早晨，执行佯攻任务的海军陆战队第2突击营开始登上潜水艇。为节省空间，每位参战人员

对页图：突击营在1942年中时使用的武器与制服。左为第2突击营士兵，穿着为马金岛作战特制的黑色P1941式军服与作训鞋，手持汤姆森冲锋枪。右为穿着P1941式军服的突击营中尉，军服迷彩为棕色、深绿色和白色斑块构成。图中展示的武器包括：M1903A1式斯普林菲尔德步枪，M1941式约翰逊轻机枪，M1941式约翰逊半自动步枪，雷兴冲锋枪，加拿大造14毫米口径博伊斯反坦克枪以及各式刀具。（迈克尔·维普利绘制，鱼鹰出版公司）

只携带了个人武器和 1 个内装基本野战装备（包括头盔和一身换洗衣物）的布包。橡皮艇、外挂式发动机以及燃油都在高度保密的情况下装上了潜水艇。上午 9 点，2 艘潜水艇无声无息地溜出了海港。潜艇内的突击营成员除了躺在铺位上胡思乱想什么也做不了。由于成员极度拥挤，即使有空调系统也无济于事，所有人都热得汗流浃背。在这个狭仄的空间内，充斥着人的体味、柴油机散发出来的气味、香烟的气味。这里的每一分钟都伴随着人的呼噜声、放屁声以及有节奏的柴油机轰鸣声。每天仅有的 2 次"节奏变化"就是用餐时间，潜艇浮出水面时，突击队员们也可以去甲板上呼吸新鲜空气，但这种机会极少。

下图：建于 1943 年的新型突击队员训练营重视持续又激烈的训练。这些训练者的武器装备是含有 M1 步枪、勃朗宁自动步枪和汤姆森冲锋枪的奇怪组合。（美国海军陆战队博物馆）

上图：1943年，布干维尔岛，海军陆战队第2突击营正在泥泞的皮瓦公路上行军。布干维尔岛战役是突击队员们撤离之前的最后一次主要行动。（美国国家档案和记录管理局）

　　1942年8月16日凌晨3点，走在前头的"鹦鹉螺"号潜水艇到达了距离马金岛不远的海域，开始进行抵岸之前的最后一次潜望镜侦察。当时正在下雨，而且刮着向岸风，搭乘"鹦鹉螺"号潜水艇随行的本次行动指挥官约翰·海恩斯（John Haines）海军准将决定推进任务。凌晨3点30分，有人打开了潜水艇的前舱口，暴风裹挟着海水将艇内的人们浇了个透。高达15英尺（4.5米）的海浪还涌上潜艇的甲板，掀翻了站在上面的人。突击队员们在风浪中挣扎着给橡皮艇装上外挂式发动机并给油箱加满了油。没固定好的设备转眼就会被大风和海浪席卷而去。橡皮艇刚从潜水艇的甲板上放下海面就被海水灌满了，上面的人赶紧拼命地用头盔将海水舀出去。有不少人落水了，但由于战友的搭救才不至于沉入海底。2艘满载着药品和弹药的橡皮艇被海浪打翻了，很快就消失在茫茫的黑暗当中。突击队员登上橡皮艇之后，疯狂地朝预定集结点划去，以对抗将他们吹往岸边的猛烈的向岸风。

　　临近一片暗礁时，一个浪头瞬间灌满了其中一艘橡皮艇。由于已经失去了动力，操控马达的人赶紧松开蝶形螺母，将马达从橡皮艇上拆下来，任其沉入海底。

上图：这名突击队员的军装没有什么别的装饰，在丛林中待了几天或几星期后，制服会变得肮脏不堪。注意那些缴获的日本武器和他脖子上的海军陆战队身份牌。（美国海军陆战队博物馆）

最终总算搁浅在一片沙滩上，突击队员将橡皮艇拖进岸边的一处灌木丛中，然后躲藏起来。参加此次行动的海军陆战队第2突击营2个连最后混乱地散布在200码（183米）长的沙滩上。奥斯卡·皮特罗斯斯（Oscar Peatross）中尉指挥的1个排则不见踪影了。

这些突击队员决定安静地在原地待到天亮，但是，就在拂晓到来之前不久，1名正在组装勃朗宁自动步枪的二等兵不小心走火，射出一长串子弹，宁静被打破了。军官和军士们赶紧组织部队。据肯·麦卡洛（Ken McCullough）中士回忆，岛上的日本守军20分钟之后就赶了过来。

自动步枪走火之后不久，赫伯特·勒克莱尔（Herbert LeClair）中士（绰号"法国佬"）指挥的陆战排派出去侦察的1个班返回了，据他们报告：突击营的登陆地点恰到好处。赫伯特·勒克莱尔指挥的陆战排于是展开队形，缓慢地穿过高高的棕榈树及其底下的灌木丛，朝着一条狭窄的公路运动。突然，充当侦察兵的霍华德·扬（Howard Young）下士猛地卧倒，并朝其他人发出警告。1辆卡车在公路上先是一个急转，然后猛地停了下来。一些日本士兵急速从卡车上跳出来，在路旁的灌木丛中以散兵队形展开。克莱德·托马森（Clyde Thomason）中士在己方队伍中来回跑动，按照构成对敌交叉火力的要求设置埋伏（其中一翼靠前突出）。这些突击队员由于缺乏实战经验，慌乱之间忘了开火纪律，不惜弹药地朝敌射击。托马森不顾其他人叫他卧倒的喊声，还在四处奔跑，结果遭到了1名日本士兵的致命枪击。

5分钟之后，那股日军被消灭殆尽，

这里的交火声暂时变得稀落，但当另一个陆战排赶过来增援时，更多的日军部队也赶到了，并发动了一次自杀性进攻。这2个陆战排将日军的进攻打退，但在试着往前推进的过程中遭受了重大伤亡。突击营的士兵以前没有接受过防备敌方狙击手的训练，因此，霍尔顿（Holtom）上尉等指挥人员和报务员都被敌方的神射手依据其手势信号轻易识别出来并击杀。负责通信事务的肯·麦卡洛后来回忆："这次行动中，我们携带了体型小巧的SCR型无线电话机，但这种该死的装备有显眼的天线。因此，我们的报务员都被敌方狙击手射中了脑袋。"指挥其中1个陆战排的赫伯特·勒克莱尔被5发机枪子弹击中。1名士兵帮他包扎了可怕的伤口，将他的一条手臂绑在身体上，勒克莱尔就这样继续在战场上蹒跚而行。

到了早上7点，战斗基本结束了。罗斯福用仅剩的1部无线电台向"鹦鹉螺"号潜水艇呼叫炮火支援，击毁了日方在环礁湖中的2艘舰船。其他地方的日军收到了布塔里塔里岛守军发出的一条无线电信息，于是派飞机前来查看。其中1架于上午9点抵达，另外2架于上午10点40分抵达。卡尔森将他的部队聚拢起来，引诱敌军向前推进。于是，当另外十多架日军飞机中午12点55分飞抵该岛时，飞行员误将己方部队当成美军，对其进行了猛烈的轰炸和扫射。紧接着，突击营的人用机枪、步枪和2支博伊斯（Boys）反坦克枪直接射击敌方飞机。结果，其中1架起火并迫降在海面上。这种体型庞大的4发动机飞机拼命地想重新起飞，但美军密集的子弹很快就再次将其射得摇晃不止，最终坠毁在海中。

由于初次上阵慌了阵脚，奥斯卡·皮

下图：卡尔森父子的合影。他们穿的野战靴是突击队员常用的丛林靴样式，裤脚也是按突击队员常用的做法直接用刀割成合适的长短。小卡尔森在远程巡逻中荣获银星勋章，后来成为飞行员并在远东作战。（美国海军陆战队研究中心）

特罗斯的突击排不仅没和主力部队联系上，还在一片慌乱中被其他突击队员误认为是日军而遭到友军射击。他们袭击并焚毁了岛上的日军指挥部，然后自行撤退至自己的橡皮艇处。当晚8点的时候，他们返回了"鹦鹉螺"号潜艇，成为唯一一支按照原计划撤离的部队。

卡尔森原计划在晚上7点30分撤离海滩，但由于天色黝黑、风大浪急以及伤员（参与此次行动的2名外科医生也在此列）行动不便等原因，他们没有达成计划。在所有的18艘橡皮艇中，只有其中的7艘（其中1艘搭载着布赖恩·夸克）成功冲破了向岸海浪的冲击，返回了潜水艇。

另外11艘橡皮艇也不断尝试冲破拍向岸边的浪头的冲击，但一直没有成功。橡皮艇好几次被海浪打翻，乘员被冲回海滩，他们不得不暂时放弃。大部分人的鞋子、衣服和武器都丢失了，他们不得不顶着大雨在海滩上度过了一个晚上。

卡尔森整个晚上都非常焦躁。总统的长子也被困在这个岛上，日军飞机一等到天亮必定再次飞临海岛，或许还会有一支实力强大的日军登陆。毕竟，海军陆战队第2突击营此次行动的目的就是吸引日军分散兵力。出于某种原因，心情沮丧的卡尔森写了份投降信并派人送给了岛上的日本守军。在此之前，卡尔森身边的肯·麦卡洛等人一直就此和他争论。肯·麦卡洛后来写道，对卡尔森来讲"……岛上发生的事情就像是去商店买了些日常用品一样，或

左图：所罗门群岛，布干维尔岛的托基纳海角，一群面容疲惫的美国海军陆战队突击队员们在攻陷的日本战壕前。（美国国家档案和记录管理局）

右图:1942年8月,南太平洋上的马金岛突袭作战结束后,海军陆战队突击营营长埃文斯·F.卡尔森中校(左)和突击营的副营长、罗斯福总统的儿子吉米·罗斯福(右)展示战利品。(美国国家档案和记录管理局)

者像是平常的训练。他是岛上最冷静的人"。到了第二天早上8点左右,卡尔森的担心得到了一定程度的缓解:又有4艘橡皮艇也冲破了海岛四周的激浪线,与潜水艇会合。罗斯福总统的长子吉米·罗斯福就在其中1艘橡皮艇上面,但卡尔森当时并不知道。

肯·麦卡洛后来写道:"不记得是奥斯卡·皮特罗斯斯中尉还是谁,派了5名士兵从潜艇上乘坐橡皮艇返回海岛附近。其中1人跳进海中并游了上来……他说,潜艇艇长说,他们会一直在海岛附近等待,直到所有人都从海岛上撤出。之后,那名士兵又游回来时乘坐的那艘橡皮艇。我们眼看着在远处等待的潜水艇重新钻入海面以下。"几架日军飞机发现了这艘潜水艇并用机载机枪朝其扫射,还扔了炸弹。幸运的是,那些日军飞机当时并没有携带深水炸弹。

还在海滩上待着的人大部分都很沮丧,但卡尔森将这些人重新组织起来,在岛上四处出击,杀死他们见到的日军、摧毁各种日军设施，继续执行昨日的混乱中"遗忘了"的任务。

所有的无线电台都被海浪冲走了，4名报务员遭日军狙击手狙杀。当时在岛上的突击队员中唯一懂得莫尔斯电码的幸存者就只有肯·麦卡洛。麦卡洛拿着仅剩的一支手电筒爬上一棵歪斜的椰子树，朝潜水艇打信号。"我能感觉到，四周都是日本人，他们都在盯着我。发出去了两三条信息之后，日本人随时可能开枪击中我"。潜水艇上的人一直在向我示意"你是谁？"最后，在"鹦鹉螺"号潜水艇上的作战指挥官约翰·海恩斯海军准将打出信号，询问他父亲的一位朋友的绰号是什么。卡尔森知道答案："重要人物"朗（"Squeegie" Long）。确认了对方的身份之后，麦卡洛给潜水艇打信号：当晚9点30分在海岛的下风向某处会合，以避开向岸海浪的阻挡。

前往下风向会合点的航程长达2小时，而且行程非常艰难。橡皮艇的最后一台外挂式发动机也不能工作了，突击队员只能拼命划水。其中1组队员不断请求卡尔森允许他们分头行动，卡尔森最后批准了，但后来谁也没有再见到他们。抵达会合点之后，麦卡洛用电量所剩不多的手电筒打出信号，直到晚上11点08分，这批突击队员才全部登上潜水艇。来不及统计死者和失踪人员，潜水艇就开始返航。自身也受了伤的医务人员给艇内的伤员们做了力所能及的伤势处理。

返回的海军陆战队第2突击营成员受到了热烈的欢迎。这次行动并非美军对日军发动的第一次反击，却是第一次被美国新闻界广泛报道并为普通民众知晓的行动。这次突袭行动及时地提升了美国人的士气，其意义堪比著名的杜立德空袭东京。人们毫无节制地吹捧海军陆战队第2突击营的功绩，参加这次行动的人还被邀前往皇家夏威夷酒店参加狂欢聚会。

在接下来的2年多时间里，海军陆战队的突击营还执行过几次类似的任务，但从1943年下半年开始，"新的"海军陆战队显然不再需要突击营了，因为已经不需要再专门派出部队去执行袭扰敌军和吸引敌军分兵的任务。其他海军陆战队官兵对突击营过分招摇的公众形象也心怀怨恨，甚至海军陆战队第2突击营的"工合"箴言也成了一个笑柄。但是，应当如何安置这些接受过严苛的特种训练的人呢？

1944年2月，出于重建部队的考虑，海军陆战队将其所辖的4个突击营撤销编制，然后将这些人员重组为隶属于海军陆战队第3师的"新"第4陆战团（new 4th Marines）：在1941年的太平洋战场上，面对战争初期日军凌厉的攻势，旧的第4陆战团被迫整建制投降。海军陆战队决定，第二次世界大战期间唯一向敌方投

上图：1943 年 7—8 月，新几内亚龙形半岛上的第 1 突击团主营地。从这个位于后方地域的大本营的住宿条件可以看出新几内亚战役的艰辛。哈里·利弗雷奇上校指挥的突击部队在北部海岸登陆后因为沿岸沼泽地形而处于孤军作战的状态，他们不得不在极端原始的条件下生活与战斗。（迈克尔·维普利绘制，鱼鹰出版公司）

降的海军陆战队团级部队必须"获得新生"。"新"第 4 陆战团此后参加了进攻俾斯麦群岛埃米劳岛（Emirau）、反攻关岛以及日本冲绳岛的战斗。美军还特意派"新"第 4 陆战团登陆日本，解救关押在日本本土的"老"第 4 陆战团战俘。这些巴丹战役和科雷希多岛战役的幸存者此时已经是瘦弱不堪且疾病缠身，但他们部队的名誉终于得到了挽回，带他们回家的正是自己的部队。

美国海军陆战队侦察兵

突击营并非第二次世界大战期间海军陆战队在太平洋战场上组建的唯一精锐部队。海军陆战队还组建了专门的侦察排、侦察连，最终还组建了专门的侦察营，专用于高风险的侦察作战。第 1 陆战师和第 2 陆战师自组建之初就设立了各自的侦搜连（scout company），每连下辖 3 个陆战排，有 7 名军官和 132 名士兵。在 1941 年 3 月组建之后，这 2 个陆战队侦搜连主要接受的是徒步侦察训练或者以摩托车与 M3 装甲侦察车[1]为载具的侦察作战相关训练。因此，各陆战师侦搜连成为本师坦克营的一部分，承担的是摩托化侦察任务。被派上太平洋战场之后，橡皮艇成了各陆战师侦搜连的制式装备，其成员还接受了由老一辈的"香蕉战争"[2]参与者充当教官的丛林地形条件下的徒步巡逻技巧。直至整个 1942 年，各陆战师侦搜连一直在使用 M3 装甲侦察车，此后则使用吉普车取代了 M3 装甲车。

由于战争的急迫需要，1942 年 1 月，美国海军在大西洋舰队（Atlantic Fleet）内部召集了一群专业人员，着力探索两栖侦察技术及其装备的研发。这群人后来被编进了美国海军的太平洋舰队（Pacific Fleet），成为美国海军第一个两栖侦察连的骨干。1942 年 8 月，美国海军甚至在佛罗里达州的皮尔斯堡（Fort Pierce）成立了海军两栖侦察和突击学校（Amphibious Scout and Raider School），向士兵、水手以及陆战队员传授突击和巡逻技术。1942 年进入南太平洋地区作战之后，海军陆战队发现，侦察员、观察员以及狙击手不仅是陆战师和陆战军级单位部队所急需的，陆战团和陆战营也有必要配备这一类的专门人员。1944 年 5 月，各陆战师下辖的侦搜连被重新命名为侦察连（reconnaissance company），并改由陆战师直属营直接指挥，每个侦察连的编制内有 5 名军官和 122 名士兵（下辖 3 个侦

[1] M3 装甲侦察车 1938 年由怀特汽车公司（White Motor）设计。——译者注

[2] "香蕉战争"（"Banana War"）指美国在中美洲和加勒比海地区发动的一系列干涉行动，这些冲突的具体原因不尽相同，但主要是经济性质。这一系列的干涉行动始于 1898 年的美西战争和随后的《巴黎条约》，美国借此控制了古巴和波多黎各。到了 1934 年，美国时任总统西奥多·罗斯福推出了睦邻政策，美军撤出海地，"香蕉战争"也终止了。——译者注

下图：突击营的训练。但像这种在加利福尼亚州圣克莱门特岛沿海进行的训练并不能让卡尔森突击营的战士获得应对马金岛附近强风浪的经验。（突击队员博物馆）

察排）。

侦察连固然可以满足陆战师的相关需要，但第二次世界大战开始时，各种更高级别的海军陆战队指挥机构还没有组建专门的侦察部队。海军陆战队的军级部队只能通过其他各种方式解决相关敌情侦察需求。海军陆战队的第 1 两栖军（I Marine Amphibious Corps）——后来更名为海军陆战队第 3 两栖军——当时在南太平洋地区作战（其军部设在瓜达尔卡纳尔岛，后来转移至关岛），该军就依靠所辖的空降与突击营来承担主要的侦察任务，而且这些部队也很擅长敌后作战。海军陆战队还根据具体的作战需要，另外组建了各种其他形式的侦察部队，比如"盟国独立突击队"[1] 和"海岸守望者"（coastwatchers）[2]。截至 1943 年之前，这些侦察队一直在服役，其规模少则 2 人，多则 40 余人。这些人需要接受橡皮艇操作、爆破以及水文地理学等方面的训练。执行任务时，除了普通作战人员，还有专业人士参与。他们通过潜艇、海上飞机和舰船等载具进入目标区域。这一类行动的结果不尽相同，具体看参与行动的是什么样的人员，如果参与行动的人经验丰富并有熟悉当地情况的向导引导，收获就会比较大。事后看来，如果参与人员组织不力、事先没有接受过充分的训练，计划制订得再周详，执行任务往往难以成功。

第 5 两栖军主要在中太平洋地区作战，军部设在珍珠港。该部的敌情侦察工作主要由成立于 1943 年的两栖侦察连承担，该连连长是詹姆斯·L. 琼斯（James L. Jones）。该连下辖 1 个连部和 4 个侦察排，每个侦察排被分成两个 6 人侦察班以及一个由排长直接领导的 6 人排部。每个 6 人侦察班都配备 1 支自动步枪、2 支冲锋枪和 3 支步枪。每个侦察排由 2 艘 10 人橡皮艇或 3 艘 7 人橡皮艇运送。经过 9 个月的训练之后，第 5 两栖军所辖两栖侦察连被派往中太平洋地区参战，先后参加了 1943 年 11 月的吉尔伯特群岛战役，1944 年 1 月、2 月的马绍尔群岛战役以及 1944 年 6—8 月的马里亚纳群岛战役。该连派 68 人夺取阿帕玛环礁（Apama Atoll），被第 5 两栖军军长称为"精彩的小规模战斗"和"两栖作战行动的典范"。

在主力部队发动攻击之前，第 5 两栖军所辖两栖侦察连经常乘潜水艇或其他载具趁黑潜入敌占海岛进行特种部队行动。他们的行动区域往往是"友方飞机、舰炮以及其他形式的友方支援所不能及的"，经常与敌军短兵相接。这支连队总共侦察过 31 座岛礁，还曾作为普通步兵连参加了美军进攻埃尼威托克（Eniwetok）环礁的战斗。此后，第 5 两栖军决定将该部队由连级部队扩编为营级部队。扩编之后，这支两栖侦察部队可以轮换执行侦察－训

---

[1] "盟国独立突击队"可能是连级部队，也可能是营级部队。——译者注

[2] "海岸守望者"是第二次世界大战时期盟军在巴布亚新几内亚地区和所罗门群岛地区组建的一支情报部队，主要由澳大利亚军官和当地土著组成。——译者注

练任务。此外,扩编为营级部队之后,其承受人员伤亡的能力也增强了。

美国海军陆战队两栖侦察营

1944年4月,第5两栖军成立了1个两栖侦察营,下辖2个连,由23名军官和291名士兵组成,营长是詹姆斯·L.琼斯少校。1944年6月,这个两栖侦察营被派到了西太平洋地区参加塞班岛和提尼安岛参加登陆作战。在此过程中,该两栖侦察营首次和海军水下爆破队(UDT)合作,在主力部队登陆之前和登陆之后,对目标区域进行了海滩侦察和水文测量。这是一次在陌生水域进行的夜间行动,出动了战斗蛙人。

1945年2月,第5两栖军所辖两栖侦察营派出1个连,与海军水下爆破队以及第3、第4、第5陆战师各自派出的侦察

下图:1942年8月7日突袭马金岛的登陆行动。尽管突击部队进行了强化训练,但对于在布塔里塔里环礁遇到的风暴和拍向海岸的强浪毫无准备。人员与装备都因为大浪和冰冷的雨水而湿透了,满载着重要装备的几只小艇都被风吹走了。(迈克尔·维普利绘制,鱼鹰出版公司)

水下爆破队

1943年，美国军方意识到有必要建立一支特殊队伍，用来侦察登陆舰航行路途中的礁石、障碍物、近岸水域水环境以及具有危险性的人造或者自然障碍物等。1943年12月，海军成立了第一支由海军、陆军和海军陆战队人员组成的水下爆破队。1944年2月，这群装备着刀具的"蛙人"在罗伊岛和夸贾林环礁进行了首次行动——在一次行动前对从6.4米的深海处到高水位线的水道实施测量侦察行动。

水下爆破队的任务是定位障碍物，炸毁船航线上的礁石，标志航线，以及勘察登陆区域的自然环境。后来，美军又成立了一支92人的水下爆破队，成员都是海军人员；他们大多都是来自海军6人组战斗爆破队和海军工程营，其他则来自两栖侦察联合队以及佛罗里达州匹尔斯堡的突击队学校。水下爆破队做出了很大的贡献，几乎所有的太平洋登陆战都由他们充当先头引导。水下爆破队是太平洋水下爆破船队和两栖部队的下属单位；而海军爆破训练和实验基地成立于1944年4月夏威夷群岛的毛伊岛。战争结束时，水下爆破队大约有3500名官兵，美军计划在登陆日本本土的行动中动用30支水下爆破分队。

下图：1945年，水下爆破队引爆在塞班岛海岸放置的炸药。水下爆破队奠下了战后组建的"海豹"突击队的基础。（美国国家档案和记录管理局）

连协同作战，共同参与了硫黄岛战役。这支联合侦察部队创造性地使用了履带式两栖车辆（amtrac），顺利完成了任务。第5两栖军所辖两栖侦察营的另一个连则被派去支援冲绳岛登陆，这个两栖侦察连成了美军第10集团军（参加冲绳岛之战的美军地面部队主力）在这次战役中所掌握的唯一一支侦察部队。该连屡次执行渗透、侧翼攻击以及深入敌后、登陆冲绳岛及沿海岛屿的任务。第二次世界大战期间，海军陆战队的侦察部队尝试过各种架构设计，直到在人员、装备和实际作战部署三者之间达到了一个最佳平衡点：连级或营级轻步兵部队。对侦察部队而言，另一个必要条件是：在野外执行任务的侦察兵和运输载具之间必须有极为可靠的联络手段，此外还要加上周全的备份计划。据1名海军陆战队的老侦察兵回忆，任何"接受过各种搜寻、侦察训练的陆战队士兵"都可以承担专门的侦察任务；而且，海军陆战队的所有步兵连都接受过橡皮艇操作训练。事实上，海军陆战队步兵部队的日常战斗任务都难免牵涉到侦察活动，但普通步兵部队确实不具备某些专业性的两栖作战技能。因此，各层级的海军陆战队部队指挥官都需要有使用专门装备并接受专门训练的部队去承担两栖侦察或地面侦察任务。

第二次世界大战期间的海军陆战队突击营和武装侦察部队至少在实际层面确立了精锐部队和常规部队的分野，也有不少美军部队处在常规部队和精锐部队之间的中间地带。有关于这类精锐部队的一个著名例子即是暂编第5307团，该部更广为人知的名称是"梅里尔突击队"，因为其指挥官是弗兰克·梅里尔。下辖3000兵力的"梅里尔突击队"组建于1943年，专门在中缅印战区（CBI）开展远程、大纵深渗透作战，该部所有成员都接受过爆破、丛林条件下的方向识别、野外生存、伪装、侦察和近距离射击等方面的专业性培训。"梅里尔突击队"大多数时候都是步行，依靠畜力运输和空投获得补给。自1944年进入缅甸战区之后，该部成为一支深入日占区的力量，经常主动攻击兵力数倍于自身的日军部队。不过，由于战斗伤亡和疾病，"梅里尔突击队"的兵员数量日渐减少且得不到补充，最终无法作为一支成建制的部队，于1944年8月解散。"梅里尔突击队"等规模较大的精锐部队的结局，极为明显地代表了第二次世界大战期间各种从事特种作战任务的部队。不过，如今的美军"特战部队"——诸如"海豹"6队和"三角洲"特种部队——是一些规模更小且更为机密的组织当中的军人，他们是属于美国战略情报局（OSS）的行动人员。

美国战略情报局

1940年7月,罗斯福政府派威廉·J.多诺万去英国,以评估后者在德国于1940年5—6月在西欧取得了一系列的军事胜利之后是否有能力继续战斗。多诺万曾经是第一次世界大战期间的美国荣誉勋章获得者,后来成为1名成功的华尔街律师。

抵达英国之后,多诺万与英国政府高层频繁会面,且获准参观其间谍机关总部,即英国秘密情报处(Secret Intelligence Service,SIS)及其新成立的英国特别行动执行处(Special Operation Executive,SOE)。多诺万在向罗斯福政府提交了一份加大援助英国力度的报告,积极倡导并推动美国组建一个力量更加集中的情报机构,以对付敌方的间谍和破坏活动(当时的人们认为这正是法国沦陷的重要原因之一）。1941年7月11日，罗斯福总统下令成立美国情报协调局（Coordinator of Information，COI），由多诺万担任局长。该机构的任务是分析由遍布世界各地的美国特工搜集而来的信息及由本国政府各部门和机构提交的秘密情报。美国情报协调局须将情报分析的结果提交给罗斯福总统本人以及他指定的某些政府机构。但联邦调查局和军方都不信任新成立的美国情报协调局，认为后者会威胁到其对于美国的情报搜集工作的掌控力。

起初，多诺万组建了由剧作家罗伯特·E.舍伍德（Robert E. Sherwood）领导的外国新闻处（Foreign Information Service，FIS），其任务是面向欧洲各国和太平洋地区各国制作传播各种广播、印刷及影视材料，从事"白色"宣传或事实宣传。外国新闻处下辖的研究和分析科（Research & Analysis，R&A）也组建起来，其作用是评估美国情报协调局搜集来的情报。外国新闻处的其他新设下辖部门还包括外籍科（Foreign Nationalities Branch），其职责是约谈新近抵达美国的外国移民；战场摄影科（Field Photography Division）；以及一个特殊活动科（Special Activities Section），其职责是从事间谍、对敌破坏及游击战等活动。鉴于各自独立的英国秘密情报处和英国特别行动执行处之间因权责划分而导致的破坏性竞争，多诺万后来决定将特殊活动科从外国新闻处剥离出来，并将情报搜集职能交给一个专门的秘密情报部门（Secret Intelligence，SI），将颠覆行动职能交给一个专门的特别行动部门（Special Operation，SO），其目标是让这两个部门更好地与英国的秘密机构协调、合作，同时又将这二者置于同一个组织架构之下。由于美国情报协调局自组建之初就是面向欧洲的，因而与1941年12月发生的"珍珠港事件"的情报失利并无关联。

"珍珠港事件"之后，美国正式卷入第二次世界大战，多诺万明白美国情报协调局主导的非常规战争离不开新近组建的参谋长联席会议（JCS）的支持。罗伯特·E.舍伍德担心的是，将美国情报协调局置于军队的指挥序列之下会有碍于外国新闻处有效行使其职能。与舍伍德的观点有所不同的是，多诺万认为，无论是"白色"宣传还是"黑色"宣传，军队系统的协助至为重要。罗斯福总统于1942年6月13日签署的第9128号行政命令解决了这个分歧。该行政命令将外国新闻处从美国情报协调局剥离出来，置于新成立的作战新闻处（OWI）的节制之下。美国情报协调局自身则转变成为战略情报局，后者将从事一种不同方式的战争，其武器不仅是枪炮和炸药。

对页图：5名战略情报局行动大队"唐纳德"分队（Donald分队即D分队）队员在"投机者"（Carpetbagger）号B-24轰炸机旁，该机将在1944年8月把他们投放到布列塔尼。（注：读者可通过照片中的机身与军服色彩对比判断出该机采用深色涂装，由此可推断该机属于第492轰炸大队，型号为B24H型或B24J型）。他们穿戴的是通常用于夜间秘密伞降的英制X型降落伞。通过英国伞降训练的战略情报局人员可佩戴英国空降兵翼型臂章，图中最左侧的队员将这臂章佩戴在特种部队臂章下。（美国国家档案和记录管理局）

组织

1941年，战略情报局的固定职员仅有1000人左右，到了1944年末，其职员人数达到了顶峰，增加至13000人。此外还有至少24000人为战略情报局短期工作过。战略情报局内部还有来自军队各部门的人员，这为海军陆战队提供了为数不多的与德军直接交战的机会。在战略情报局内部，文职人员不但会承担文书、分析师、科学家、工程师等岗位职责，甚至也会直接投身于敌后行动。在战略情报局工作的女性（既有平民也有军人）约有4000人，其工作涉及范围从文书、行动策划一直到直接参与敌后行动。

战略情报局秘密情报处以各种非正统的方式搜集并报告敌方军事情报，包括：敌军的所在地、动向及作战形态；敌占区"抵抗运动"的实力和潜能；敌方的经济、政治、社会以及心理情报。这些情报的来源包括敌占区的布点特工（positioning agent），他们直接与反抗团体联系，同时也在前线附近为盟军搜集战术情报。秘密情报处还设立了专门的技术部门，负责监视和搜集纳粹德国的秘密武器计划相关的特工报告，总共向美国的"曼哈顿计划"提供了超过2000份纳粹德国原子武器研制相关报告。

在自主开展相关行动之外，秘密情报处也应美国军方的要求开展某些特殊行动，同时还从盟国的秘密情报机构收取情报报告。秘密情报处按照地域划分为欧洲、非洲、中东以及远东4个司，各司之间协调行动，每个司又划分为若干个专门针对某些国家的分支部门。尽管大部分秘密情报处行动都是由设在华盛顿的各地域司亲自策划的，但这些行动的直接指挥者和控制者一般是相应的海外基地，这是为了更好地协调和处理当地的具体情况。不过，秘密情报处的华盛顿总部确实直接控制着在中立国家开展的秘密行动，在这些地域，秘密情报处的主要工作目标是向毗邻的敌占国家派遣特工并搜集情报。

秘密情报处在征召有经验的人员方面遇到了困难，这些人不仅要直接投身敌后行动，还要协调各行动基地的活动。如此一来，很多受征召的美国特工变成了秘密行动的指挥者——因为他们具备相应的语言技能、了解行动区域的文化。实际在敌占区活动的特工则主要是从当地人中征召。特工之间的沟通方式包括电台、通信员传送信息等，如果能够设法通过敌方封锁线，他们也可能当面交流。

在秘密情报处内部还有一个劳工科（Labor Section），其职责是搜集工业情报和在目标国家的工会组织中招募特工。1942年12月，秘密情报处成立了一个航运监控部门（SOU），其职责是从海员组织和那些最近刚从中立国、敌占国甚至德国本土的港口返航的水手中搜集船运情报。通过对中立国商船队的水手的非正式走访，或者从这些人当中招募特工，秘密情报处可获得目标区域港口设施、海军基地、船运货物以及敌占区的现状等相关情报。航运监控部门招募的特工可以向美国情报部门提供最新的国外出版物，还能帮助战略情报局特工渗透进入敌占区。

战略情报局特别行动处的职责是直接向敌国开展非常规战争，包括直接破坏敌方目标和训练当地的游击战反抗力量。特别行动小组（SO team）往往针对敌方的工厂、铁路隧道等战略目标或某些具有战术性意义的目标，比如桥梁或供油管道等。特别行动小组还训练当地的抵抗组织并为其提供补给和武器，以便抵抗组织开展抵抗活动（破坏或者伏击）。由于很多此类敌后活动都能直接支援盟军的军事行动，特别行动小组也往往归由相应的盟军战区指挥官指挥。特别行动处的某些分支——比如行动大队（Operational Group）、海上行动处（Maritime Unit，MU）以及技术开发处（Technical Development），后来转变成为战略情报局的独立下辖部门。

1943年5月，行动大队从战略情报局特别行动处独立出来，负责直接对敌发动非常规战争包括袭击敌方军事设施、破袭补给线、占领关键基础设施，以及负责敌占区抵抗团体的补给、训练，或是与之协同行动。与战略情报局其他行动人员主要从事隐秘的敌后行动不同，行动大队一直是身着统一制服开展行动。与众不同的是，行动大队的成员无一例外地是挪威裔、希腊裔、意大利裔、南斯拉夫裔、波兰裔、德国裔或者法国裔美国人。这些人来自美军步兵部队或空降部队，每个行动大队都有至少数名精通行动地区语言的成员。从1944年8月开始，在欧洲地区活动的战略情报局作战人员统一编成了第2671特种侦察营（暂编），他们荣获了总统集体嘉奖令（Presidential Unit Citation）。战略情报局内获得该荣誉的另一个单位是驻缅甸的第101特遣队（Detachment 101）。

1943年6月，战略情报局海上行动处也从特别行动处独立出来。独立之后的海上行动处专门负责通过海路将战略情报局的行动人员输送至敌后、为敌占区抵抗团体提供补给、执行海岸线踏勘任务以及破坏敌方海上目标。由于其独特的职能任务，海上行动处设有独立的研究和发展部门，为其研制某些特殊装备。

心理战行动处

心理战行动处成立于1943年1月，

其任务是通过"黑色"宣传手段（通过无线电广播和印刷材料等渠道传播虚假消息）在敌方军队与平民当中引发分歧和混乱，破坏敌国的民心士气。作战新闻处（OWI）和战略情报局心理战行动处（MO）的一个关键区别在于二者的"欺骗性消息来源"不一样：作战新闻处是公开发布直接来源于盟国自身的各种宣传材料，而心理战情报处则尽量让其目标受众相信发布的各种消息来源于敌占区的抵抗团体甚至敌军自身。敌方的相关无线电干扰以及通过官方出版物否认美方的相关宣传的行为表明，尽管这些心理战活动的直接效果无法直接精确地量化评估，但这些行动确实让敌方无法忽视。后来，盟国的一些报告或新闻媒体提到过若干个心理战行动处在敌后散布的谣言被德国人信以为真的事例。

战略情报局心理战行动处通过设在德国占领区周边的广播站朝欧洲地区的轴心国民众发送"黑色"广播。首部对意大利开展"黑色"宣传的无线电台于1943年6月在突尼斯境内建立，该电台以已故的意大利空军元帅伊塔诺·巴尔博（Italo Balbo）的名称为代号。之所以如此，是为了激发意大利人对德国人的猜忌：伊塔诺·巴尔博的死亡（1940年）被认为与其呼吁民众反对德国纳粹政权有关。盟军发动了西西里岛登陆战役之后，代号"伊塔诺·巴尔博"的心理战广播站终止了活动。另一个心理战广播站代号"波士顿"，设在土耳其的伊兹密尔市，主要向巴尔干半岛的德军广播军事失利相关消息和发生在德国本土后方的事件。该广播站的运转时间是1944年8—10月，该站之所以很快就关闭了，是因为敌军对其发动了若干次直接的破坏行动。

盟军开展的最成功的一次"黑色"无线电广播计划是由英国政治战执行处（PWE）发起的加来士兵电台（Soldatensender-Calais），该电台从1944年7月开始对德军播放节目。加来士兵电台假冒一家德国电台，事实上，该计划源于英国在贝德福德郡米尔顿·布莱恩特（Milton Bryant）镇开展的一项行动。为了吸引听众的关注，这些心理战电台会播放玛琳·黛德丽（Marlene Dietrich）等艺术家以德语编曲、演唱及录制的美国流行歌曲。1944年，德国发生了针对希特勒的刺杀事件之后，这些心理战电台特意广播了所谓的"刺杀图谋参与者"名录，以吸引盖世太保（Gestapo）对这些人展开调查和追捕，使德国高层互相猜疑。据美军第12集团军群报告，在1944年夏季抓获的德军战俘当中，有90%的人承认收听过这个广播站的节目。

当盟军逐渐接近德国边境之后，心理战行动处领导开始从设在欧洲大陆范围内的电台直接向德国人广播。心理战行动处还动用"西德人民广播"(Westdeutscher Volkssender)和"第3套人民广播"(Volkssender Drei)等无线电节目呼吁并不存在的德国国内抵抗组织领导民众发动反纳粹的起义,误导德军反情报机关。心理战行动处征召德国战俘录制广播节目,其中一位德军少校的嗓音与路德维希·贝克(Ludwig Beck)炮兵上将极其相似,后者曾任纳粹德国陆军总参谋长,1944年7月因涉嫌参与谋刺希特勒的事件而被迫自杀。这位假冒的路德维希·贝克谴责希特勒输掉了这场战争,并号召德国人为了挽救国家而颠覆纳粹政权。对此,纳粹政府惊恐万分,因而派另一位"贝克将军"上场,发表"澄清性"言论。

1945年1—4月期间,美国战略情报局心理战行动处和英国政治战执行处所拥有的一项技术优势是一部设在英国境内沃本地区的功率达600千瓦的"叶兰"(Aspidistra)专用无线电台;这台功率异常强大的电台不断干扰德国的无线电广播,发布虚假的新闻简报、反纳粹言论以及与德方广播节目论点相反的信息。敌方无法在不中断自身节目信号的同时对盟军的"叶兰"电台发出的频率相同的信号实施干扰。当盟军开进德国境内之后,心理战行动处的"黑色"无线电广播又故意播出虚假的盟军动向和德军失利相关消息,

上图:威廉·J.多诺万,1942—1945年的战略情报局主管。(美国国会图书馆)

目的是迷惑德国军队并向其灌输继续抵抗毫无意义的观点。心理战行动处还给虚构的德国境内的反抗团体发布编码消息,指示这些本不应当存在的反抗团体将本国境内公共场所中的纳粹党德文首字母缩写"NSDAP"当中的其他字母涂掉,只留下N和D。后来,在德国某些城镇路过的盟军部队果然发现了按照这个指令行事的

实例。

在远东地区，心理战行动处在缅甸边境以北、当时属于印度的吉大港（Chittagong）附近建立了广播电台，模仿设在泰国境内、以泰语播放节目的东京广播电台（Radio Tokyo）。为了增加与东京广播电台的相似性，心理战行动处建立的这家广播电台特意选择了与东京广播电台相近的广播频率，并将节目开始时间设在1个与该电台非常接近但稍稍靠前的点。在泰国境内活动的美国特工经常发布有关日军战斗失利的消息，这些消息甚至会被泰国当地的报纸引用——日军强迫他们刊登东京广播电台发布的消息。尽管泰国政府因为受到了日军的压力，而被迫揭露心理战行动处设立的这个电台是一个"冒牌货"，泰国民众还是非常喜欢收听他们播放的消息。

心理战行动处还向日本本土听众发布广播节目，他们征召第一代日本移民（Issei）和第二代日本移民（Nissei）在旧金山录制"人民之声"（Voice of the People）节目；再由1名日本战俘来确保广播节目的语言表达符合最新的日本社会用语习惯。录制完成的节目会被保存在磁盘里，然后空运到塞班岛；从1945年4月到第二次世界大战结束，这些在旧金山录制的广播节目就由作战新闻处设在塞班岛上的一部无线电台发送给日本本土的听众。塞班岛上的这部电台伪装自己设在日本本土，它不断宣扬日本战败不可避免、呼吁尽早终结战争，号召日本民众推翻军国主义者占据的日本政府。不过，除了第一期和最后两期节目，日本人成功地对其他124期节目实施了干扰。

心理战行动处还通过制作、散发印刷材料的方式来打击敌方的民心士气。这些材料包括传单、虚假的报纸、死亡通知和匿名信等，通过空投和当地特工散发等方式传播。心理战行动处还向抵抗团体提供物质援助，以使其能够自主印制传单。1945年春季，心理战行动处发动了"玉米片行动"（Operation Cornflake），由美军第15航空队的飞机攻击德国的邮件列车，同时空投装满了宣传材料的邮包，随后，这些宣传材料被邮寄到了德国境内的各个地方。

1944年7月谋刺希特勒事件的发生为在意大利行动的一个心理战行动处小组提供了一个独一无二的机会，使其得以开展了第二次世界大战期间最成功的一次行动。这个代号"泡菜"（Sauerkraut）的行动是派遣一小队值得信任的德军战俘越过意大利境内的前线，沿途散发心理战行动处制作的有关发生在德军大后方的谋刺希特勒事件的传单。芭芭拉·劳沃斯（Barbara Lauwers）在附近的战俘营中招募了14名可靠的人；数天之后，这

对页图：图中展示了不同类型着装的秘密情报战线人员。

1. 1944年春在英格兰北安普顿哈灵顿机场的秘密情报处特工。这支要跳伞渗入敌占区的战略情报局特工身穿被称作"脱衣舞套装"的连体式帆布衣，用来保护自己的衣物不会在跳伞过程中受损或被弄脏。

2. 1944年夏在法国南部由美军第7集团军司令部派出的特别分遣队。战略情报局的军事人员都穿着原隶属部队的标准制服并佩戴原隶属部队的徽记。

3. 1944年夏在意大利的秘密情报处特工，手持高标公司的0.22英寸口径消声手枪。在专为战略情报局研制的特种武器中，这种手枪是最实用的。（理查德·胡克绘制，鱼鹰出版公司）

些从德国战俘中招募而来的特工（配备了德军制服、步枪，具备伪造的身份证明和掩护身份）在意大利锡耶纳（Siena）附近成功越过了敌军防线。每个人都携带着3000份心理战行动处印制的传单，即伪造的由驻意德军总司令阿尔贝特·凯塞林（Albert Kesselring）元帅发布的有关他本人已经辞职、战争已经结束的传单。将传单张贴至各地的墙上、树上、卡车上等各处能吸引德军士兵注意的地方之后，所有特工都安全返回，同时还带回了一些有用的军事情报。

由于这次成功，在第二次世界大战结束之前，心理战行动处在意大利战区开展了更多的"泡菜"任务。心理战行动处散发传单和安全通行证，以劝说捷克和意大利士兵脱离部队，据估计，至少有1万名士兵因此开了小差。

心理战行动处印制的其他宣传材料包括由并不存在的反对希特勒政府的德国地下政治团体发行和印制的报纸。其中，《新德国》（Das Neue Deutschland）是由一个虚构的德国和平党派创办并发行的，在驻意德军中流通；《奥地利人》（Der Oesterreicher）则是由一个同样子虚乌有的奥地利抵抗团体主持发行的。在斯德哥尔摩的一个心理战行动处小组主持着一份名为《商业与局势》（Handel und Wandel）的时事通信，主要面向那些在瑞典和德国两国之间往来的生意人；该出版物的发行时间为1944年7月—1945年8月，其内容既有可信的商业新闻，也有有关德国必然战败的政治宣传。心理战行动处还利用德国人自己的传单反对他们。1944年秋季，纳粹德国国防军开展了名为"西天蝎座"的行动，散发保证德国将取得这次战争胜利的传单，鼓励士兵们继续战斗。心理战行动处模仿德军的这些传单，但将其内容更换为不利于德军的"黑色"宣传，迫使德军不得不中止了这项计划。

在远东地区，心理战行动处还于1944年夏季成功地将"黑色"宣传单直接邮寄至日本本土。驻扎在印度新德里的一个小组意外获得了一个内装475张明信片、将要寄往日本本土的邮包，该邮包已经通过了日本陆军邮件检察员的审查，而发信者所在的日军部队此时已经全军覆没了。在第二代日本移民的协助下，心理战行动处的人小心地清除了日军士兵原来写下的"最后口信"，代之以有关东南亚丛林中缺衣少粮、弥漫着绝望情绪的消息。"调包"之后，这个邮包从缅甸的勐拱（Mogaung）南部出发，被送去了日本国内。

这个小组还曾经利用伪造的日本陆军文件劝说缅甸的日军士兵投降；想到这个主意的是伊丽莎白·麦克唐纳（Elizabeth

MacDonald），即伪造一份发自日本高层的命令，指示该地区的日军士兵在获胜无望的情形下向盟军投降，而不是战斗至死。在 1 名日军战俘协助之下，心理战行动处制作了一份完美的伪造日本高层命令；第 101 特遣队将拷贝件带入日军占领下的缅甸，再由作战新闻处协调美军飞机进行空投。

X-2 反间谍机构

在 X-2 反间谍机构于 1943 年 6 月创建之前，美国的所有反间谍事务都由秘密情报处处理。面对美国战略情报局提出的参与代号"Ultra"（超级机密）的战时高密级通信情报破解项目的请求，英国政府在美国战略情报局组建了自己的独立反间谍部门的前提下做出了肯定的答复，即允许美国战略情报局独立反间谍部门参与代号"Ultra"（超级机密）的战时高密级通信情报破解项目，并翻阅后者的反间谍卷宗。由于其特殊地位，X-2 反间谍机构有以下权限：核查潜在的战略情报局特工的背景，以安全理由驳回战略情报局的某些行动计划，在海外确保战略情报局的行动不遭敌方渗透，在中立国对敌方特工直接采取制裁行动，在法国和意大利抓捕或策反敌方"外围"特工。X-2 反间谍机构的行动总部设在伦敦，这是为了距离布莱切利公园（Bletchley Park）以及其他盟国反间谍机构更近一些。X-2 反间谍机构伦敦司直接指挥欧洲和地中海地区的反间谍行动，华盛顿司直接指挥远东地区的反间谍行动。

按照不同的行动地域，X-2 反间谍机构伦敦司又进一步细分为西欧科、伊比利亚半岛科、斯堪的纳维亚科和中东科，每个地域科下辖若干个专门负责某些国家的反间谍股。1945 年 3 月，X-2 反间谍机构伦敦司所辖各司将工作重点转移至纳粹德国国防军最高统帅部军情局（Abwehr）和党卫队帝国保安总局（Sicherheitsdienst）的下辖情报机关。它们搜集并整理所有相关信息，将其纳入一个中心卡片资料库中，深入追踪相关人员的"来龙去脉"，截至 1945 年结束之前，这个资料库中保存了超过 40 万个条目。这些人被分成了不同的类别并以不同的颜色加以标示：粉红色标示的是纳粹德国国防军最高统帅部军情局和党卫队帝国保安总局下辖情报机关的人员，浅黄色标示的是政府内的背叛者和涉嫌通敌者，白色标示的是友好人员，蓝色标示的是倾向未明者。

X-2 反间谍机构关注纳粹德国情报机关的工作流程并致力于揭露其情报搜集和开展破坏活动的计划。因此他们有能力通过其所辖特种反情报（SCI）小组（后文有叙）直接阻止敌方的类似活动。1944 年

左图：（美国战略情报局）研究和分析处建立了一间大型的德语资料图书室，这些资料曾为战略情报局的各种报告提供参考文献。图中，一位工作于伦敦战略情报局总部的平民雇员正在1架德语书柜前，浏览着有关法律、管理和政治的书籍。（美国国家档案和记录管理局）

下半年，X-2反间谍机构在内部组建了"艺术品抢劫调查处"，追查此前被纳粹分子搜刮、侵占的各种重要艺术品，但其主要目的还在于调查那些可能在战后利用这些非法侵占的高价值艺术品来资助纳粹活动的人的信息。

盟军在法国境内不断推进的过程中，为了能够迅速抓住、利用一切有利的情报活动机会，X-2反间谍机构建立了附属于美军各集团军或集团军群情报部（G-2）的特种反情报（SCI）小组，并与军事情报局所辖反情报部队（CIC）的人员协同工作。X-2反间谍机构的人在美军之后（或稍前）行动，其任务是运用其所掌握的反间谍信息来保护盟军资产、中立化敌方外围特工、以审讯俘获的敌方特工或查阅文件的方式获取情报、就美军当前遭遇的敌军身份听取秘密情报处特工的汇报。曾有一个特种反情报小组的人员完整俘获了盖世太保驻法国西北部城市雷恩总部的人员及其文件，另一个特种反情报小组的人员则俘虏了纳粹德国国防军最高统帅部军情局的1名军士，并查获了很多预备用来破坏盟军基础设施的设备。

当德军从法国境内撤出之后，他们将一些配备了无线电台的外围特工留了下来，预备用来报告盟军动向；X-2反间谍机构领导的特种反情报单位必须尽快找出敌方的外围特工，不仅是为了提早挫败

右图:1944 年盟军进攻意大利后,行动大队人员被空投到意大利北部与游击队一道同德军作战。注意图右男子身着的坦克兵夹克,他在夹克上的第 5 集团军臂章上方佩戴着特种侦察营袖标。(美国国家档案和记录管理局)

他们的活动,也是为了赶在法国的抵抗团体抓捕这些人之前将他们留下来,以获取有价值的情报。X-2 反间谍机构伦敦总部会注意侦测敌方外围特工的无线电讯号发出方位,然后通知距离最近的特种反情报小组前去抓捕,劝说其合作。一旦策反成功,X-2 反间谍机构会派 1 名专门的情报军官掌控这些人,指示他们给柏林发送虚假情报。这个秘密行动非常成功,以至于有 3 名德国特工在被美方策反之后还获得了铁十字勋章。

研究和分析处

多诺万认为,通过开展数据分析、查明敌方弱点的方式,学术界能够为情报工作发挥重要的作用。研究和分析处按地域划分,每个处再分为经济、政治及具体的细分地域部门。研究和分析处雇用一些顶尖的历史学家、经济学家、社会学家、外交家以及其他专家,请他们发挥自己的智力、分析能力以及研究能力。研究和分析处可从美国国会图书馆、各大学图书馆、研究所、政府机构调用各种材料,也可从一线特工那儿获得相关资料,以形成分析报告。这些分析报告会提交给战略情报局供军队以及政府机构使用。分析报告主要涉及各国的军事及经济潜能、外交议题,还包括谋划军事行动所需要的一些其他补充信息。1942 年夏季，研究和分析处得到了盟军即将进军北非的消息。整个部门所有人员投入了不眠不休的分析工作，持续数周之后，他们形成了数份详尽的有关摩洛哥、阿尔及利亚以及突尼斯的报告，让军方感到非常满意。研究和分析处还为美军驻海外部队撰写了《士兵指南》(Soldier's Guides)。

研究和分析处内部成立了地图科(Map Division)，该科制作的地图同时标注了各国或地区的经济、政治以及军事概况。这些专门制作的地图包含交通路线、通信、工业、自然资源、地形以及天气状况等信息。地图科还搜集了大量的国外地图，以供战略情报局开展海外行动之用。研究和分析处内部还组建了中央信息科(Central Information Division)，以核查各种报告的正误或精确性。中央信息科建立了一个非常有效的卡片目录体系，可以让查阅人员在很短的时间内从庞大的资料库中找到所需资料。截至 1945 年，中央信息科总共编辑制作了 300 万张 3 英寸 ×5 英寸卡片、30 万张标注照片、30 万份分类情报文件、100 万份地图、35 万份外国

左图：1944 年夏成立了战略情报局空勤人员救援队，用于转移迫降在南斯拉夫的游击队或者南斯拉夫祖国军控制区的盟军机组人员。图为"升帆索"行动指挥官尼克·拉里奇中尉（左）和迈克·拉贾奇中尉（右）面询 1 名 1944 年 9 月时在贝尔格莱德南部空域被击落的 P51 战斗机飞行员。他们的姓氏表明战略情报局总能为在特定国家的行动找到相应族裔的美国人。（美国国家档案和记录管理局）

对页图：战场情报报送。

1. 1944年夏，法国东南部地区的"战线穿透者"。这些被战略情报局招募的当地平民或抵抗组织战士能够提供战术情报，比如当地德军的阵位、部队番号、补给站位置。

2. 1943年秋，南斯拉夫中部地区的游击队联络员。战略情报局通过向诸如铁托游击队等抵抗组织派出联络员的方式深入敌占区获取情报。图中充当联络员的这名特工正在进行信息的编码工作，他使用的是SSTR-1型手提发报机。

3. 1945年春，在德国的秘密情报处特工。在战争最后几个月的混乱中，战略情报局特工享有的一大优势就是"琼－埃莉诺"双向高频通信系统。"琼"是手持式收发器，可与装有"埃莉诺"信号收发设备的蚊式飞机通信，最大通信距离可达48千米。使用手持式收发器的特工需要将收发器拿在离嘴部不超过7厘米的地方并保持不动以确保信号的频率与方向。手持式收发器最好是在平坦开阔的地面或者屋顶高处使用，因为金属物体或者混凝土结构会影响其性能。（理查德·胡克绘制，鱼鹰出版公司）

系列出版物、5万册书籍、数千份传记文档以及3000份研究报告。

研究和分析处还派人员奔赴海外，直接递送各战区所需信息、搜集华盛顿总部所需最新情报以及帮助分析各种在现场发现的资料。研究和分析处的人员追随盟军的前进步伐，一路搜寻各种重要出版物，就解放区的经济和政治问题形成报告。在法国和意大利，研究和分析处还获得了有关日本工业、技术以及军事的宝贵信息。研究和分析处的人员也会出现在一线战场，检视德国的车辆和装备，记录其生产厂家和序列号；针对此类信息，研究和分析处的经济学家可以大致分析出德占欧洲的各种军事装备的产量。例如，以从敌方1架飞机残骸中找到的一具罗盘上的铭文变动为线索，研究和分析处的人员发现了纳粹德国的一处新的飞机制造厂。这一类的情报会传递给驻伦敦美国使馆的敌方目标研究组（EOU），美国使馆的主要职责是为美国陆军航空队的战略轰炸行动确认关键目标。敌方目标研究组也通过空中侦察、战俘审讯以及使用一线特工等方式获取情报。

研究和发展处

研究和发展处的前身是外国新闻处所辖特别行动处内部的技术开发科（Technical Development Section）。1942年10月，研究和发展处成为一个独立的部门，可更好地为战略情报局的特工们研发各种特殊武器和装备。特殊武器和装备研制成功之后，研究和发展处将研发工作以转包合同的方式移交给相关政府机构、学术单位以及合作实验室。研究和发展处与国防研究委员会（National Defense Research Committee）——后来成为其继任者"科学研究和发展署"（Office of Scientific Research and Development）的咨询委员会建立了直接的工作关系。研究和发展处内部的技术处负责监督各项装备的研发进程，确保其符合现实需要，然后对这些装备开展测试，最终决定是否全面投产。研究和发展处也从英国接收某些专为战略情报局研制的特殊装备。研究和发展处内部的文件科（Documentation Division）负责伪造敌方文档，以供战略情报局的特工在敌占区行动时使用。研究和发展处内部的伪装科（Camouflage Division）则负责确保战略情报局的特工及其装备不引人注目，包括供应欧洲风格的皮箱、指导特工在穿着方面做到入乡随俗、在口袋里装纳适当的附属品等。

战场摄影处

组建战场摄影（Field Photographic）处是好莱坞导演约翰·福特的主意，他认为，组建一支由技能娴熟的摄影师构成的

右图：在德占领土上行动需要极大的勇气，尤其是像彼得·奥尔蒂斯上尉这样穿着全套海军陆战队制服的时候。图为1944年初的"联盟"行动中彼得·奥尔蒂斯上尉在法国与当地的反纳粹游击队商谈。（美国国家档案和记录管理局）

专门摄影部队可以有效支持军事行动。这是一支组建于1939年的非正式的美国海军后备队（USNR）部队（约翰·福特自1934年以后就是1名美国海军的预备役军官），该部队的资金和装备由约翰·福特本人提供，负责记录军事活动和进行照相侦察。遭美国海军断然拒绝之后，直到1941年9月，这支部队才被多诺万纳入美国情报协调局的麾下。战略情报局于1942年6月组建时，战场摄影部队是该局所辖秘密情报处的一个下辖机构，后于1943年1月从秘密情报处独立出来。战场摄影处的人员主要来自海军，但也有其他各军种的人员加入。

战场摄影处制作三种类型的电影：专门影像、战略性影像以及纪录片。专门影像是应某些军事或政府机构的要求而拍摄的。战略性影像是有关于某些地理区域的摄影和摄像，具有情报价值。例如，战场摄影处在1944年曾经与研究和分析处合作开展"情报摄影文件计划"（Intelligence Photographic Documentation Project），拍摄了大量高价值的军事和工业设施及欧洲及远东地区的地理地形相关影像。纪录片是为战略情报局招募新人员而制作的训练影像，内容包括展示武器、装备、军事技术以及诸如识别敌军制服和如何在日本本土各岛生活等各种一般性题材。战场摄影处也拍摄战略情报局本身的活动以及世界各地的其他某些军事行动。

通信处

自美国情报协调局继承而来的密码和电报处（Code & Cable Section）在人员及资源等方面都不足以为战略情报局的海外秘密行动提供支持。因此，战略情报局于1942年9月组建了新的通信处（Communications branch），以满足其对于通信人才的培训需求。该部门积极征召具备通信技能的军方人士及来自民间的熟练无线电报务员。战略情报局通信处在内部组建了研究和发展科（须与战略情报局研究和发展处区分开），以为特工们提供通信方面的某些特殊装备，还要为战略情报局制订密码（code）及暗码（cipher）并确保其安全性。通信处掌管着外勤特工、海外基地、战略情报局及华盛顿总部的无线电通信，截至1944年，通信处每个月都会收到6万条无线电讯息。

特别基金会

自成立之后，特别基金会（Special Funds）曾在战略情报局的各个部门的领导之下运作过，后于1944年5月独立。

下图：1944年初组建了特别分遣队用于协调战略情报局在欧洲西北地区的美国各个集团军联合开展的行动。图中为第11特别分遣队正离开位于马恩河畔沙隆的第3集团军司令部向东进发。他们的军服和装备中没有任何会暴露他们战略情报局人员身份的东西。（美国国家档案和记录管理局）

其职责在于向战略情报局的各项秘密行动提供不在记录的资金,以确保行动的安全性。特别基金会的工作内容包括获得有关汇率、哪些货币可以在某些地区流通、国外的货币兑换限制、特工行动区域的金融状况等情报。特别基金会还向执行任务的特工下线(sub-agent)支付酬劳并为他们购买装备和开展行动提供资金,为在中立国工作的平民雇员支付薪水,为意大利和法国的抵抗团体兑换货币。

特别基金会通过银行、经纪人以及中立国或北非地区的黑市交易获得外国货币。该部门同时必须确保用来执行秘密任务的资金是无法追踪的。为了追查、诱捕盟国的秘密特工,在将法郎投入市场之前,纳粹德国的盖世太保会记录法郎的序列号或者给法郎留下特殊的记号。因此,特别基金会会对照所有已知的标识符,检查已经流入自己手中的外国货币。如果盟国的秘密特工使用的是崭新的纸币,其身份很容易暴露。因此,特别基金会会将崭新的纸币扔在地板上,在上面来回走动,可以将纸币变得脏且旧。特别基金会还会设法储存足够的黄金,用以购买外国货币,或者直接用于某种情况下的支付。特工用来行贿的通常也是黄金。在远东地区,战略情报局的特工也会使用银卢比(rupee)或鸦片。特别基金会面临的最大挑战是,战略情报局的其他部门往往认为,特别基金会在任何时候都拥有大量的外国货币储备。战略情报局的其他部门不了解的是,获得外国货币需要花费大量的时间和付出很多努力。战略情报局的很多官员都不了解获得外国货币需要花费大量的时间和付出很多努力,他们常在本方特工即将空降进入敌占区前短短数小时里要求特别基金会提供当地货币。

医疗处

自1944年1月之后,医疗处成为一个独立的部门。成立之初,该部门的主要职责是为训练区和海外基地的战略情报局人员提供优良的医疗服务。该部门也为抵抗团体的人评估健康状况,并向其提供医疗用品。通过这些渠道,医疗处可以获得有关敌占区的医疗状况,以向盟军部队和救济机构预警即将进入的地区是否存在爆发流行病的危险。医疗处的工作人员还向敌方开小差者提供医疗服务,前提是这些人必须透露一些情报。由于此种便利,医疗处往往能够获得战略情报局其他部门无法得到的政治性情报。医疗处还检查德军遗弃的医疗设施和装备,以判断纳粹德国国防军的健康状况,同时搜集有关于德国可能发动化学战和生物战的信息。

行动

战略情报局在敌后获取的情报包括敌

左图：来自中立国家的德国报纸是一种重要的情报资源，这些资源将被送至（美国战略情报局）研究和分析处进行分析。获取外国出版物的好处就在于这些出版物刊登的德军战亡人数的精确数据，因为德国家庭被要求在当地报纸上刊登战亡亲属的讣告。（美国国家档案和记录管理局）

方部队的番号和所在位置、为盟国空军的飞机指定目标、行动区域的政治和经济状况。协同敌占区的抵抗组织、游击队，间接（破坏公路、铁路、桥梁和通信线路）或直接（伏击敌方车队、袭扰敌军大部队或哨所）打击敌军。战略情报局还组织、训练、指导这些非正规部队直接支援盟军的行动并为其提供补给，方式包括进攻敌军据点、占领城镇、营救盟国的跳伞飞行员、占领并保护桥梁和发电站。

战略情报局执行任务的地域范围极广，从北非沙漠一直到缅甸丛林，斗争形式从南斯拉夫的混战到德占法国的地下战争。战略情报局也会在瑞士和西班牙等中立国开展行动。就其任务种类而言，本书无法一一列举。不过，可以指出的是，战略情报局的三大主要战场是：法国和低地国家、东南亚（缅甸、泰国以及西南太平洋地区）以及中国。

法国和低地国家

1943年2月，战略情报局第一次派出特工（不属于任何一个特定部门）乘坐法国潜艇"卡萨比安卡"（Casabianca）

特别分遣队

特别分遣队（简称特遣队）组建于1944年1月，目的是协调美军各集团军和各集团军群在各自作战地域与战略情报局小组和抵抗组织之间的行动。特遣队人员包括为各集团军与各集团军群的情报部门和作战部门工作的秘密情报处与特别行动处人员，他们传递由战地特工或抵抗组织送来的相关情报或由伦敦转发来的情报。1944年8月美军抵达巴黎时，伦敦的秘密情报处在36小时内提供了巴黎德军的最新部署情报。特遣队招募的当地特工通过步行或者伞降的方式被送往战线后方去获取美军各部队需要的情报，还组织抵抗组织实施破坏和伏击来配合盟军的进攻作战。在美军进攻部队夺取某地后特遣队还会听取战略情报局特工、行动人员和抵抗组织成员的情况汇报。

号渗透进法国，其任务是在该国南部的土伦港架设一部秘密的无线电台。此后又派人架设了其他无线电台，当这些无线电台最终归入秘密情报处之后，该部门于1943年8月执行了渗透法国的任务，即派"大小轮自行车"（"Penny-Farthing"）小组伞降进入法国并在里昂建立了一个基地。当越来越多的秘密情报处特工潜入法国南部之后，并在那里发展了下线特工网络，他们通过无线电台将获得的情报发送给设在阿尔及尔的战略情报局总部或者派情报员翻越比利牛斯山，亲自送去位于西班牙的战略情报局站点。这些情报网络所搜集的情报对盟军（1944年8月）成功登陆里维埃拉海岸发挥了重要的作用。

在执行任务难度更大的法国北部（德占），秘密情报处与英国秘密情报处开展了一次联合行动，代号"苏塞克斯"（Sussex），即派出多个双人小组（一人充当观察员，另一人是无线电报务员）潜伏至德占区的铁路站场、道路交汇点、机场以及渡口附近，报告德军动向。第一个"苏塞克斯"小组于1944年4月伞降至预定区域，利用特工下线情报网报告了德军部队、补给站、V-1火箭发射场的位置，其中一些目标在不久之后遭到了盟军轰炸机的轰炸。诺曼底登陆之后不久，秘密情报处开展了"普鲁斯特"行动（Operation Proust），即在美军的直接要求下，派特工在德占法国搜集战术情报。"普鲁斯特"特工将与法国抗德游击队（FrenchMaquis）协同行动，报告德军方位，然后向特别分遣队（SF Detachment）报告。

当美军第1集团军推进至比利时的时候，它的特别分遣队从"比利时秘密军"（Belgian Secret Army）当中征召了一些人员从事侦察、情报搜集、肃清德军小股部队等任务。尽管取得了这些成就，美军第1集团军的情报部门对特别分遣队的价值并不够重视，于1944年9月将其撤出战场。在某种程度上，正是由于这个决定让该集团军对德军于1944年12月发动的阿登反击战猝不及防。

左图：于 1944 年 8—9 月在布列塔尼执行任务的"杰德堡"小组"罗纳德"小队。在法国的盟军"杰德堡"小组混用美式与英式装备，图前方左侧来自美军的成员身穿美军 M42 空降兵制服，其他人则穿着英军作战服和英军 1937 式单兵携行装具。（美国国家档案和记录管理局）

1944 年 9 月，秘密情报处在荷兰的埃因霍温开展了一项代号为"梅勒妮"（Melanie）的行动，即派特工将荷兰境内的各种抵抗团体和敌方开小差人员搜集到的情报汇总并形成报告。

特别行动处第一次派特工（包括教导员和无线电报务员）空降进入法国是在 1943 年 6 月，目的是协助此前就已经就位的英国特别行动执行处所派"F-回路"（F-Circuit）行动小组。每个"F-回路"小组通常都包含 1 名组织者、1 名组织者助理、1 名无线电报务员以及 1 名在当地征召的受过相关训练且携带武装的抵抗团体战士。特别行动处的人员参与过很多次"F-回路"任务，后来也派出过自己的"F-回路"小组，第一次是发生在 1943 年 6 月的"圣器保管人"（Sacristan）行动。此前受英国特别行动执行处派遣在维希法国政府当卧底特工的弗吉尼娅·霍尔（Virginia Hall）是一位领导过特别行动处"F-回路"行动小组的女性。"F-回路"行动小组的组织者弗吉尼娅·霍尔武装了 400 多位法国抗德游击队员，在 1944 年夏伏击敌军、破坏铁路隧道里的铁轨并对多处铁路桥实施了爆破。

"杰德堡"行动（Operation Jedburgh）是美国战略情报局特别行动处、英国特别行动执行处以及"自由法国"（Free French）联合领导的一次行动，即派遣3人小组进入法国，在短时间内组织、训练一些有能力为不断推进的盟军部队提供直接支援的抵抗团体并为其提供补给、与其协同行动。与地域性的"F-回路"行动不同，参与"杰德堡"行动的人员可以伞降至法国境内的任何地点，依战场情势而定。为避免被德军提前预警，欧洲盟军总司令艾森豪威尔将军在诺曼底登陆行动之前一直禁止"杰德堡"小组进入法国，但"杰德堡"小组很快就以伞降的方式部署到了法国全境各地。"杰德堡"行动的参与人员在促使政治倾向不同的各个抵抗团体一致抗德方面也很成功。

1944年8月，巴顿将军率领的部队同时朝港口城市布雷斯特（Brest）和德国边境推进，更多的"杰德堡"小组空降至巴顿的侧翼，组织当地的抵抗团体阻滞和袭扰德军部队。不过，不少"杰德堡"小组未能实现预定目标，因为巴顿将军指挥的部队推进速度超过了此前的估计。1944年9月，盟军在荷兰发动了"市场花园"行动（Operation Market Garden），"杰德堡"小组被纳入各空降师麾下，其任务是征召当地的抵抗组织，协助盟军部队作战，并在空降部队和设在伦敦的特种部队

右图：彼得·奥尔蒂斯（左二）作为"联盟2"行动的指挥官重返法国，于1944年8月1日在法国阿尔卑斯山区跳伞着陆。几周后，奥尔蒂斯与3名队员在山脉中心的一处村落与德军交战，最后以德军赦免村民为条件投降。（美国国家档案和记录管理局）

司令部（SFHQ）之间建立联系。"杰德堡"人员与伞兵一起跳伞，很多无线电台和装备都丢失了。大部分小组都因为德军不断攻击、袭扰空降师的防线而没能完成任务。只有在荷兰奈梅亨（Nijmegen）附近跳伞的一个"杰德堡"小组取得了较大的成功。这个由三国人员联合组成的"杰德堡"小组代号为"达德利"（Dudley），被单独部署在荷兰东部，开展情报搜集和破坏活动。但到了 1944 年末，该小组的行动效能因为荷兰各抵抗团体的不团结和德国人的反制措施而遭削弱。

从 1944 年 7—9 月，战略情报局行动大队派出的小队公开执行破坏设施及伏击任务；自相矛盾的是，他们同时也执行占领并保护水电站和水坝的任务。在某些任务中，行动大队小组也与英军特种空勤团（SAS）、"杰德堡"小组以及法国抵抗团体（同时也是行动大队小组的训练和补给对象）协同行动。在法国抗德游击队的帮助下，行动大队小组可以虚张声势，威吓德军要塞不战而降。行动大队小组运用这种战术先后迫使超过 10000 名德国兵投降。

缅甸

第 101 特遣队是特别行动处派往海外的第一支部队，该部队招募当地的部落成员从事刺探、侦察以及游击等活动。1942 年 10 月，第 101 特遣队将其基地设在英属印度东部的纳齐拉（Nazira）镇附近的一处茶园当中，开始对那些选拔出来的英国人、缅甸人、英缅混血儿以及英印混血儿开展情报搜集和破坏训练。陆军航空队航空运输司令部（Air Transport Command）答应承担第 101 特遣队的补给和人员空投任务，条件是该特遣队要积极解救遭敌方击落的飞行人员。1943 年 1 月，第一批特工渗透进入缅甸，执行情报搜集、破坏及为盟军轰炸机指引目标的任务。第 101 特遣队在敌后方建立了配备简易的机场（可起降轻型飞机，用来转运观察员和伤员）基地。以这些基地为立足点，第 101 特遣队招募了缅甸北部的克钦人。克钦人非常熟悉当地地形，一旦接受了相应训练，他们就成为非常善战的游击战士。第 101 特遣队里的第二代日本移民与日军俘虏沟通，还派克钦人参与战斗，但需要事先熟悉他们的样貌，以免在战场上将这些人与日本侵略军士兵混淆。

在 1944 年春季，第 101 特遣队派遣克钦人战斗营在盟军部队前方充当侦察兵，袭击日军交通线，支援盟军进攻缅甸的战役。1945 年春季，缅甸"若开邦野战部队"（Arakan Field Unit，AFU）——由秘密情报处、行动大队以及海上行动处等派人组成的混合部队，勘测了缅甸海岸沿线的滩涂和河流，空投了一些特工并数次支援英军在该地区的登陆行动。"若

1943年至1945年在缅甸作战，得到克钦人游击队（右）支持的第101特遣队的2名士兵。克钦人游击队在得到美军制服之前一直穿着自己的民族服装作战，他们总是在胸前挂着自己的短刀。（理查德·胡克绘制，鱼鹰出版公司）

开邦野战部队"以锡兰（Ceylon）为基地，后来于 1945 年 3 月并入第 101 特遣队。1945 年 4 月，在盟军飞机提供的近距空中支援之下，第 101 特遣队开始独立肃清缅甸北部的日军，以确保滇缅公路的安全。该部队还反复袭扰沿着东枝－景栋（Taunggyi-Kentung）公路撤退进入泰国的日军部队，占领了沿线的数个重要城镇并于 1945 年 6 月最终完全控制了这条公路。在日军于 1945 年 7 月最终完全撤出缅甸之后，第 101 特遣队随之解散。

泰国

作为第二次世界大战期间亚洲范围内极少有的几个独立国家之一，泰国以与日本结盟的方式保持了自治的权力，并于 1942 年 1 月向美国宣战。但是，美国没有对泰国宣战。战略情报局从亲盟国的"自由泰人运动"（Free Thai movement）中招募特工。战略情报局延迟了向泰国派

下图：以锡兰岛为基地的第 404 特遣队从若开邦野战部队中派出小组执行侦察缅甸海岸线上的滩涂及河流的任务。图为一个隶属于行动大队的小组在等待英国登陆艇运送他们的橡皮艇去执行一次两栖行动。（美国国家档案和记录管理局）

遣特工的计划，直到1944年才进入泰国的战略情报局特工也都遭泰国警察杀害或逮捕。不久之后，泰国的亲日政府被以比里·帕侬荣（Pridi Phanomyong）的力量推翻。1944年9月，1名出身"自由泰人运动"的特工伞降至泰国，战略情报局从此与比里·帕侬荣建立了联系。1945年1月，战略情报局军官理查德·格林利（Richard Greenlee）和约翰·韦斯特（John Wester）从英国皇家空军的1架远程轰炸机上跳伞进入泰国，悄悄进入了比里·帕侬荣的寓所，后者同意将一些情报交给来者，这些情报后来由驻泰国曼谷的秘密情报处特工通过无线电台传输给了驻锡兰的第404特遣队（Detachment 404）。不幸的是，这些情报的价值并不大。"自由泰人运动"的特工还建立了一张遍布整个泰国的情报网络，可以通过无线电台向组织发报。为了显示美国对于泰国地下抵抗团体的支持并维持这一情报来源，特别行动处和海上行动处派人潜入泰国各个地方，其渗透方式是伞降和搭乘C-47运输机在某处秘密机场降落。日本人其实知道这些活动，但一直无法做出有效的反制措施。

战略情报局也曾计划派人直接渗透至法属中南半岛地区，但鲜能成功。在日本人从维希法国政府手中接收法属中南半岛地区（1945年3月）之前，Gordon-Bernard-Tan情报网是战略情报局在该地区唯一的情报来源。1945年4月，特别行动处空投的"大猩猩"小组（"Gorilla"Team）遭到了日本人的埋伏和追击，只得一路苦战，逃向中国边境。由于得不到法国方面的有力配合，战略情报局招募法国特工并将其派入中南半岛地区的努力屡次受挫。在收到了一些有关于日军与越南独立同盟会（Viet Minh）（在越南北部接近中越边境地区活动的胡志明指挥的秘密武装）之间的冲突的报告之后，战略情报局终于发现了可行的替代方案。1945年7月，特别行动处将"驯鹿"小组（"Deer"Team）空投至越南，训练越南独立同盟会的人从事对日破坏活动并向其提供补给。一支被命名为"Bo Doi Viet-My"的越美部队也在训练中，但还未投入使用，即传来了日本人投降的消息。此外，战略情报局还向越南派出了担负着战俘撤离任务的"鹌鹑"小组（"Quail"Team），该小组在河内的嘉林机场（GiaLam airport）着陆，完美地将盟军战俘撤出了越南。

太平洋地区

1944年6月，尽管战略情报局被禁止在太平洋战场执行任务，但太平洋战区总司令尼米兹将军还是同意接收战略情报局海上行动处的一个战斗蛙人大队

对页图：战略情报局在全球范围内按不同战术方案行动，图中展示了：
1. 1944年夏在法国中部地区的杰德堡行动组成员；
2. 1944年夏在法国南部地区参与"联盟2"行动的人员。（理查德·胡克绘制，鱼鹰出版公司）

(Operational Swimmer Group)，以在夏威夷群岛组建海军第 10 水下爆破大队（UDT-10）。在塔拉瓦环礁遭受重大伤亡（由于礁石和水道很浅，海军陆战队士兵不得不顶着敌军的火力涉水上岸）之后，美国海军开始组建水下爆破大队。水下爆破大队的任务是侦察预定登陆海滩的上岸路线，摧毁任何天然或人为的障碍物并引导登陆艇上岸。第二次世界大战期间，海军第 10 水下爆破大队执行了其第一次（也是唯一一次）从潜艇上出发的任务。1944 年 8 月，一个 5 人小组从海军的"短刺鲀"（Burrfish）号出发，侦察了雅浦岛和帕劳群岛，其中 3 人在一次夜间侦察加吉尔岛（Gagil Tomil）的过程中失踪。海军第 10 水下爆破大队还曾经从海军的"拉斯伯恩"号（Ratheburne）驱逐舰上出发，勘测了安加尔（Anguar）环礁和乌利

下图：行动大队教官利用 1 架废弃的 C-47 飞机机身给突击队员们讲解正确的跳伞程序。（美国国家档案和记录管理局）

西（Ulithi）环礁的海滩并对这里的珊瑚礁实施了爆破，为登陆行动开路。海军第10水下爆破大队在战争期间执行的最后两次任务是侦察莱特岛海滩（1944年10月）和吕宋岛海滩（1945年1月）。

武器及装备

研究和发展处帮助战略情报局研制特种武器和装备，但其中大部分一直停留在设计阶段，从未在实战中投入使用。由于篇幅原因，本书将只叙述那些被战略情报局应用到实战当中的武器和装备，而战略情报局使用的大量美军制式军用武器此处也不再赘言。

特种武器

战略情报局装备了其独有的希克斯－费尔白恩（Sykes-Fairbairn）战斗匕首变种，相比英军突击队所装备的该种匕首，OSS型的刀刃更薄。这种匕首的砍、刺都非常有效，但其尖部较为脆弱，容易劈口。一位战略情报局的资深成员声称自己只见过人们用这款匕首开启口粮罐头；其他人认为，制式的M3近战两刃短刀在实战中更加实用。

美国联合防卫（United Defense）公司生产的UD-42式9毫米口径冲锋枪（通称"马林"冲锋枪），最初是为荷兰东印度群岛部队生产的，但当该地于1942年落入日军手中之后，战略情报局接收了这批武器。战略情报局在世界各地使用这款冲锋枪，还将其大量提供给敌占区的抵抗团体。这种冲锋枪的射速可达每分钟750发，战略情报局行动大队的人员认为，这种武器很灵便，非常适合近战；两个20发弹容量的弹匣可以以反向并联的方式拼接在一起以加快重新装弹速度。

由于火力强大和枪口焰微弱的特性，10发弹夹的0.22英寸口径的高标（HiStandard）公司消音手枪成为一种有效的近距离隐秘杀伤武器。该种手枪的内装式消音器可消除90%的枪声，在户外条件下，余下的枪声很容易被日常噪音隐没。高标公司还为M-3型冲锋枪（绰号"黄油枪"）生产了一种特殊的枪管，同样可使枪声减小90%；在缅甸执行任务的第101特遣队曾使用这种武器。

"解放者"（Liberator）手枪并非战略情报局的原创，而是来自美国战争部军事情报局（Military Intelligence Service）的创意。"解放者"手枪由价格并不昂贵的无缝钢管和冲压金属板料制成，是一种粗糙简陋的0.45英寸口径单发手枪，有效射程仅为10英尺（3米）。美国以海运的方式向欧洲和西南太平洋地区输送了大量"解放者"手枪，在菲律宾确有大量该种手枪投入实战。战略情报局曾经打算将大量"解放者"手枪空投给欧洲的抵抗团

左图：设在锡兰岛的第404特遣队司令部无线电室。无线电操作员在等着接收战地特工发送的信息。战略情报局使用的无线电设备种类繁多，图中甚至可以看到美国无线电公司的民用型号无线电接收器。注意图中打字机上方的平装小说。特工必须背下一本特定书籍里特定的一行，作为给传回基地的信息加密的密码基点。（美国国家档案和记录管理局）

体，但由于担心数量众多的该种无标号的手枪散布出去，可能在战后引发严重的犯罪问题而作罢。虽然战略情报局接收了大量"解放者"手枪，但无论是战略情报局本身还是各地的游击队都对这种武器不感兴趣，因为他们可选用各种更加可靠的武器（或者是由盟国供应，或者是从轴心国那里夺取）。"解放者"手枪对于战略情报局的人只是一种纪念品而已。

破坏

战略情报局所使用的进行破坏活动的器械有很多是英国的发明，美国对其加以改进。C炸药是战略情报局用来摧毁敌方基础设施的主要炸药品类，C-1、C-2及C-3只表明了这几种炸药的炸药成分和塑化成分的配比不同。"帽贝"式水下爆破弹是专为海上破坏活动而设计的。这种武器将2.5磅（1.1千克）铝末混合炸药（Torpex）装在一个防水塑料盒内，可通过6块铝镍钴磁铁附着在钢质船体上。"帽贝"式水下爆破弹的一个变种绰号是"海报女郎"（Pin-Up Girl），这种水雷使用一种销子发火装置，可附着在木制船体

对页图：战略情报局研究与发展处典型工作场景。1. 1名工程师正准备试射"大乔5"型弩，这种武器用于无声的干掉哨兵和守卫犬。2. 1名战场摄像处成员。3. 1名驻美国的分析师，正使用一台文件微缩复制系统C型微缩胶片阅览器。这种专门设计的设备被用来阅读用16毫米和35毫米胶卷拷贝的报纸、机械图纸、图表的微缩胶片副本。（理查德·胡克绘制，鱼鹰出版公司）

上。"帽贝"式水下爆破弹的陆上版本绰号是"蛤蜊"（Clam），内装 0.5 磅（0.2 千克）塑性炸药，可使用 4 块磁铁附着在任何金属表面。

战略情报局使用的起爆装置大都是源自英国的发明，起爆装置包括定时器、保险针、压力件、压力释放件 4 个组件。美国设计的摩尔（Mole）起爆装置可以让整列火车出轨。一旦火车驶入隧道，自然光被遮蔽，其光电管就会引发炸药爆炸。美国设计的另一种更加精密的起爆装置代号为"风速计"，该种装置是将 1 个 6 英寸（15 厘米）长度的圆柱体插入 1 个装满了塑性炸药的织物管筒之内。由于其设计用途是在飞行过程中炸毁敌方飞行物，其起爆机制在于外部气压骤降，起爆高度通常是 1500 英尺（457 米）。

袖珍燃烧弹（Pocket Incendiary）可在一定的延时之后自主燃烧，其内部装有一些凝固汽油粉末和一些酸性物质，2 枚（使用常规点火头的）信号继电器燃烧药管将其内装氯酸钾的赛璐珞胶囊引燃之后，该型燃烧弹可以自燃 8~12 分钟。"萤火虫"（Firefly）燃烧弹体型小巧，足可以塞进汽车油箱或燃油桶中。汽油沁入了这种燃烧弹弹体上的小孔洞之后，可导致两个橡胶垫圈膨胀，进而引爆弹体内部的少量 TNT 炸药和镁粉。

通信技术

为使战略情报局的特工能在保持隐秘状态的前提下传输情报，1942 年末，战略情报局通信处研制了一型特殊发射接收器（SSTR-1）。这种电台包含发射器、接收器以及电源这 3 个组件，结构紧凑，体积很小，可以整体装入 1 个小型手提箱内。由于电源的重量不同，该种电台的总重小则 20 磅（9 千克），大则 44 磅（20 千克）。一型特殊发射接收器的传输距离为 300~1000 英里（480~1600 千米），讯息以发报电键敲出的连续波传出。由于使用可互换的石英晶体，该型电台可以不同的频率发报。

不幸的是，一型特殊发射接收器的结构不够坚固，很多该种电台在伞降的过程中损坏了。该电台的电源组件容易出现问题，包括线路接触不良、短路、绝缘性能差以及过热。6 瓦功率的蓄电池使用寿命较短，但可使用便携式热电偶充电器（以木材或汽油为燃料）对其充电。一型特殊发射接收器本身还可通过手摇发电机、汽车电池以及建筑物内的电线电流驱动。战略情报局的特工也使用英国特别行动执行处的通信设备，包括三式二型手提箱式电台和 A 式三型手提箱式电台。这两种电台的重量分别为 32 磅（14.5 千克）和 39 磅

对页图：美国海军后备队雷·凯洛格正在拍摄 1 架在北非比塞大附近被击落的德军飞机残骸。凯洛格负责战略情报局在这一地区的行动。（美国国家档案和记录管理局）

(17.7千克)，其传输距离都在500英里（800千米）以上。

使用无线电台发报的战略情报局特工任何时候都面临着被德国的无线电侦测设备定位的风险，因此，他们经常在1辆四处开动的汽车上操作。战略情报局还发明了琼－埃莉诺（JoanEleanor，J-E）系统，以作为避开敌方无线电侦测的反制措施。琼组件是1台无线电收发器（电源是2块1.5瓦功率电池和2块67.5瓦功率电池）；其信号可被30英里（48千米）外的收报飞机接收到，而其总量仅为3.5磅（1.6千克），其小巧的尺寸也非常适合秘密行动。在无遮挡的开阔地条件下，琼无线电收发器的性能可得到最大限度的发挥。琼组件的"配对物"是重40磅（18.2千克）的埃莉诺组件，包括1台6型特殊发射接收器（SSTR-6）无线电收发器、钢丝录音机、延展支持天线、手动定向控制器、1台电动发电机以及内含4块6瓦功率湿式蓄电池的电源。安装到飞机上之后，埃莉诺组件的每一卷钢丝可以逐字记录60分钟长度的电报内容。埃莉诺组件被安装在几架英国供应给美国陆军航空队的"蚊"式（Mosquito）PR 16型照相侦察机的炸弹舱中；在30000英尺（9144米）的高空，埃莉诺组件每半个小时就得启动一次，以防出现结冰现象。由于琼－埃莉诺系统是使用超高频的波束传输信号的，敌方无法探测到，也不存在加密的必要性。琼－埃莉诺系统于1944年11月首次在德国占领之下的荷兰投入实战，充分证明了其有效性。到了1945年，数个伞降至德国的战略情报局小组都装备了该种系统。埃莉诺组件的操作员和特工可以在10~30英里（16~48千米）的距离上交谈，任何细节都可以明白无误地传达。战略情报局会通过英国广播公司播放的某些专门节目来安排特工与在上空盘旋的"蚊"式照相侦察机之间的联络。

战略情报局也会使用美军通信兵（US Army Signal Corps）的制式电台。这种SCR-300背负式无线电台重35磅（16千克），可在3~5英里（5~8千米）的距离上传输声音讯息。SCR-694无线电台则可在15~30英里（24~48千米）的距离上传输声音讯息并对此进行加密。该种电台重达200磅（91千克），但可拆解成几个部分。战略情报局行动大队以GN-58手摇式发电机驱动这种电台。如果执行任务的是小规模部队，特别行动处和行动大队的小组会使用通话距离为1英里（1.6千米）的SCR-536手提式步话机。每个特别分遣队都装备了3部吉普型SCR-193无线电台和1部卡车型SCR-399无线电台。SCR-193无线电台的传输距离为15~60英里（24~96.5千米），可让战场上的各位联络官保持联络，还可联络集团军司令部的

对页图：与战略情报局的其他分支机构不同，行动大队被用于直接对敌军作战。因此他们穿着普通的军服，但在落入德国人手中时仍然极难得到《日内瓦公约》规定的战俘待遇。图中描绘的是：
1. 1944年在法国的行动大队成员。
2. 1944年夏在希腊的行动大队成员。
3. 1945年春在挪威的行动大队成员。（理查德·胡克绘制，鱼鹰出版公司）

SCR-399 无线电台。SCR-399 无线电台的传输距离为 100~250 英里（161~402 千米），可与设在伦敦的特种部队司令部保持联络。

暗码

对秘密信息传输，人们更多使用的是"密码"（code）一词，但"密码"与"暗码"（cipher）是有区别的。"密码"是将所传输的所有讯息都以一整套的单词、字母、数字或符号替代。"暗码"则是将所传输的讯息中的部分字母以其他字母替代。

战略情报局的特工最初是以双置换系统（double transposition system）的方式给讯息加密。特工们会从某一首诗、歌或某一本书中选定一个词语或短语，将其作为制作或解读秘密信息的"原点"，此即为"暗码"。为保密起见，只有有必要接收讯息的具体承担任务的特工和总部人员知道那个被选定的词语或短语是什么。事实证明，这种加密方法很耗费时间，且容易出现通信错误和人为误差。不久之后，战略情报局以一次性密码本（one-time pad, OTP）取代了双置换系统，一次性密码本是最难破解的暗码系统之一。

一次性密码本暗码系统发明于第一次世界大战期间，第二次世界大战期间，首次使用这套系统的是英国特别行动执行处，后来美国战略情报局也制订了自己的一次性密码本暗码系统。一次性密码本本质上是一套多表暗码，其中任何字母都可以某一具体讯息中的任一字母替代，而无需设定一套固定的密钥或模式。一次性密码本中用以解密讯息的字母是完全随机的，因此，同一条明文消息中的两个完全相同的字母会以不同的暗码字母表示。一次性密码本是一个 100 折页的拍纸簿，采用硝酸米纸，易燃、易溶解，且能吞食。一次性密码本的每一折页都与后一折页胶合在一起，因此，每次只能供一人使用。每一折页上都印着一行行的随机字母，每一行包含 5 个字母。明文消息的字母将以一次性密码本中的字母为依据加以破解。接下来，还需用到印在一块丝绸手绢上的字母表，以获得相应的暗码字母。这张印在丝绸手绢上的字母表中的暗码字母即是明文消息字母和一次性密码本字母相交叉的部分。如果一次性密码本的讯息是已知的，则这个过程就可以反过来。特工和总部都需要准确的一次性密码本才能读懂这套暗码系统。一次性密码本的每一页都只能使用一次，且一次性密码本的每一页所提供的密码讯息都与前一页不同。这就意味着，即使一个一次性密码本及其转换表落入了敌人手中，由于上面的字母是随机的，敌方还是无法据此破解其他一次性密码本讯息。

伪装：服饰、文档及附件

　　战略情报局会为那些将要潜入敌占区的特工购买、搜集或制造当地的平民服饰。欧洲大陆的衣着风格与美国人和英国人的衣着风格存在显著区别。战略情报局从欧洲难民和二手商店中获取欧洲风格的西服、大衣、帽子、鞋子等服饰用品，但由于从这些渠道只能获得有限的供给，战略情报局只能请裁缝仿制（纽扣上的平行纹路一类的细节也必须精确模仿）。临近战争结束时，战略情报局短缺德国风格的衣物，因此，局里的1名军需官紧随美军部队进军德国科隆的步伐，前去搜集那些被商店遗弃的衣物和其他各种个人用品。战略情报局还从战俘营和已经夺取的德方补给站等渠道获取德军制服。德军制服的使用者通常是受派深入敌后、前去搜集情报或者散布心理战行动处宣传材料的德籍和奥地利籍特工（1名女性特工曾经装扮成纳粹德国陆军护士，伞降至德占区）。进入德占区执行任务之前，一些特工还曾经穿着德军制服混进德军战俘营，以搜集情报、学习德军士兵当下的口语风格和某些言谈举止方面的习惯。

　　在敌占区执行任务的特工所需要的最重要的东西当属身份证明和其他任何可能需要的许可证。比如，在法国活动的战略情报局特工需要身份卡、食物、配给卡、人口统计卡、职业卡、居所证件、诊断书（以使特工可以豁免被征召为劳工和军人的义务）、工作许可、出生证明。在德国执行任务的特工还需要其他证明文件，比如差旅许可和有关工作、居住的警务登记证明。某些特殊身份伪装的特工还需要具备外籍劳工通行证或军人薪资簿。依据特工们获得的少数相关真品，战略情报局研究和发展处伪造出了绝大部分上述文件。这些真品获取自盟军占领的德国城镇、战俘营。德国打字机、印章、水印、墨水以及空白卡片、许可证都是研究和发展处极力搜寻的物品，因为真品比伪造品更不怕敌方细心核查。还有一些文件是难以仿制的，比如德国的食物、配给卡，因为它的有效期只有4个星期，过期更新一次。战略情报局派出的特工的出生地往往以盟军最近轰炸过的城市或地区为出生地，因为在这些地区出生的人的背景更难核查。任何差错都可能给战略情报局的特工带来生命危险。曾有一位特工被捕，原因是他的工作许可证显示，这名特工在两座不同城市的签字许可源自同一个人的手笔。

　　有时候，即使是最简单的口袋物件也可能会暴露特工的身份。在动身前往敌占区之前，每一位特工都会细心搜寻身上有没有留下伦敦剧院的戏票票根等物件。1名在法国执行任务的战略情报局特工有意携带着德国发行的国家乐透彩票和一封写

战略情报局运输行动

皇家空军特别任务中队以英国和地中海地区为基地,支援英国秘密情报处和特别行动执行处的行动,也负责把战略情报局的特工投送至欧洲。战略情报局特工进入法国和德国都是依靠1架"哈利法克斯"式轰炸机空投的。特别任务中队不但用"哈利法克斯"式轰炸机和"斯特林"式轰炸机空投"杰德堡"和行动大队的行动小组,同时也用"莱桑德"式联络机把战略情报局的特工运送进法国。在远东地区,皇家空军使用"解放者"式轰炸机、"达科他"式运输机和"卡特琳娜"式水上飞机支持战略情报局在缅甸和泰国的行动。

1943年11月,美国陆军航空队组建了第801轰炸机大队(1944年8月时改称第492轰炸机大队),其所属中队装备B-24"解放者"式轰炸机被用于反潜巡逻,对付德国潜艇。这些机组的夜间远程飞行经验使他们成为执行在欧洲的这类秘密行动的理想人选。1944年1月,昵称"投机者"的机组从坦普斯福德出发执行了第一次任务,之后改成从哈灵顿出发。这些使用亮黑色涂装的B24飞机经过专门的改装,每架可以运送8名特工或者12个补给箱。1944年9月之后,随着欧洲西北部大部分地区都得到解放,少部分"投机者"飞行中队转场至意大利。其他B-24飞机拆除了武器用于运送物资到瑞典,也执行为挪威和丹麦的抵抗组织运送补给的任务。由于德国上空猛烈的防空炮火,这些航速较慢的B-24只能在德控区西南部活动,航速较快的A-26"入侵者"则被用来把战略情报局的特工运送至德国的其他地方。乘坐A-26的特工们坐在弹舱的铰合舱门上,一旦到达空投区,特工们就从打开的铰接舱门上跳出舱去。1945年4月,"投机者"执行了最后一次飞行任务。

1943年至1944年期间,美国海军第15分遣队的鱼雷巡逻艇与英国皇家海军鱼雷艇和意大利海军的鱼雷快艇一道在西地中海上运送战略情报局特工。约翰·D.伯克利中校指挥的第2分遣队第2小队以英吉利海峡内的达特茅斯港为基地,配属有3艘鱼雷巡逻艇,在1944年运送战略情报局特工和其他盟国特工在法国海岸沿线登岸,并负责接回他们。这3艘鱼雷艇都漆上了一种被称为"蒙巴顿粉"的粉色涂装,它们在黎明和黄昏时几乎无法被肉眼分辨出来。该小队执行的任务全部成功完成而且没有与德军发生过任何接触。

给他在巴黎的住处的信而没有暴露身份。一位渗透至罗马的战略情报局特工甚至在口袋里装上意大利产烟丝。

战略情报局的特工们还配发了相机,美乐时(Minox)微型相机是最理想的选择。美乐时微型相机原产于拉脱维亚,战略情报局在全美范围内尽力搜寻,还是所获甚少。为此,战略情报局研制了"火柴盒"(Matchbox)微型相机。这种微型相机每次能以16毫米胶卷拍34张照片,但胶卷只能在暗处安装。特工们很清楚这种相机能够轻易引起敌人的怀疑,因而很多人只以素描的方式来刻画某些重要目标或者干脆只记在脑子里。

一旦被俘获,战略情报局的特工会吞食剧毒的氰化钾胶囊——绰号"L"的致命药物——自杀。1945年,1名试图穿越德国瑞士边界的战略情报局特工在遭德国巡逻队追击、身受枪伤的情形下即是以吞食氰化钾胶囊的方式自杀的。

对页图:兰伯森两栖呼吸系统是一种自持式水下"呼吸"设备,设计它的目的是让战略情报局海上行动处的蛙人可以在水中从事破坏活动而不被发现。
图中描绘的是:
1. 兰伯森两栖呼吸系统的早期型号。
2. 兰伯森两栖呼吸系统的后期型号。
3. 1944年夏,第10水下爆破大队在中太平洋地区活动,他们不再隶属于战略情报局,但其大部分成员都是来自海上行动处的蛙人。(理查德·胡克绘制,鱼鹰出版公司)

海上行动装备

1942 年 11 月，战略情报局经过一次水池测试之后，采用了克里斯蒂安·兰伯森（Christian Lambertsen）博士发明的名为"兰伯森两栖呼吸系统"（LARU）的氧气呼吸器。"兰伯森两栖呼吸系统"一共有 4 个型号，重量为 28～35 磅（10.5～16 千克）。装备了这种自给式呼吸器之后，潜水者可在 50～100 英尺（15～30 米）的水下待上连续几个小时，而不会有任何水泡浮出水面。压强为每平方英寸 2000 磅（909 千克）的纯氧从潜水者胸前的一个空腔圆柱体内流入潜水者的面罩和背部的橡胶"肺"当中。呼出的空气在被潜水者再次吸入之前会经过橡胶"肺"上面的石灰罐，以过滤掉其中的二氧化碳。潜水者必须有意识地保持缓慢且平稳的呼吸频率，以让呼出空气中的二氧化碳被完全过滤掉。过快的呼吸会使"兰伯森两栖呼吸系统"难以应付，进而让潜水者感觉不适。1944 年 7 月，"兰伯森两栖呼吸系统"经受住了实战的考验，携带这种装备的第 2 战斗蛙人大队（Operational Swimmer Group 2）在敌人毫无察觉的情况下通过了古巴关塔那摩湾的防潜艇网。尽管如此，"兰伯森两栖呼吸系统"从未在直接杀伤敌人的行动中使用过。

充气小艇（Surfboard）是一种充气式橡胶质漂浮设备，可在 2 分钟之内由压缩空气瓶充满。这种载具长 10 英尺 6 英寸

下图：第 404 特遣队在印度洋沿岸投送特工。图中的 P654 艇——1 艘长 85 英尺（26 米）的海空救援快艇——因为受限于其 500 英里（805 千米）的航程而只被用于在缅甸沿海投送特工。（美国国家档案和记录管理局）

(3.2米），宽3英尺（0.9米），重310磅（141千克），总载重约900磅（409千克）；可由一台低噪音电动马达驱动，5节（9千米每小时）速度条件下的航程为15英里（24千米）。1944年夏季，在意大利亚得里亚海岸行动的海上行动处特工使用这种装备取得了成功。海上行动处还在海岸行动中使用了一种载员2人的小划艇（kayak）。这种小划艇的船体是以胶合板和金属管做骨架，再在上面蒙上橡胶帆布，乘员以2支双叶桨划水驱动。这种小划艇长16英尺6英寸（5米），可分由2个背包背负，到达行动水域后，可在5～10分钟之内组装完毕，其总重为104磅（47.3千克），载重为800磅（364千克）。1945年早期，战略情报局海上行动处的小组在缅甸海岸线一带的侦察行动中曾大量使用这种小划艇。

战略情报局是第二次世界大战期间的一个异类，到了冷战时期，司职"斗篷与匕首"式行动的战略情报局演进成为美国中央情报局（CIA）以及其他几个保密的特别部门。当第二次世界大战于1945年9月结束时，战略情报局麾下的战斗精英（无论是何种性质）都面临着所在部队遭裁撤和整编的情况。不过，经过第二次世界大战，用精锐部队专门执行特别任务的概念已经在美军中成功树立起来，而冷战将进一步强化这种观念，并让这类精锐部队成为编制更加固定的部队。

一次实战演练中,一支特种作战分队在北卡罗来纳的皮斯加国家森林里搜寻敌人。山间的溪流能很方便的遮盖己方移动痕迹。(美国国家档案和记录管理局)

3

第二次世界大战后及冷战期间的特种部队

特种部队的雏形固然是在第二次世界大战期间就出现了，但进入冷战时期以后，美国军方才对特种部队的概念有了明确的认识。第二次世界大战结束之后，原本的盟国分裂成了西方和苏联 2 个阵营，世界各地都爆发了这 2 个阵营的代理人之间的冲突，从巴尔干半岛到东南亚，无处得以幸免。在这种国际形势下，就有了在远离国土之外的地方从事秘密战争的必要，各种任务通常是需要躲开普通公众的视线的。例如越南战争不仅激烈残酷，而且具有高度的政治性。在远离本土的东南亚丛林中，参与其中的美国军队为了赢得这场战争，大幅扩充了其特种部队的规模。

朝鲜半岛战争

第二次世界大战结束之后，美国大幅缩减了军队的规模。精英部队也不例外，空降部队、水下爆破大队、"杰德堡"（Jedburgh）行动组、游骑兵等都大量缩编。被裁撤下来的军人们发现，他们必须适应一种远离了战火和危险，更加平凡的生活。

但没过不久就爆发了冷战期间的第一场大规模冲突——朝鲜半岛战争。美军因此重拾特种部队的概念。战斗中，一些步兵团并不是以传统的攻击队形展开的，而是以渗透的方式穿越南方军队的防线，径直插向后方，抢占一些关键目标。一些美军指挥官看到了这种战术的潜能，而朝鲜半岛的多山地形也恰好非常适于小股部队实施渗透行动。

美国陆军参谋长约瑟夫·劳顿·柯林斯（J. Lawton Collins）将军视察朝鲜半岛之后，于 1950 年 8 月 29 日发布了一条命令，建议组建"掠夺者连"（Marauder Companies），即每个师分别配属一个执行穿透敌方防线，攻击敌方指挥部、通信路线和战斗支援部队任务的连队。陆军作战部门（G3）参照以前的游骑兵概念，建议将这些连队命名为"游骑兵空降连"（Airborne Ranger Companies）并立刻开始连队组建工作。

每个"游骑兵空降连"包括5名军官和107名士兵，下辖1个小规模的连部和3个步兵排，每个步兵排下辖3个步兵班。因为所有成员都必须具备空降兵资格，所以陆军于1950年9月中旬向第11空降师和第82空降师发出了征召志愿者的通告。约翰·G.范·霍滕（John G. Van Houton）上校受令创建了相应的游骑兵（空降）训练中心[Ranger Training Center（Airborne）]，该中心位于美国佐治亚州的本宁堡，并于1950年9月29日正式开始运转。

第一批为期6周的训练课程于1950年10月2日开始，主要专注于突袭和破坏战术、急行军、爆破、武器的使用、地面导航、炮火支援及空中支援火力引导。第1、第2、第3及第4游骑兵空降连于当年11月13日完成训练。此后，第1、第2及第4游骑兵空降连立刻准备开赴朝鲜半岛，而第3游骑兵空降连则留在本宁堡的训练中心，协助第2轮游骑兵空降连的组建、训练工作。这其中的第2游骑兵空降连（最初是第4游骑兵空降连）是一支全黑人部队。

第2批次的第5、第6、第7及第8游骑兵空降连于1951年1月完成了正式的训练课程（训练周期如今已经改为8个星期），接着又前往科罗拉多州的卡尔森营地（Camp Carson），接受了为期4周的寒冷天气和山地作战训练。他们中的一些部队还被送到佛罗里达州的伊吉林机场（Eglin Field），接受了额外的训练。

第2批次的游骑兵空降连完成训练之后，第3、第5及第8游骑兵空降连乘船前往朝鲜半岛。第6游骑兵空降连被派往联邦德国，配属驻扎在那里的美军第7集团军，主要执行突击任务。第7游骑兵空降连则作为游骑兵训练指挥部（Ranger Training Command）的协助部队留在本宁堡基地。

在朝鲜半岛作战的6个游骑兵空降连被纳入美军第8集团军的麾下，平常主要由第8集团军所辖各师具体指挥，有时候也划归第8集团军司令部或其他部队指挥。这些连队执行突袭、伏击、侦察巡逻、进攻引导任务，也被用来充当团级部队的预备队，承担反冲击任务。然而，由于上级运用不当和后勤支持不足等原因，这些游骑兵空降连在朝鲜半岛上的表现并没有达到高层的预期，有的游骑兵空降连出现了高达90%的伤亡。不过，游骑兵空降连通常能够从本土或其上级部队获得补充兵员。

1951年3月3日，第2、第4游骑兵空降连被纳入第187团级空降战斗群

(ARCT)。3月23日，这2个游骑兵空降连随第187团级空降战斗群在汶山里（Munsan-ni）附近实施了战斗跳伞，以切断正在撤退的北方军队的退路。此战之中，第2、第4游骑兵空降连的具体任务是从伞降地域出发，朝东南攻击前进，夺占汶山里镇。4月4日，这2个游骑兵空降连重回其所属师的指挥序列。

后来组建的7个游骑兵空降连被派往各个地方执行任务。第9、第15游骑兵空降连留在本宁堡基地，并被配属于美军第3集团军。第10、第11游骑兵空降连的兵员分别来自国民警卫队第45步兵师（驻俄克拉何马）和国民警卫队第40步兵师（驻加利福尼亚），这2个师都在前往朝鲜半岛参战的途中被编入国民警卫队序列。第12游骑兵空降连被编入美军第5集团军，第13游骑兵空降连被编入美军第2集团军，这2个集团军当时都驻扎在美国本土。第14游骑兵空降连被配属给第4步兵师，该师也是驻扎在美国本土。

实际上，还有一支游骑兵部队要比这些游骑兵空降连更早参加朝鲜半岛战争。1950年8月，美军第8集团军游骑兵连所辖第8213部队在日本的德拉克营地（Camp Drake）组建。这支77人的部队主要是由驻扎在日本的美军空降兵志愿者组成，于1950年10月12日被派往朝鲜半岛并配属给美军第9集团军，后又配属给第25步兵师，跟随着第25步兵师参加了进军鸭绿江等一系列战斗，后于1951年3月撤编。

另一支参加了朝鲜半岛战争的游骑兵式美军部队是美军第8集团军突击连所辖的第8245部队，于1950年11月组建，后于1951年4月撤编。该部1950年12月26日之前配属于第3步兵师，后来转隶于特别行动大队所辖的第8227部队。

朝鲜半岛战争期间，美军还成立了3个暂编游骑兵连。第2装甲师所辖游骑兵连（暂编）组建于1951年，第1装甲师所辖游骑兵连（暂编）组建于1952年，组建地点都是得克萨斯州的胡德堡（这2支部队也许是同1支部队）。第3个暂编游骑兵连是美军第28步兵师所辖游骑兵连（暂编），组建地点是印第安纳州的阿特伯里营地（Camp Atterbury），组建于1951年，次年撤编。由于缺乏后勤支持（各游骑兵连的后勤物资都由其所属步兵师提供），一些师参谋部军官认为游骑兵连回归其所属营可能更加有利于高效地解决其后勤补给问题。这个建议被提了出来，但没有落实。在朝鲜半岛战争结束之前，美军还在本宁堡组建了另外2个短期存在的游骑兵连（A连和B连），这可能是为组建1个游骑兵营做准备，也可能只是2支训练部队。

鉴于各种问题，陆军于1951年7月

对页图：一队水下爆破大队的人员乱糟糟地挤在美军"季琴科"号登陆舰放出的1艘车辆人员登陆艇里前往元山港，他们要在那里换乘橡皮艇，执行引爆被朝鲜布设在港口外的1500~2000枚水雷的任务。（美国国家档案和记录管理局）

将所有游骑兵连都撤编了。按照陆军的说法,将各游骑兵连撤编的原因包括非东方国家的军队在朝鲜半岛开展敌后作战存在先天的缺陷,而且这场战争本身也呈现出越来越明显的静态性,游骑兵连的实用性因此受限。此外,陆军还需要将这些编制空出来给其他预定要组建的特种部队。

最终,在朝鲜半岛的各游骑兵连都于1951年8月1日撤销了编制,其中具备空降兵资格的人员都被编入了第187团级空降战斗群,不具备空降兵资格的人则转入其原来所在的步兵师各团。其他不在朝鲜半岛的游骑兵连也在1951年9—12月期间撤编了。不过,就像第二次世界大战刚结束时那样,游骑兵并没有就此消亡。游骑兵训练指挥部虽然于1951年10月17日撤编了,但陆军在此之前(10月10日)就另外成立了游骑兵部(Ranger Department),负责调动具备游骑兵资格的初级军官和军士的岗位及工作,向新的部队传授游骑兵技能。

美国陆军特种部队

在朝鲜半岛参战的各游骑兵连撤编之后,另一支部队诞生了。这支部队的种子是陆军心理战参谋处(Army Psychological Warfare Staff Section)的处长罗伯特·A.麦克卢尔(Robert A. McClure)准将,这颗种子生根发芽的园圃则是五角大楼。罗伯特·A.麦克卢尔准将的目标是在陆军内部创立一支能够胜任游击战或非常规战争(UW)的部队:这是个困难的工作,因为按照美军当时的观念,在随时可能爆发的"现代化战争"中,核武器将会是决定性武器,而所谓的精锐部队在核大战中没有用武之地。为了实现这个目标,麦克卢尔准将在陆军心理

下图:绿色贝雷帽部队的塞西尔·威廉姆斯在登机参加野战演习前最后一次检查降落伞。第20特种部队大队的60名官兵将参与在清晨对假想敌前哨的一次突袭。(美国国家档案和记录管理局)

战参谋处麾下组建了"特别行动部队"。

这支部队的指挥官是温德尔·费尔蒂希上校，参谋官是拉塞尔·W.沃尔克曼（Russell W. Volckman）上校，这两个人都曾在菲律宾指挥过游击部队。作战军官是阿龙·班克（Aaron Bank）上校，他以前是"杰德堡"小组的成员，曾3次在法国执行任务，1次在中南半岛执行任务。陆军心理战参谋处"特别行动部队"吸收了美国前战略情报局、前"梅里尔突击队"以及其他某些第二次世界大战时期组建的从事特种作战的单位的成员。这些现代非常规战争相关条例的先驱们理顺了作战概念、制订了个体及部队训练计划和战时应急计划、编制装备（TO&E）。除了尽心发挥他们的既有经验，他们还充分利用了第二次世界大战时期的战略情报局特种作战处（即"杰德堡"小组）和行动大队指挥部等组织积累的经验。

训练、组织以及作战技术等都来源于这些先驱们制订的计划。在拘于传统的美国陆军中，很多人都反对这种"组建一支承担游击战任务的正规部队"的观念。除战略情报局（它本身就被认为是一个异乎寻常的组织）之外，支持这种观念的人并不多。这就意味着，这支承担游击战或非常规作战任务的部队要占用"真正的"战斗部队的"岗位"，可能将要诞生另一支"精英"部队。在很多人看来，游击战和其他特种作战行动的精髓在于，以"微小且局部"的行动去换得能够影响整场战争的最终结局的战果。特种作战部队面临着"占用了太多业务精湛的人力、影响其他部队发展"的指责。这种指责不无道理，但是持有这种观点的反对者未能看到的是，只要能获得有效的支援且战术得当，集结了大批"能人"的特种作战部队可能取得具有重大价值的战果。组建一支承担游击战任务的正规部队的设想还有很多，而且并非仅仅来自美国陆军。

新成立的中央情报局和美国空军也是主要的反对者。他们联手制订了有关于应对未来可能发生的所有非常规战争的计划。空军的设想是，运用大规模的空中力量压服敌军。中央情报局则计划将特工派遣至敌方领土上组织游击队，由空军输送补给并提供近距离空中支援。游击队将在空军实施轰炸的基础上进一步扰乱敌军的组织，陆军则在空军造成敌方的极大混乱之后上场，负责肃清残敌。

陆军的方案和空军与中央情报局的联合方案都于1952年早期被提交到参谋长联席会议（JCS）。空军主张游击行动只能在那些具备战略意义的地区展开，而这正是他们的"地盘"。与此种观点相近的是，中央情报局主张应由他们来全面负责敌后秘密行动事务。但是，当参谋长联席会议做出了"战区（war zone）范围之内下图：20 世纪 60 年代在北卡罗来纳麦考尔营地进行第一阶段训练野外演习的一支特种部队训练大队。虽然有 M16 步枪和 M60 机枪可用，但学员携带的是 7.62 毫米口径的 M14 步枪和 M1919A6 机枪，仅仅是因为它们更重一些。（凯文·莱尔斯绘制，鱼鹰出版公司）

的游击队掌控一事应由国防部承担"的决定之后，中央情报局输掉了这场竞争。由于陆军负责地面战斗，所以组织游击队的任务也落到了陆军身上，空军则负责支援陆军。

与此同时，陆军还在犹豫要不要接受组建非常规作战部队的方案。陆军参谋长约瑟夫·劳顿·柯林斯将军支持这个想法并成功说服了当时的美国总统艾森豪威尔。陆军因此获得了 2300 个"岗位"，这些"岗位"主要是通过撤编此前的 14 个游骑兵连获得的。陆军当时的观点是，各支特种作战部队应具备相同的职能，且可以相互替代。这种观点在如今依然广泛存在，不过对这种观点的坚信程度已经有所松懈了。陆军为这支新的作战部队确定的名称是"特种部队"（Special Forces, SF），这个名称起源于 1944 年美国战略情报局和英国特别行动执行处所辖作战部队的统称。这支新部队的组织架构借鉴了以前的战略情报局行动大队指挥部的做法，但稍有扩充，以获得更大的自主性。

1952 年 4 月，阿龙·班克上校被派往陆军心理战行动处任职，该部门当时位于堪萨斯州的赖利堡，是陆军总参谋部学校的一部分。他后来又前往北卡罗来纳州的布拉格堡，为未来的陆军心理战学校和正在组建当中的陆军特种部队选址。1952 年 6 月 20 日，美军第 10 特种部队大队（空降）（10th SFGA）在布拉格堡组建完毕，阿龙·班克上校出任第一任指挥官。陆军对该部队的成立没有大肆张扬。成立之后，第 10 特种部队大队（空降）住进了一处第二次世界大战时期建成的兵营里，这里过去被称为"烟雾弹山"（Smoke Bomb Hill），"烟雾弹山"后来也成了陆军特种部队语汇词典里的一个固定用语。

第10特种部队大队（空降）的征兵工作始于1952年4月，征兵处为此发布了一个小册子，上面列举了志愿报名者所应满足的条件。这本小册子的措辞旨在吸引阿龙·班克上校希望寻找的人才：技能娴熟、性格成熟、愿意承担所在军阶之外的责任、海外旅行经验丰富且掌握了至少一门外语、乐意面对在普通部队中不会面临的风险。

第一批志愿者于当年5月出现了，正是阿龙·班克上校所期望的人才：伞兵和游骑兵，前战略情报局成员，前"梅里尔突击队"队员，绰号"魔鬼军团"的第1特战大队（1st Special Service Force）队员、突击营队员以及包括"洛奇法案"（Lodge Act）人员（流亡至美国，为换取美国公民资格而进入美军短期服役的人）在内的其他第二次世界大战期间存在过的特种作战部队的成员。也有一些年纪相对更小、经验不那么丰富的士兵报名，但无论是谁，无不业务精湛。

前战略情报局和其他单位的经验丰富的军官很快组成了一个训练团队，着手制订训练计划。所有的训练都从个体层面

下图：1968年1月，在加利福尼亚巧克力山附近沙漠中进行的一次演练期间，美军"海豹"突击队的学员正准备使用57毫米口径无后坐力炮射击。（美国国家档案和记录管理局）

开始,所有人员的训练都有各自的专门领域:行动及情报、武器、爆破、通信以及医疗。除了专门领域的培训,专业岗位轮换培训也开始了。

训练的重点放在有关非常规战争的诸多方面,包括安全保卫、破坏、编队以及情报的组织与运作、逃生及躲避方法等。随着训练的深入,训练逐渐转向小组层面,专业岗位轮换培训也在继续(或者在小组内部开展,或者在小组之间开展)。小组成员必须表现出进取心,有能力指导他人并具备领导能力和组织能力。

1952年10月,陆军心理战中心和学校在布拉格堡成立了,特种部队学校是其一部分。

1952年10月,第10特种部队大队(空降)在佐治亚州的查塔胡奇(Chattahoochee)国家森林开展了一次全大队参与的演习。演习策划人员将这次演习的情境设定为以前的"杰德堡"小组经历过的战斗。这次演习开创了陆军特种部队吸收平民参与演习的传统。生活在演习区域的平民扮演游击部队支持者的角色,为游击队提供生活条件和密件投递处、安全的住所、有关入侵者的情报并帮助游击队逃脱及回避敌军追捕。当地执法部门和佐治亚州陆军国民警卫队宪兵部队扮演入侵者(反游击部队)的角色。陆军特种部队各小组轮流扮演游击部队的角色。第10特种部队大队(空降)还在科罗拉多州的山地和寒冷天气条件下开展了两栖作战相关高级训练。下一阶段的训练是陆军训练测试(army training test),由第82空降师扮演入侵者角色,这成为陆军特种部队训练的另一项传统。这项训练测试取得了非常大的成功。1953年早期,第10特种部队大队(空降)的64名成员被派往朝鲜半岛,在远东司令部充当非常规作战顾问,但没有直接投入作战。

1953年6月,东柏林爆发了工人起义。起义很快就被镇压了,这起事件让陆军认识到需要将第10特种部队大队(空降)派驻欧洲,以便及时应对紧急事态。当年11月,第10特种部队大队(空降)大约一半兵力(782人)乘船前往德国。另一半兵力(主要是训练不足的新入伍者及一部分担负训练职责的军官和士官)留在基地里,着手组建第77特种部队大队(空降),该部于1953年9月23日组建完毕。抵达德国的第10特种部队大队(空降)住进了位于巴伐利亚州巴德特尔茨(Bad Tölz)镇上条件优渥的弗林特兵营。

在新的环境中,第10特种部队大队(空降)继续开展训练,让当地驻军扮演假想敌;德国边防警察、驻联邦德国美军以及北约驻军都是绝佳的游击部队和反游击部队的扮演者。在演习中,第10特种部队大队(空降)自身也为常规部队扮演入侵者的角色。不久之后，其他国家也组建了陆军特种部队有关的训练演习、交换项目以及移动训练小组。新组建的第77特种部队大队（空降）也完成了全大队级别的训练，开始为全世界范围内的部署做准备。心理战中心于1957年5月1日改称特种作战中心和学校（Special Warfare Center and School）。

从20世纪50年代开始，陆军特种部队开始将注意力转向远东地区。很显然，这个地区开始出现麻烦的苗头。1956年，第77特种部队大队（空降）训练成型，并派出2个特种作战训练小组进驻日本。这些人在各个东南亚国家执行训练任务。1957年，这2个小组进驻日本冲绳岛，作为在巴克纳堡（Fort Buckner）创立的第1特种部队大队（空降）的基干。第1特种部队大队（空降）随后部署到越南、泰国以及美国在亚洲和太平洋地区的其他盟国。

1959年7月，美军第77特种部队大队（空降）派出若干个小组前往老挝，执行训练老挝皇家陆军的"白星"（White Star）行动。1961年4月，这几个小组——后来被扩编为第1特种部队大队（空降）——改称"白星机动训练小组"，并在老挝一直待到1962年10月。1960年5月20日，第77特种部队大队（空降）改名为第7特种部队大队（空降）。20世纪50年代末期，在陆军眼中，世界上开始出现一股新形式的敌对力量。这种敌对力量不同于集结在西欧边境的大规模坦克集群，他们开始在西欧以外的其他地域，以游击战争的方式来达成其政治和军事目标。陆军特种部队开始关注非常规战争反暴乱作战这个特定方面。在某种意义上，陆军特种部队自身也必须化身为游击队，但他们首先要做的是训练一些小国的武装部队，帮助其打击游击队。

扩充和成长

约翰·F.肯尼迪总统对于世界各地频繁发生的解放战争感到忧心忡忡。他的这种考虑对于陆军特种部队的扩充具有非常大的影响。其中的逻辑很简单：最好的对付游击队的部队就是以和游击队相同的方式训练出来的部队。虽然非常规战争依然是陆军特种部队的主要任务，但协助作战逐渐成为其执行这种任务的重要内容。1961年10月，肯尼迪总统亲自视察布拉格堡，考察陆军特种部队的潜力。作战中心为肯尼迪总统的视察做了大量准备工作，第7特种部队大队（空降）向总统演示了各种作战技能和装备并最终给肯尼迪总统留下了良好的印象。在充分意识到世界局势正在发生重大转折之后，肯尼迪总统命令美国陆军扩充其特种部队的规模。

扩编一支需要高素质的人员和长期的

上图：约翰·F. 肯尼迪是一位十分看好特种部队前景的总统，他在美军中树立了精锐部队的观念，在此方面作出了比大部分美国总统更大的贡献。（美国国家档案和记录管理局）

第3、第6及第8特种部队大队（空降）组建完毕。为支持这次大规模扩充，美国陆军成立了特种部队训练大队，向各部队不断输送人员。1959年，美国陆军预备役和陆军国民警卫队内部组建了一些小规模的特种部队。到了1961年，这些部队扩充为美国陆军预备役第1、第9、第11、第12、第13、第17以及第24特种部队大队（空降）和陆军国民警卫队第16、第19、第20以及第21特种部队大队（空降）。

必须承认的是，这次大规模扩编确实从整体上降低了陆军特种部队的人员素质。选拔和训练标准出现了某种程度的松懈——尽管所有报名者依然是三取其一之后留下的精英，且依然比美国陆军常规部队的人员素质高很多。1965年，陆军首次准许第一次应征服役的士兵和少尉军官志愿报名加入特种部队。为争取公众的支持和足够的志愿者，陆军为此次特种部队扩编开展了宣传活动，这引起了一些老派军人的不满。尽管陆军此次大张旗鼓地扩编特种部队的计划出现了一些问题，但也存在好的方面。更大的征召力度和曝光度确实吸引了很多以前就有意愿但没有机会加入的优秀人才。如果不是因为这次扩编，某些新的特种作战装备和技术或许就无法被发明出来，对于个体和部队的训练都至为重要的资金也可能无法到位。尽管存在种种成长中的弊病，但陆军特种部队确实

专业化训练的部队，必然会引发一些内在的问题，陆军特种部队也不例外。已有的3个特种部队大队（空降）逐步扩大，提供了足够的人员，而且获得了更多的资金来购买一些非常需要的装备和开展一些极有必要的训练。1961年12月5日，为加强美军在东南亚执行任务的能力，第5特种部队大队（空降）组建完毕。1963年，

很好地完成了上级指派给他们的大量各式各样的任务。陆军特种部队以个人、分遣队或整支特种部队大队（空降）的规模部署到了世界其他地方。

由于冷战越来越"热"，在20世纪60年代，美军特种部队被部署到了世界其他地方。第1特种部队大队（空降）继续维持其在亚洲和太平洋地区的部署。他们执行的任务涉及民事行动项目、指导友好国家的军队及警察开展反暴乱训练、在东南亚直接开展特种作战（经常是为了支援其他此前就已部署在当地的陆军特种部队）以及帮助很多国家训练和发展壮大其自己的特种部队。老挝、泰国、菲律宾、越南、朝鲜半岛是第1特种部队大队（空降）活动最频繁的地区。

1963年12月5日，第3特种部队大队（空降）在布拉格堡组建完毕。该部队负责的区域是非洲，他们在喀麦隆、刚果、埃塞俄比亚、几内亚、肯尼亚、马里、塞内加尔等国家执行过小规模行动，其中绝大部分都不为人知。第10特种部队大队（空降）此前也曾在第3特种部队大队（空降）的"责任区"执行过任务，其中大部分任务都是小规模的顾问和支持性任务。但在1960年，第10特种部队大队（空降）也曾派出过一个特种作战小组，在刚果革命期间完成了一次营救200多名比利时难民的任务。

在第6特种部队大队（空降）（于1963年5月1日在布拉格堡组建完毕）开始执行任务之前的一个短暂的时期内，负责北非、中东和西南亚部分地区的是第10特种部队大队（空降）C连。到了1964年，第6特种部队大队（空降）正式接管了中东地区，在伊朗、约旦、巴基斯坦、沙特阿拉伯、土耳其等国执行训练任务，同时也帮助这些国家组建自己的特种部队。

出于对拉丁美洲局势的担心，美国开展了一次相比东南亚行动规模更大的行动。1961年，第7特种部队大队（空降）开始在拉丁美洲的各个国家开展顾问战争。1962年，第7特种部队大队（空降）D连进入巴拿马运河地区。到了1963年，美军以第7特种部队大队（空降）D连为基干，4月1日在古利克堡（Fort Gurlick）组建了第8特种部队大队（空降）。该部几乎向拉丁美洲的每一个国家都派出了部队，执行了各种特种作战任务。

尽管陆军特种部队在全世界范围内成功执行过各种任务，但其主要的隐忧却在越南，绝大多数美国人以前甚至没有听说过这个地方。第一支在东南亚执行任务的陆军特种部队是第77特种部队大队（空降）派出的一个分遣队，其任务是训练泰国的游骑兵部队，时为1954年。陆军特种部队派往越南的第一支部队是美军第14

特种作战分遣队，该部由一些来自第 77 特种部队大队（空降）的人员组成，他们曾短期内在那里指导越南突击队的组建和训练工作。

越南

自 1950 年之后，美国就以美国军事顾问团的形式在越南南方派驻了军队。第 1 特种部队大队（空降）派出的第一个小组于 1957 年末抵达越南。此时的越南已经分裂为南北两方。越南独立同盟会击败了法国派驻此地的军队之后，东南亚地区的原法兰西联邦各成员国先后获得了独立。越南分裂成共产党领导的"越南民主共和国"和亲西方的"越南共和国"。经过了一段短时间的和平之后，越南南方民族解放阵线（national liberation front）及其领导的武装力量游击队（VC）开始

下图：约翰尼·F.库珀上士在指导一群山民如何使用 60 毫米口径迫击炮。这种培训遇到的主要困难是语言问题，在库珀左边半跪着的是一名翻译，负责把库珀的话由英语翻译为越南语，在库珀背后站着的是另一名翻译，负责把库珀的话由越南语翻译为山民的语言。（美国国家档案和记录管理局）

在越南南方各处积极活动。他们得到了越南北方政府的支持，其形式包括输送补给、武器和骨干人员。

1957年，陆军特种部队开始在位于芽庄（Nha Trang）的突击队训练中心训练越南南方突击队。这些人员成为此后组建的越南南方特种部队的种子。不久之后，美军第77特种部队大队（空降）[后来改称第7特种部队大队（空降）]的人员开始训练越南南方的第一支游骑兵部队。此后，陆军特种部队的主要任务就是指导越南南方陆军（ARVN）组建自己的特种作战和进攻性非常规作战部队。到了1961年，驻越南南方的美军顾问的主要任务转变为促使越南南方陆军成长为一支能够抵挡越南北方军队发起的进攻的常规部队，其职责发生了重大变化。

在20世纪60年代早期，越南南方政府对于越南中部高地（central highland）和湄公河三角洲的大部分地区几乎没有任何军事或行政掌控力。这个问题非常致命。同样致命的是，上述地区的越南少数民族和宗教群体对于越南南方政府也是素无好感。将土著群体转变成为一支对己有利的武装部队一直是陆军特种部队的一个明确设想。这些少数民族和宗教群体世世代代生活在偏僻的农村地区，他们早就习惯了种种艰辛和磨难，而且熟悉当地环境，生存能力极强。不过，由于其居于少数地位，他们通常会遭到政府的漠视、歧视甚至迫害。在所有少数民族和宗教群体中，各自所面临的境况又有区别，有的安于现状，有的则对政府分外仇视，近乎要发动叛乱。无论是哪种情况，他们都可以被任何一方利用，只取决于哪一方首先接近和拉拢他们。就越南南方的情形而言，几个世纪以来的矛盾是根深蒂固的，无法轻易抹除。

越南境内生活着大量民族性与宗教性少数群体，越南南方政府一直不重视这些人。游击队开始利用这些少数群体。为了确保这些关键区域的安全，扩充越南南方政府的领导力，限制游击队对这些少数民族和宗教群体的煽动，最终将少数民族和宗教群体纳入政府管辖，美国陆军决定派遣特种部队进入这些地区，在越南南方的各少数民族和宗教群体中组建地方性自卫部队。

陆军特种部队在越南南方的工作重心是"民众自卫队"（Civilian Irregular Defense Group, CIDG）计划。该计划始于1961年的"区域发展计划"（Area Development Program），第2年改称"民众自卫队"计划。"民众自卫队"是美国陆军的平民佣工，不属于越南南方陆军的体系。这些人的征召、训练、装备、饮食、住所和薪资皆由美国陆军特种部队提供。

"民众自卫队"计划最初只招募越南中部高地的居民,这些人不属于越南的主体民族,而且长期遭受越南主流群体的歧视,被称为"贱奴",不被视为越南公民。这些少数民族和宗教群体内部没有统一的语言,在某些特别偏僻的地区,甚至相邻两个村庄的人也很难理解对方的语言。只有其中最为开化的2个部族——嘉莱族(Jarai)和埃地族(Rhade)拥有简单的书面语言。陆军特种部队的人员很快与这些人建立起了密切的关系,甚至有不少人经过一个隆重的仪式成了这些部族的一员。1964年,部分埃地族突击部队的人发动暴乱,杀死了一些越南南方特种部队成员。陆军特种部队设法从中斡旋,促使双方和平解决。

1961年,陆军特种部队在越南建立了第一座实验性营地。该营地位于邦美蜀(Ban Me Thuot)附近的奔恩奥(Buon Enao),驻扎有第7特种部队大队(空降)A-35分遣队约一半的人员。这项计划目的在于组建并训练当地大约40个村庄的乡村和地区防卫部队。这项计划非常成功,到了第2年,有超过200个村庄参与进来,武装了12000名埃地族高地居民。

1962年期间,美国驻越南南方军援司令部(MACV)和美国中央情报局派出的"美国行动代表团",在越南南方实施了大量互相独立的准军事项目。到了1963年7月1日,这些项目都合并入陆军特种部队主持的"民众自卫队"计划。

除了村庄安全和防卫,"民众自卫队"还逐渐承担起了其他各种更具进攻性的任务。山地突击队——后来改称"山地侦察队"——训练中心成立。完成了这里的训练之后,学员们开始在偏远地区执行侦察任务。另一项名为"小道看守者"(Trailwatchers)——后来改称"边境监视者"(Border Surveillance)——的计

越南南方特种部队

越南南方特种部队是在1957年以第14特种部队作战分遣队训练的58名越军为基础建立的。他们成为第77观测大队的特种作战部队的骨干人员。经过多次整编后,在1963年演变为越南南方特种部队(LLDB)司令部,规模相当于美军的特种部队大队。每个突击营地都配属有1个特种部队分队(比美军特种部队分队的编制略小),但美军特种部队和越南南方特种部队之间的关系并不怎么样。各营地的美军和越南南方军分队间彼此的态度各有不同,从忽视对方到相互敌视,但在大多数情况下,或多或少地还算过得去。一般来说,越南南方特种部队负责营地的日常管理与运作,美军特种部队负责指挥突击部队进行作战行动。造成矛盾的原因很多,文化冲突是其中较为常见的一个。越南南方特种部队训练水平不如美军特种部队,在接受了美国人为期6个月的强制性训练后,还会进行更进一步训练。越南南方特种部队内部存在着腐败、懒散和厌战的人,但也有很多成员不是这样。美军特种部队分队与配属给他们的越南南方特种部队分队之间发展出良好关系的例子也不少。

对页图:1963年在越南的美军特种部队上士。他穿着的是M1956式个人携行装具,该型号装具配有专供在越南地区使用的背囊。个人携行装具在第二次世界大战时期和朝鲜半岛战争时期就已被广泛使用。脚穿的早期热带作战靴(丛林靴)带有测试性质,因此此类靴子的外形有多种形制。(凯文·莱尔斯绘制,鱼鹰出版公司)

划主要承担边境地区的监视和反渗透任务。中部高地的村庄防卫计划后来扩展至越南南方的其他地区。截至1963年年末，陆军特种部队的2个B队和22个A队组织并指导着总兵力达18000人的"民众自卫队"突击部队和达43000人的"村庄民兵"（hamlet militia）（即原来的"村庄自卫队"）。

美国陆军特种部队驻越南部队（暂编）（USASFV）规模很小，于1962年9月成立，其职能是指挥在越南作战的所有陆军特种部队。第1、第5及第7特种部队大队（空降）以轮替的方式进入越南参战，轮替周期为6个月。这种方式的优势在于可以维持各特种部队小队的完整性，但牺牲了工作的连续性，每一支刚刚抵达越南的特种部队小队都必须从头熟悉作战地域、其他友军以及有效的作战办法。每一支即将奔赴越南的陆军特种部队小队都会预先获得其作战地域和任务相关信息，抵达之后的第一件事就是参加情况和任务简报会并进行熟悉性巡逻。到了1964年，"民众自卫队"开始积极开展突击任务，而且越南中部高地居民以外的其他少数民族和宗教群体也参与进来了。这些少数民族和宗教群体和美国特种部队顾问之间很快建立起了相互尊重和忠诚的关系。

尽管"民众自卫队"突击部队与陆军特种部队之间的密切关系非常有益于美越之间联合军事任务的完成，但这种关系同时也几乎彻底排除了越南南方特种部队（LLDB）对很多"民众自卫队"突击部队的指挥权。名义上，以越南裔为主体、对"民众自卫队"心怀歧视的越南南方特种部队是"民众自卫队"的上级，而陆军特种部队只是"民众自卫队"的顾问，但实际情况则往往与此迥异。

另一个相对不那么重要的问题是，美军常规部队和美军高层往往将"民众自卫队"视为陆军特种部队的"私有军队"。让这个问题看上去更为突出的一个事实是，"民众自卫队"所辖各突击连和战斗侦察排事实上往往由陆军特种部队派出的下级士官指挥，而在美国陆军的常规部队当中，连级部队的指挥官通常是上尉或中尉。不止一位美军常规部队的营级指挥官曾经诧异地发现：指挥"民众自卫队"连级部队与自己的部队协同行动的陆军特种部队人员往往只是1名下士。

1964年9月，陆军特种部队驻越南部队（暂编）撤编了，美军第5特种部队大队（空降）重新部署到越南，其所辖小队渐次抵达。截至此时，陆军特种部队在越南拥有约40个派驻营地。陆军特种部队驻越部队每6个月轮替一次的办法也成为历史，和其他美军人员一样轮替周期变成了1年。这就意味着每个特种部队小队都将进驻某一固定的营地，小队队员交替驻扎或回国，这就确保了其在越南的顾问工作的连续性。任何时候都有熟悉当地环境和其所指导的"民众自卫队"突击部队的"老手"待在队里。美军第5特种部队大队（空降）的抵达也标志着"民众自卫队"计划又一次扩充。

越南战争迅速升级。越南人民军（NVA）部队和大量的补给及装备经过胡志明小道（经由老挝和柬埔寨）不断输入越南南方。截至1967年，越南战争已经不再是一场游击战争了，双方都投入好几个师兵力的大规模战斗不断发生。

在越南指导"民众自卫队"突击部队的陆军特种部队的主要任务包括阻断渗透、防卫行动以及搜集各类情报。

派驻越南的陆军特种部队的另一项职责是指导存在于某些地区的被称为"区域和大众武装"（Regional and Popular Forces, RF/PF 或 "Ruff-Puffs"）的地方民兵部队。截至1969年，"民众自卫队"已经成长为一支装备精良并且训练有素的部队，其中将近40000人是"守营突击部队"，另有数千人属于"机动突击部队"（Mobile Strike Forces，"Mike Force"）即所谓的"麦克"部队和侦察部队。所有这些部队都由总人数有2300人的陆军特种部队驻越部队训练、指导和支援。

下图："民众自卫队"营地的突击连动身进行一次巡逻。背景是一座充当营地行政楼的当地典型木屋，这种木屋毫无防护能力。木屋侧面安有放映室外电影用的幕布。（美国国防部）

"机动突击部队"得以诞生,源于陆军特种部队驻越部队需要一支由自己直接指挥的快速反应部队,其任务是在营地遭到进攻或突袭时迅速提供支援。美国驻越常规部队和越南南方陆军部队无法做到"随叫随到",也无法完全按照陆军特种部队驻越部队的要求行动。组建承担营地守卫支援任务的"机动突击部队"的想法源自1964年末期成立的绰号"鹰飞"(Eagle Flight)的第2军快速反应部队。到了20世纪60年代早期,"机动突击部队"这个称谓也被用来指代那些组建于某一战区的由当地人组成的快速反应部队。1965年7月,美军正式授权陆军特种部队驻越部队为其每一个C队组建、配备一支营级规模的由当地人组成的"机动突击部队"。美军第5特种部队大队(空降)还征召当地人,额外组建了面向全越南的后援部队("第5机动突击部队")。每一支"机动突击部队"都由一个陆军特种部队A队指挥。直到1966年末,越南南方特种部队小队才第一次进入"机动突击部队"。也是在同一年,每支"机动突击部队"的规模已经增长至2~5个营,外加1个侦察连。

1967年末,陆军特种部队驻越部队为每一个"机动突击部队"配备了一个B队,将"机动突击部队"司令部置于特种部队大队(空降)的直接指挥之下。"第1机动突击部队""第2机动突击部队"以及"第5机动突击部队"主要由越南中部山民组成,"第3机动突击部队"和"第4机动突击部队"主要由侬族人和柬埔寨人组成。他们都在越南南方特种部队训练中心的跳伞学校取得了空降兵资格,接受过其他各种进攻性战术和技能训练,其武器装备的火力也更强于"守营突击部队"。"机动突击部队"参加过大量为陆军特种部队驻越部队解围的行动。此外,他们也多次自主开展攻势作战,1967年和1968年期间就曾分别发动过4次(其中1次为营级规模)空降攻击行动。

"机动突击部队"的一个分支是成立于1966年中期的机动游击部队(Mobile Guerrilla Force,MGF)。每个机动游击部队包含1个接受过专门训练的"民众自卫队"突击连和1个侦察排,完全由陆军特种部队的A队指挥,与越南南方特种部队彻底无关。每个机动游击部队都有自己的防区,其任务是深入渗透、开展伏击和突袭作战[代号"黑杰克"(Blackjack)]。这些行动非常有效。到了1967年末,机动游击部队被并入扩充之后的"机动突击部队"。陆军特种部队在越南的活动于1969年时达到了顶峰。

美军第5特种部队大队(空降)的内部编组和部署情况是:特种部队作战基地位于芽庄,包括"群"司令部、通信连、后勤支持中心、第5"机动突击部队"司

对页图:图中的M18A1式"阔剑"人员杀伤地雷是特种部队在越南使用的武器中很具杀伤效能的伏击武器。它的外壳正面是呈弧形的矩形玻璃纤维,内部是镶嵌有704颗钢珠的塑料基底模,背面是680克的C4塑料炸药。(凯文·莱尔斯绘制,鱼鹰出版公司)

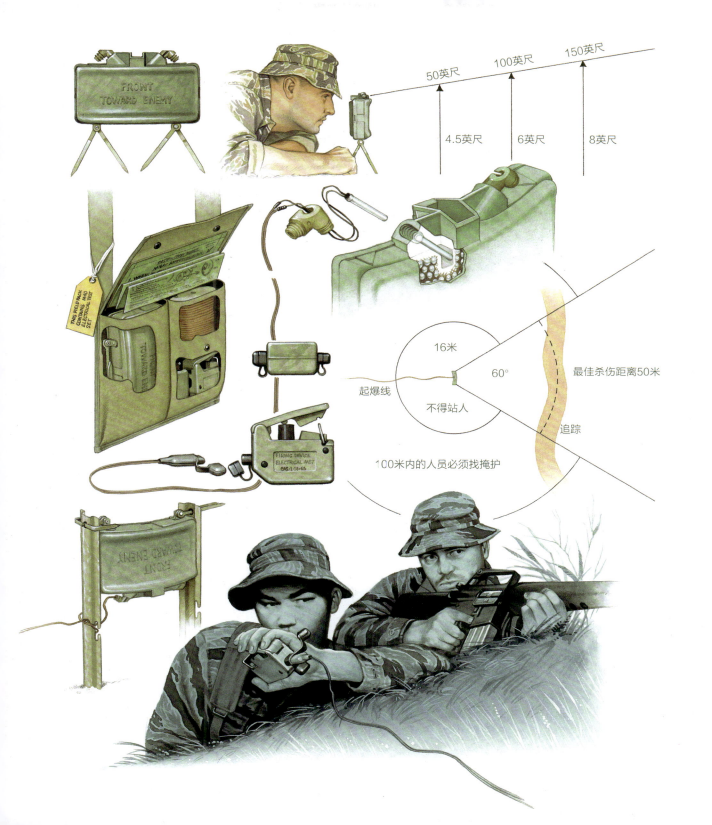

令部（特种部队作战基地 B-55）以及其他众多特种分队（军事情报、通信、工程等）。美国驻越南南方军援司令部雷孔多侦察／突击队员学校（Recondo School，创立时间是 1966 年）也设在芽庄。美军第 5 特种部队大队（空降）C 连、B 连、A 连、D 连分别负责第 1、第 2、第 4 战术区（Corps Tactical Zone, CTZ）。每连下辖 1 个 C 队、2~4 个 B 队、8~14 个 A 队。E 连是一个特种任务连，包含 8 个 B 队。除了 E 连，美军第 5 特种部队大队（空降）各连的 C 队与越南南方特种部队的 C 队同地办公，指挥各自的 A 队和 B 队并为其提供后勤支持。美军第 5 特种部队大队（空降）各连都将其一个 B 队派驻第 5 "机动突击部队" 司令部，其他 B 队（通常都部署在越南南方的某个省会城市）则各自指挥着数目不等的 A 队。

每个 "守营突击部队" 下辖 3~4 个 130 人的连、1 个战斗侦察排以及 1 个政

下图：在越南的特种部队营地看上去都是破败不堪的，它们总是在不断重建、维修、改进，从来就不曾有完工的时候。（美国国防部）

治战（Political Warfare）民事行动小组。很多陆军特种部队驻越部队的营地都配备了1个来自越南南方陆军的炮兵排。各特种部队兵营通常建在一个较为偏僻的地点，方便他们开展边境侦察和封锁行动，甚至可能建在某个更加偏僻但适于截断渗透通道的地点。美国陆军特种部队大队（空降）各连轮流执行战斗巡逻、兵营保安和训练任务，任务周期为一个星期。美国陆军特种部队驻越部队和越南南方陆军特种部队的连队通常以2∶1的比例组成联合部队，协同参加每一次行动。他们的战术责任区（TAOR）面积为60～120平方英里（100～200平方千米）。特种部队也经常与驻越美军和越南南方陆军的常规部队展开联合行动。

"守营突击部队"的确有其局限性。作为一支准军事性组织，一旦被派遣至某个远离故土的地区执行任务，他们就缺乏积极性。由于其训练水平有限和纪律较为

下图：所有的特种部队士兵都要求具备特殊的专业技能。图中通信军士们正在加密和传输信息。（美国陆军）

松弛，他们承担复杂、远程及长时间的任务的能力较为有限。他们只装备了轻型武器，开火纪律有时候松懈且无法捉摸。尽管存在这些局限性，"民众自卫队"还是非常适于执行侦察、封锁及袭扰任务，他们执行任务的方式与游击队非常相像。初期，陆军特种部队驻越部队的营地建设大多是就地取材、因陋就简且防护薄弱。宿舍和支援性建筑是由废木材、瓦楞铁、原木和茅草建成的。防护措施包括一些机枪碉堡、少量迫击炮掩体、一道环绕战壕或者人造土堤、一些带刺铁丝网，有时候还有一些浅浅的护城河。到了20世纪60年代中期，这些营地开始加固成所谓的"战斗"营地。增添了更多的机枪、迫击炮和无后坐力炮，加强了防御带战斗阵位，布置了更多的带刺铁丝网和蛇腹形铁丝网，还布置了克莱莫定向杀伤地雷，并构筑了一道内圈防线。

有时候，即使外圈防线被敌军攻克了，内圈防线也能独立坚守一段时间。内圈防线包括陆军特种部队驻越部队及越南南方特种部队的住所、交通壕、补给室以及弹药储存库。外圈防线包括"民众自卫队"及其家属住宿区（如果他们不是住在附近村庄里）。很多营地都可以做到自给自足，有裁缝、理发店、医疗所、学校以及娱乐设施。大多数营地还设有简易跑道，全部建有直升机起降坪。在很多地形崎岖的山区，尤其是在湄公河三角洲，营地不具备建设简易跑道的条件，只能以直升机或船只进出。由于每年一次的大洪水，湄公河三角洲的营地甚至只能建在浮坞之上。

美军第5特种部队大队（空降）还在越南开展各种特殊行动，由E连统一指挥，这些行动的主要目标是远程侦察和情报搜集。这些行动大多以"希腊字母"命名。如"德尔塔计划"（执行单位是B-S2特种部队作战分遣队）始于1964年，"欧米茄计划"（执行单位是B-S0特种部队作战分遣队）和"西格玛计划"（执行单位是B-S6特种部队作战分遣队）始于1966年。这些特种部队作战分遣队内部包括若干侦察小队、若干"走鹃"（roadrunner）小队（伪装成游击队/越南人民军）以及一支快速反应部队。情报搜集活动通过"伽马计划"（执行单位是B-S3和B-S7特种部队作战分遣队）来开展。这些远程侦察和情报搜集活动不仅在越南开展，其中一些任务还会渗透至越南的邻国。B-S7特种部队作战分遣队负责运作越南南方特种部队训练中心，该中心同时也为"民众自卫队"提供各种培训。

"美国驻越南南方军援司令部研究与观察组"（MACV-SOG）是一支组建于1964年1月的多兵种联合特遣队，专司越南战场上的非常规战争。该部起初将司

对页图：1970年，第5种特种部队大队（空降）上士。从20世纪60年代初起，美军研发了大量用于越南战场的装备。这些装备必须能耐受干湿交替的恶劣环境、炎热的热带气候和各种粗暴的使用。（凯文·莱尔斯绘制，鱼鹰出版公司）

上图：1名士兵在位于东巴辰的特种部队跳伞学校。该校由"机动突击部队"管理，条件比乔治亚州本宁堡的同类学校艰苦得多。（美国陆军）

令部设在西贡附近的堤岸（Cholon），后于1966年迁往西贡。该部当中的美军成员都是特种部队，他们的报到单位是"特种作战增强群"，并以第5特种部队大队（空降）为掩护。但事实上，"美国驻越南南方军援司令部研究与观察组"并不是第5特种部队大队（空降）的一部分，而且并非一支陆军特种部队。该部的任务是为"越南特种开发处"（Vietnamese Special Exploitation Service）也即后来的"越南战略技术局"（Strategic Technical Directorate）提供建议和支持。

"美国驻越南南方军援司令部研究与观察组"所辖地面侦察部队被编成"指挥与控制（北部）""指挥与控制（中部）""指挥与控制（南部）"三部。这些部队深入北方的越南民主共和国、老挝以及柬埔寨开展侦察任务和直接行动。这几支部队内部组成都包括斯派克（Spike）侦察小队、哈切特（Hatchet）突击排和斯拉姆（SLAM）开发连。驻越美军从1970年开始撤出。陆军特种部队驻越部队也开始分批退出其在越南实施的各项计划，将其中大部分计划移交给"越南共和国"陆军。陆军特种部队驻越部队的兵营或者转变为"区域和大众武装"民兵部队的营地，或者成为越南南方陆军游骑兵司令部麾下的"边境游骑兵"（Border Ranger）的营地。原来的"机动突击部队"也改编为"边境游骑兵"。

"民众自卫队"于1970年12月31日正式解散。侦察计划也于1970—1972年停止。第5特种部队大队（空降）终止了其在越南的行动，于1971年3月3日返回本土布拉格堡，利用第6特种部队大队（空降）的各项设施进行了重整。

其他陆军特种部队驻越部队在越南待

了更长一段时间。"美国驻越南南方军援司令部研究与观察组"于1972年4月终止运作。驻越美军组建了规模更小的"IS8越南战略技术指导支援小组"(Strategic Technical Directorate Assistance Team IS8)接替研究与观察组的职责,直到其于1973年3月解散。

美军驻越南单兵训练大队(UITG)组建于1971年2月,该部人员来自B-36特种部队作战分遣队(原来的"第3机动突击部队")。其任务是训练柬埔寨步兵营,并将他们送回柬埔寨与"红色高棉"作战。1972年5月,美军驻越南单兵训练大队改称高棉国家武装力量(FANK)训练司令部,继续执行相同的任务,直到于1972年11月撤编。陆军特种部队驻越部队还曾作为"联合伤亡解决方案中心"(Joint Casualty Resolution Center)的成员重返越南,时间是1973—1975年。

除了越南,陆军特种部队也在东南亚其他地区执行任务。在老挝行动的"白星"机动训练小队只是其中一例,在泰国也有过一次重大行动。第5特种部队大队(空降)D连(加强连)于1966年4月15日在布拉格堡成立,并于当年10月被部署到泰国。利用第1特种部队大队(空降)D连(加强连)的人员和装备,美军于1967年4月15日在泰国的华富里(Lop Buri)组建了第46特种部队连。第46特种部队连的任务是训练泰国皇家陆军特种部队、游骑兵以及边境警察并为其提供顾问。该部也进入老挝和柬埔寨执行各种特殊行动,还为泰国的"皇后的眼镜蛇"团和"黑豹"师充当顾问(这两支部队也被派往越南参战)。1972年3月3日,美军利用第46特种部队连的人员和装备组建

下图:第3军基础训练中心左澄营地,1名特种兵正指导来自非正规民兵防卫大队的学员使用M79榴弹发射器射击。(美国国家档案和记录管理局)

了第1特种部队大队（空降）第3营（在当时，这支部队的番号是保密的），其掩护性番号是陆军特种部队驻泰国部队。撤离泰国之后，第1特种部队大队（空降）第3营于1974年3月27日撤编［事实上该部从来不曾隶属于第1特种部队大队（空降）］。

美国陆军特种部队的训练历程

一般人对于越南战争期间的陆军特种部队的印象距离真相其实很远，而《第一滴血》系列中的约翰·兰博等牵强附会的电影形象是造成这种误解的重要原因之一。公众的误解还来自罗宾·摩尔的《绿色贝雷帽》（1964年）一书对于陆军特种部队更加"绚烂"的小说化描绘，以及约翰·韦恩的同名电影《绿色贝雷帽》（1968年），还有贝里·萨德勒（Berry Saddler）创作的流行歌曲《绿色贝雷帽之歌》（1966年）。其他加重这种误解的因素还包括各种相关谣传、猜想、战争传奇以及约翰·F.肯尼迪特种作战中心宣扬其对抗"人民战争"的种种努力。

士兵总是社会的产物，陆军特种部队的士兵往往揭示出美国社会的价值观。大部分陆军特种部队成员在本性上都是保守的，几乎不关心政治事务。典型的陆军特种部队士兵的智力水平都比较高，身体素质比其他伞兵还要好，他们大多性格温和，富有幽默感（就越南战场而言，这项素质非常重要）。他们的出身包括重度酗酒者、绝对禁酒者、硬派职业军人、"红脖子"、牛仔、知识分子、冲浪运动员、机车党等等。完全不是某些好莱坞人士臆想的那种极右翼人士。

在训练的过程中，陆军特种部队的人员确实会有一些以非特种部队人员为对象但不带偏见的插科打诨和戏谑，但他们总体上并非一群野蛮、反叛、难以适应社会的人——尽管某些高级指挥官对此另有看法。无论如何，他们在业务技能上确实高人一筹。这些人性格、背景迥异，但又具备一些共同点。大多数人都希望获得一种不同寻常的经历，希望迎接挑战、证明自己，他们同时也是温和的爱国主义者（在当时的美国并不受欢迎）。公认的一点是，大多数特种部队成员都不信任专横的、渴望权力的、过于追求事业的职业军官。

尽管这并非当初招募、选拔程序追求的目标，但总的来说特种部队成员的身上确实具备不少共同的特质。他们大多数具备一定的反叛性和独立性，但完全有能力与团队里的其他成员协作。他们大多对共产主义不感兴趣，但这并非是因为政治教化。他们是三重身份（美国陆军、空降兵以及特种部队）的志愿者。他们的年纪至少是在20岁以上，通用技术得分（智力商数之一）达到了常规部队的军官水准，

左图：斯通纳63武器系统是一种具有前瞻性的尝试，目的在于制造一种供步兵使用的、模块化突击步枪／轻机枪。尽管没有被美国军方大量采购，但在越南的美军特种部队，特别是海军的"海豹"突击队很好地使用了它。（美国国家档案和记录管理局）

没有刑事档案记录。尽管很多人都曾有过轻微的触犯法律事件，但他们都接受过忠诚调查。他们来自社会各个阶层，尽管没有相关确切数据，但少数族裔在陆军特种部队中确实是极少数。陆军特种部队中的黑人、西班牙裔、印第安人以及其他少数族裔比例远低于整个美国陆军的水平。不过，一旦进入了陆军特种部队（且证明了自己是1名合格的特种部队成员），种族歧视的事情极其罕见，整个团队会全心全意地接纳你，上级几乎从来没有收到过这方面的投诉。宗教信仰方面的差异也从来不会成为一个议题。在一个典型的陆军特种部队A队中，其成员的年龄差距可能在20岁以上，年轻的还是初入行伍的小伙子，年长的小队长则可能不久之后就要退休了。各位成员的军事经验大抵都非常丰富且多样化。

陆军特种部队的士兵勤奋努力且精力充沛。不少人有酗酒的倾向，但（就当时而言）烟民比例较低（当时香烟还是美军战斗口粮中的一部分）。虽然有一些人容易惹麻烦，但他们通常不会"堕落"到面临遭开除的境地，他们依然是很好的战士。部队成员之间偶尔存在争执，这些争执往往起源于在战斗及训练中的失误或误会、关于晋升的竞争、婚姻问题（在所有美军部队中，特种部队成员的离婚率是最高的）以及强势人物之间必然会发生的冲突。

陆军特种部队并不是一个固定机构，其士官偶尔会被调到其他岗位，但大多数时候会在特种部队中待到退伍。不过军官们都是短期任职的，在特种部队的任期结束之后又会回到其原来的单位，大多数不会再回特种部队任职。少数军官会在陆军特种部队中待上很长一段时间（这会制约他们的职业前途），这一类人对于陆军特种部队的未来演进和发展非常重要。但是，定义这个组织属性的还是那些职业的特种部队资深士官。

陆军特种部队抵触军队内的一切体制化和程序化做法。他们尽量避开各种成立日、仪式、宴会、士官院校入学典礼等。陆军特种部队的重要社交活动是在驻区或某人家里举行家庭式烧烤聚餐（甚至在越南也是如此）。他们基本上只忠诚于一个概念：特种战争。很多陆军特种部队成员几乎不愿意承认其与美国陆军的关系，他们认为自己的组织是美国特种部队（USSF），而不是美国陆军特种部队（USASF）。

如果特种部队大队被命令去参加在布拉格堡举行的退役仪式，其所辖5个特种部队连很可能以各自不同的方式进入阅兵场，到达集合地之后才聚在一起，然后又以各自不同的方式离场。事实上，上级不会试着让这群人列队进入阅兵场或者进行队列检阅。在陆军特种部队看来，其他陆军太过刻板、管制太多，也太过喧闹。陆军特种部队对于常规部队中军官们对待士兵的方式感到惊骇不已，尽管他们各种纪律标准都很高。在陆军特种部队内部，甚至二级技术兵和下士也具备相当程度的自由度和责任。

在陆军特种部队中，最重要的"姿态"是：无论军阶，所有人都必须想尽一切办法去完成任务。驻扎在布拉格堡的美军第82空降师的伞兵们曾经惊愕地看到，在陆军特种部队，资深的军士长、上士竟然和二级技术兵一同清理营区的松果或整理降落伞，就因为这个任务被分派给了这支A队。这就是陆军特种部队高效的主要因素，这也是服役不到2年的陆军特种部队下士有能力在越南独立领导一整连的他国士兵的原因所在。

正是由于上述各种因素的综合作用，陆军特种部队才成为由一个个训练精良的个体"焊接"而成的整体，富有弹性、创造力、想象力，经验丰富且成熟，渴望顺利完成上级交办的一切任务。

由于没有僵硬的教条限制，他们能够充分发挥自主性，在各种不同寻常（且经常孤立无援）的环境和条件下完成各种任务，还能做到隐秘且不引起政治反响。面对上级交办的任务（无论是一件微不足道的事情还是去组建并训练一支村庄防卫部队），陆军特种部队成员的共同态度是："告诉我你希望达成什么目标，我一定办到，但我不需要你告诉我怎样办。"

加入了陆军特种部队的美国人都曾有在美国陆军正规军中服役的经历。很多人此前就取得了空降兵资格。在佐治亚州本宁堡开展的为期3周的空降兵课程（跳伞学校）要求学员具备很好的身体素质和学习表现。

军人有几个途径志愿加入陆军特种部队。一些人（经过档案筛选之后）是参加基本作战训练（BCT）或空降兵课程（Airborne Course），然后由负责招募工作的陆军特种部队士官挑选。陆军特种部队的招兵工作不设额定人员，招募人员会设法打击有意向加入的人员的意志。有些人会在服役两年甚至更久之后报名参加选拔，第82、第101空降师的人通常是选择这条途径。尽管陆军特种部队的报名者大部分都是步兵出身，但他们具备各种军事职业专长（MOS）。正因为某些人具备不同寻常的军事职业专长，以步兵为主的陆军特种部队才有了更加广泛的背景。

和美国陆军中的其他规定一样，报名加入陆军特种部队的人必须是陆军、空降兵、特种兵三重志愿者的规定有时候可以灵活处理，其目的在于招募到真正合适的人。志愿加入美国陆军满3年的士兵被称为"正规军"（Regular Army），其编号

上图：1970年，在同奈河沿岸的关禄东北部的一次巡逻中，第75步兵团游骑兵H连第22分队的四级技术军士吉姆·梅森吉尔正在汇报消息。（美国陆军）

会加上"RA."前缀。遵照义务兵役制的要求[1]入伍2年者,其编号会加上"US."前缀。如果是义务兵要加入陆军特种部队,他必须将其服役期延长至3年甚至更长,然后其编号也会加上"RA."前缀。接受了完整的陆军特种部队训练的士兵,都必须至少继续服役18个月。而如果是来自"正规军"的士兵(需要接受相关专门训练课程)要加入陆军特种部队,他就可以免除本该接受的前述专门课程训练。美国陆军的初级军官要想加入陆军特种部队殊为不易。越南战争期间,所有美军部队都面临着严重的军官短缺。中层指挥官很不情愿优秀的初级军官流失,他们会警告那些有此打算的初级军官:这将不利于他们的晋升。

陆军特种部队的军官可能来自任何具体的战斗性兵种:步兵、装甲兵、野战炮兵或高射炮兵、工程兵以及宪兵。军事情报、通信、医疗、军需官等也可进入陆军特种部队承担支持性职能岗位,他们不一定需要参加陆军特种部队军官课程(SF Officer Course)。不过,在加入之前,他们必须完成其所在兵种的基础课程。

所有报名加入陆军特种部队的人都必须通过美国陆军体能测试(APRT),达到空降兵的标准,并通过水中战斗生存测试(CWST)。士兵还必须另外通过一项名为陆军特种部队成员选拔成套测验(Special Forces Selection Battery)的智力测试,包括个性、重大决策、自我定位(利用一系列的图片来开展)、莫尔斯电码能力倾向测试——很多人会有意让自己通不过这项测试,以免加入特种部队之后被分派到一个不受欢迎的岗位上去。

所有加入美国陆军的人都要参加一项为期8周的基本作战训练课程。美国陆军总共有12个开展这项训练课程的训练中心(战时会有所变化),可帮助新兵打下良好的军事技能基础,包括体能、徒步操练、军队习惯和礼仪、刺刀和近身格斗、单兵作战技能、急救以及最重要的步枪射击(持续2周)。在基本作战训练课程中,除了步枪射击,还有一个武器训练项目是手榴弹的使用。

基本作战训练课程结束之后,接下来要开展的是高级单兵训练(AIT),主要是让新兵们增强某些军事职业专长,训练地点是前述12个开展基本作战训练课程的训练中心之一,或者针对某一兵种或军事专长的学校(超过20个)。高级单兵训练短则8周,长则数月,具体取决于某人所要强化的军事职业专长是什么。步兵轻武器高级单兵训练(MOS 11B)为期8周,美国陆军总共有7个步兵训练中心可提供这种训练。除了位于新泽西州的迪克斯堡(Fort Dix),另外6个可提供步兵轻武器高级单兵训练的训练中心都是"面向越

对页图:特种部队士兵在越南丛林中与敌人交火。他们使用的是三款当时经典的轻武器:M16A1突击步枪、M60机枪、M79榴弹发射器。(凯文·莱尔斯绘制,鱼鹰出版公司)

[1] 美国现行的兵役制度是"全志愿兵役制",即军方招募,符合条件的年轻人志愿报名入伍。该制度是1973年3月尼克松总统在美军全部撤出越南之后宣布实行的。此前,美国曾实行过民兵制、募兵制、义务兵役制等兵役制度。不过,即便是在义务兵役制时代,美国军队也主要是一支志愿型的部队。义务兵需要在某一军种内服2年或少于2年的兵役。——译者注

上图：1名特种部队学员奋力跳出10.4米高的塔楼，在借着缆绳滑到土墩前他会下落几英尺，这一过程的感受很大程度上与从飞机内跳出相似。（美国陆军）

3周的机枪、自动步枪、40毫米口径榴弹发射器、反坦克武器训练。基本作战训练和步兵轻武器高级单兵训练每周训练5天，每天训练10～14小时，周六专用于检查和管理。

一旦被陆军特种部队选中，所有新兵都要前往约翰·F.肯尼迪特种作战中心（空降）接受进一步的训练。该中心的独特之处是，它是美国陆军唯一一个以个人名字命名的单位。在这里，所有学员都必须按时参加各项课程，但他们不需要列队前去上课。只要不是在参加所在训练连的集体课程，学员们可以自由活动。经过了最初的1周之后，各位学员都会被分配至陆军特种部队训练大队（SFTG）所辖4个训练连队之一。通常，学员们都必须等待数周才能等来开课日期。与此同时，学员们需要承担炊事杂役、警卫甚至收拾路边垃圾等琐碎的事情，这是一段"屈辱"的经历。这种经历将伴随特种训练的各个阶段。但这种经历正是学员们津津乐道的，对于他们的正式训练也很有益处。那些等待下一训练阶段开始的学员们会扮演"游击部队"或者"反游击部队"的角色，为其他学员充当"陪练"。学员们认为，在林子里追踪他人或者被人追踪（为期一两周）都是很有意思的一件事情，尤其是考虑到这可以将他们从炊事杂役、队列训练和各种检查中解放出来。

南"的。迪克斯堡专门训练预计要派往德国、韩国、美国阿拉斯加和巴拿马的陆军士兵。

步兵高级单兵训练课程的科目包括班组战术、战斗和侦察巡逻、地面导航、无线步话机操作、布雷、体能操练以及为期第1阶段的陆军特种部队战术和技术课程为期4周。学员们可能来自陆军的各个部队。有的此前曾经在美国本土部队中待过一段无聊的时间，也有人已经在海外部队中服役过且取得了二级技术兵或中士的军阶，甚至还有少数人曾经去过越南，但大部分都是刚刚接受了基本作战训练、高级单兵训练、跳伞训练的二等兵或一等兵。无论是哪种人，他们都渴望接受新的挑战。

陆军特种部队战术和技术课程的第1阶段课程是进修数学，这让很多学员感到意外。其他的课程都集中于巡逻、地面导航、基本生存技能、命令发布方式等。掌握指导他人的技能非常重要：陆军特种部队的士兵首先必须是一位好教练，然后才是好突击队员。军士（不少人曾经在越南服役过两三年）负责手把手地向学员传授各项实战技能。学员们也逐渐开始承担各种军事科目的教学任务，还要自己动手制作训练辅助器材。在战术和技术课程第一阶段课程结束前，还要开展一次艰苦的战地训练演习（FTX），为期1周，地点是布拉格堡西南的麦考尔营地（Camp Mackall）。演习内容是：在夜间跳伞进入一片茂密的松树林中，学员们将日夜不停

左图：第5特种部队大队（空降）的战备指挥组正在检查战斗与生活用掩体。他们每年检查1个营地2次以确保达标，并在各营地推广其他营地的改进经验。（美国国防部）

右图:新分配到第 5 特种部队大队(空降)的军人们正在参加专门的战斗训练课程。他们将在芽庄海岸附近的竹岛进行一次无预案演习。他们已经得到了自己的虎纹奔尼帽,但要在被分配到军营后才能获得自己的虎纹军服。(美国陆军)

对页图:特种部队大队(空降)人员。
1. 1955 年,北卡罗来纳尤华瑞国家森林公园,第 77 特种部队大队(空降)武器专家,下士。
2. 1970 年,阿拉斯加格里利堡,第 6 特种部队大队(空降)爆破专家,中士。
3. 1972 年,纽约德拉姆兵营,第 11 特种部队大队(空降)分队指挥军官,中尉。(罗恩·沃尔斯塔德绘制,鱼鹰出版公司)

原文如此,但 2 和 3 两注解按图中形象判断,怀疑有误。——译者注

地开展地面导航、伏击、侦察巡逻以及突袭等活动,他们几乎没有任何食物且还要随时注意躲开(由其他学员扮演的)"反游击部队"的搜捕。在长达 1 周的时间里,学员几乎得不到任何食物,睡眠时间也少得可怜。最后,还要经历一段长达 12 英里(20 千米)以上的撤退和逃跑训练课程。完成了第 1 阶段的战术和技术课程之后,学员们将得到自己的绿色贝雷帽,但距离成为 1 名合格的陆军特种部队士兵还很远。他们的绿色贝雷帽可以加上美军第 1 特种部队(1st Special Forces)的盾形徽号,但上面还没有具体的部队徽章。

陆军特种部队战术和技术课程第 2 阶段将在经过短时间的休息期之后启动。休息期间,教官们会向学员讲述接下来的军事职业专长课程。军官会了解和询问士兵们的职业专长。在此之前,军官会向士兵们指出一点:"告诉我你的军事职业专长是什么,我将告诉你你为什么不能'具备'你所说的军事职业专长。"所有士兵学员都将接受 5 种技能之一的训练。军官学员则将单独接受为期 12 周的特种部队军官课程(SFOC)。除了医疗课程,所有其他军事职业专长课程都是以为期 1 周的战地训练演习为终结,以检验学员们的新习得的技能。军官学员则将接受一次为期 2 周的战地训练演习,通称"丛林吞噬者

演习"(Exercise Gobbler Woods)。

为期10周的工程兵课程（MOS 12B）的科目包括常规和非常规（自制）爆炸物处理（分别为期1周）、爆破技术、障碍设置、轻型建筑和桥梁建设以及工程侦察。工程兵课程的亮点是建成一座桥梁，第2周又将其炸毁。大部分人还将前往位于弗吉尼亚州贝尔沃堡（Fort Belvior）的工程兵学校继续接受重型装备操作训练。

为期8周的武器课程（Weapons Course）分为轻武器和重武器两个阶段。为期5周的轻武器课程（MOS 11B）训练学员使用和反复分解大概55种小口径武器。计时分解和组装武器训练会经常进行。美国、美国盟国以及东方阵营国家的新式及老式武器都要研究，还要使用这些武器开展小规模基本战术训练。为期2周的重型武器课程（MOS 11C）要学习的是57毫米口径和106毫米口径无后坐力炮、轻型反坦克武器、3.5英寸口径火箭弹发射器以及迫击炮（主要是60毫米、81毫米以及4.2英寸口径的迫击炮）的使用以及射击指挥中心运作。再经过为期1周的战术训练和实弹射击训练之后，毕业学员就具备了这两方面的军事职业专长。

参加为期12周的作战及情报课程（MOS 11F）的士官学员必须具备中士以上军衔。他们将接受任务谋划、非常规战争以及特殊行动情报技术相关诸多方面的训练。需学习的技能包括摄影、指纹采集以及简报流程等，目的在于组建特工网。

为期16周的通信课程（MOS 05B）包含特殊电台和快速传输设备、有线和无线密码机、秘密通信技术，尤其是人工莫尔斯密码转换作业。陆军特种部队的标准是每分钟收发18个单词，这也是美国武装部队中的最高标准（核潜艇上的发报员除外，他们的收发速度是每分钟20个单词）。

极富挑战性的医疗课程（MOS 91C）为期32周，分为4个具体的课程阶段。第一个具体阶段是为期8周的陆军特种部队基础急救员课程（MOS 91A），学习重点是热带病和病区护理。接下来是为期12周的临床专科课程，培训地点是设在得克萨斯州休斯顿的萨姆堡（Fort Sam）的美国陆军医学培训中心。在这里，学员们会在医院的急诊室和病房度过6周的实习期。之后，学员们返回布拉格堡学习医疗课程中最具挑战性的内容：医疗救助程序课程（为期6周）。这是陆军特种部队独有的课程，目的是让学员学会专业医生的医疗技能。前3周是临床训练，后3周是"狗实验室"（"Dog Lab"）的课程，学员们会对狗进行治疗，包括枪伤治疗和截肢训练。陆军特种部队的医疗课程军事职业专长毕业生的技术在美军内部非常受尊重。

美国民间的医师助理（PA）一职最初得以创立，就是为了充分利用陆军特种部队医疗兵的医术。

一个很有趣的现象是，在陆军特种部队训练大队的各个训练连队内部，学员们是混合在一起的，不区分各人的军事职业专长和训练阶段。各种不同军事职业专长的学员共处一室。由此，学员们可以用一种非正式的方式相互传授技能。不过，到了1968年末期，这种做法被取消了，所有学员都以训练阶段和军事职业专长集中到各自的连队。这种变化无疑减轻了训练部门的管理负担，但不利于学员之间非正式的交叉学习。

由于开设了新的军事职业专长课程，学员们最后会被分派至一个其中的学员已经掌握了所有军事职业专长的训练大队当中，以接受第3阶段的训练。在这个训练阶段，学员们将会学习非常规战争行动基础，包括概念、技术、组织、任务谋划、空中支援、初阶间谍情报技术等等。学员们将在这里领会游击战的本质——如何开展游击战、如何组织人马、如何激励游击队员为了美国及其盟友而不是游击队自身（通常都比较短视）的利益开展行动。学员们还要学习在游击队的利益和美国及其盟友的利益发生冲突时如何遣散一支游击队。

最后的2周将用来开展非常规作战

左图：1名执行巡逻任务的特种部队士兵的典型着装。他颈后背有一个血清蛋白罐，带着M18彩色烟雾弹，M16A1步枪的护木上缠着草绿色胶带以掩盖其醒目的纯黑色外观。（美国陆军）

演习。学员们自己谋划并为此做好准备，然后跳伞进入布拉格堡西北部的尤华瑞（Uwharrie）国家森林公园。每一个学员A队与一个"游击队"（由其他学员充任）搭档。学员A队组织并训练"游击队"，协助他们执行突袭、伏击等任务，过程中一直有"反游击"部队在追捕，后者通常是由第82空降师充任。学员A队需要赢得"游击队"领头人的信任，但按照演习要求，后者往往是不愿意合作的，是需要竭力说服的对象。从第3阶段的训练中毕业之后，学员们就会被批准在其绿色贝雷

下图：在越南，几乎所有的特种部队士兵都拥有几只宠物，从稀有的猫到巨蟒。狗通常是最受欢迎的宠物，并被看做是团队的一员。后方是 A-109 洪公营地的加盖混凝土弹药库。（美国陆军）

帽上钉上其所属训练大队的徽章，同时在其军事职业专长档案中添上一个"S"标识符。军官学员则被冠以"3"这个技能标识符。从 1969 年开始，陆军特种部队资格课程（SF Qualification Course）被认定为军士课程，从这个课程毕业的学员都自动晋升为中士（E5）。在以前，他们毕业之后还要付出更多的努力才能晋升至这一军阶。

贝里·萨德勒有一句歌词："今天有 100 个人接受测试，只有 1 个人能戴上这顶贝雷帽。"这句话并不精确，但陆军特种部队的选拔过程确实淘汰率极其高。如果将预筛选过程中淘汰的人也计算在内，则贝里·萨德勒歌词里"百里挑一"的说法并无夸张。

这之后，陆军特种部队的新人被分派至某一特种部队大队，如驻布拉格堡的第 3、第 6 或第 7 特种部队大队，驻日本冲绳岛的第 1 特种部队大队，驻巴拿马的第 8 特种部队大队或驻德国的第 10 特种部队大队。少数新人还会被选拔进入驻泰国的美军第 46 特种部队连。进入 A 队之后，大部分下士（E4）或中士衔的特种部队成员会直接进入上士（E6）和三级军士长（E7）岗位。大部分暂时留在布拉格堡的特种部队新人最终都会被派往越南。陆军特种部队成员的训练事实上是不会终止的，各特种部队大队还将开展大队级的训练、演习并参加各种专业技能课程。即使抵达越南之后，他们也还要在美国驻越南南方军援司令部雷孔多侦察／突击队员学校接受为期 2 周的专门战斗课程训练。

与一般人的设想不同的是，陆军特种部队很少会马上学习外语或交叉训练第二种军事职业专长，这么做的一般是再次入伍的人。毕竟，特种部队的人也不是超人，但他们绝对精通自己的专门领域，极其上进，对于践行陆军特种部队的座右铭具备与生俱来的使命感。

部署越南

受派前去越南参战的陆军特种部队成员会提前120天收到陆军部发出的戒备令。那些志愿（向陆军部特别任务处打一个电话即可）前往越南参战的特种部队成员则经常会推迟很长一段时间才能等到最终出发的命令。在这期间，他们会接受一次预先体检，接受大量预防接种，避免任何牙科手术（以为越南不会有这类医疗设施），并写好一份遗嘱，将法律代理权授予最近的血亲。部署令会为特种部队成员指定一个报到点（华盛顿州的刘易斯堡），或者出发港（加利福尼亚州的旧金山）。在报到点，他们要完成各种文书填写工作并收到一套热带制服。搭载特种部队的成员前往越南的是1架特别征召的波音707客机，机上设施与服务和正常的商业航班一样。

大部分从刘易斯堡出发的陆军特种部队成员会在第2部队战术区所辖的金兰湾降落，向第22补充营报到；从加利福尼亚出发的陆军特种部队成员会在位于西贡的新山一（Tan Son Nut）空军基地降落，向第90补充营报到。

飞抵越南之后，还有更多的文书填写工作等着他们，包括填写供关系最近的血亲使用的邮件领取通知卡。士兵们可自行决定，倘若他本人负了轻伤是否通知关系最近的血亲（大部分都选择了否）。相关硬性规定是，如果他们受了重伤、阵亡或确认失踪，一定要通知其关系最近的血亲。士兵们还会领到一张日内瓦公约卡和一张美国驻越南南方军援司令部定量配给卡，以管理战区的电器、相机、酒、香烟的采购，避免出现黑市交易。美元会被兑换成军用代金券（MPC），后者是驻越美军的标准交易媒介。为避免感染及传播性病，美军士兵被要求使用专门的一次性加氟牙膏刷牙，并被强制要求按时服用抗疟疾药品。

到达越南之后，常规部队的士兵不久就会得知其分派的单位并乘船离开降落点。陆军特种部队的士兵则要再过一段时间才乘飞机前往位于芽庄的特种部队作战基地，并开始另一轮文书填写。

所有驻越美军的日常支付手段都是军用代金券，持有美元或者去驻地以外的当地市场上使用军用代金券都是违反条例的。军用代金券的使用场所是军人服务社（PX）、军方俱乐部、军队邮局以及某些得到特许的越南营业者，比如理发师、裁缝。

1969年，1名首次赴越参战的陆军特种部队中士的每月基本工资是350美元左右，此外还有战斗津贴（65美元）、危险任务津贴（55美元）、（不可用于购买某些定量配给品的）生活津贴（77.10美元）以及海外津贴（13美元）。所有这些收入都是免税的。驻越美军士兵写信给国内是免邮资的，但给国内邮寄包裹需要支付费用。

进入美军第5特种部队大队（空降）之后，新人首先要学习雷孔多侦察/突击队员学校提供的专门战斗课程。在这个课程开始之前，新人可以自由探索特战大队的驻地芽庄，以熟悉越南文化，去黑市上将手中"忘了"上缴的美元兑换成越南盾。当地人开设的饭店、酒吧、桑拿浴室、裁缝店等都是新人熟悉当地文化的"教室"。无论何时，在新人眼中，越南最常见的"文化特色"是：沙袋、棘铁丝以及摩托车。

一旦完成了专门战斗课程，特种部队的成员将在48小时之内获知本人的报到单位（往往位于某个更加偏僻的角落）并出发。到达报到单位之后，特种部队成员的"第一站"是C队，那儿会有一些人等待着一齐前往某个B队。他们会见到未来的连级指挥官和连军士长，收到一份由情报、作战以及公共事务部门发布的情况简介，并领到一支M16A1步枪。乘坐直升机或固定翼飞机抵达某个B队之后，大部分特种部队新人会再次重复上述手续，少数分派至B队的人则就此"安营扎寨"，开始在这儿待上一整年。

战地生活

如果让陆军特种部队的士兵去回忆越南战争

右图：1名美军特种部队军官正在检查由山民组成的山地侦察排士兵使用的9毫米口径丹麦麦德森M50式冲锋枪。部分站在后排的士兵使用的是7.62毫米口径的M1903式步枪。注意这名美军脚上穿的是第二次世界大战时期的丛林靴。（美国陆军）

上图：1963 年，阿拉巴马州麦克莱伦堡，塞西尔·威廉姆斯中士在非常规作战和游击战术训练中演示解决警卫的方法。图中 2 人都是"绿色贝雷帽"部队——第 20 特种部队大队的成员。（美国国家档案和记录管理局）

这滩"泥淖"，他们的印象一定是千差万别的。在越南的陆军特种部队士兵被要求执行各式各样的任务，如守营突击部队、机动突击部队、机动游击部队、特别侦察计划、培训以及指挥部职能，每一种任务的执行环境差异也很大。

不同的陆军特种部队成员，由于其在越南的服役时段不一样，其所经历的事情也不一样。陆军特种部队首次进入越南是 1957 年，最终撤出越南则是在 1973 年。即使服役时间只相差 1 年，也会使陆军特种部队成员获得不一样的视角，因为战争的具体形势是在不断变化的。地形和天气条件也同样重要，就越南的地理环境而言，有着寒冷的北部密林山区、开阔的中部高地平原、丛林遍布的内陆、植被茂密的海岸沼泽、洪水泛滥的湄公河三角洲。经常有人说，越南只有雨季、旱季和灰尘季这 3 个季节，而且每个小时就轮替一次。

陆军特种部队各分遣队的战斗力往往是由其成员的品格决定的。他们的日常行动并无既定的官方条例可供遵循，至多会有一些其他"A 营地"和特种作战行动的先例可做参照。在越南，陆军特种部队要学习的可以说只有一门"学问"：因地制宜。权宜之计、替代方案、灵机一动、能谋善断比什么都重要。各个"A 营地"所面临的情势固然存在一些共性，但依然存在具体的差异。

在考察美军其他军种的特种部队在越南战争期间的活动之前，本书首先将目光集中于陆军特种部队与"守营突击部队"协同行动的一般性经验。与陆军特种部队那些更加"光辉绚烂"、在大众文学作品中多有曝光的任务（比如特别侦察计划、"机动突击部队"）相比，"A 营地"更加能够集中体现陆军特种部队在越南的战斗经历。

所谓"A营地"即是驻扎越南南方的非正规民兵部队的基地,在越南某些最偏远、荒凉的地区,每个"A营地"只有十来个美国人。他们的任务是遏制越南人民军越过边境朝南方输送人员、补给,并守卫那些孤绝于外的少数群体居住的村庄。

"A营地"里的队员需要执行基层的任务,具体涉及反游击战争的各个方面,包括培训、顾问以及战斗。为了更好地完成任务,他们还要开展心理战(影响对手、当地土著居民的观念和态度)、民事行动(改善当地的经济和社会条件)和情报搜集(直接侦察、线人、基层间谍网)等活动。

"A营地"通常只在其战术责任区范围内执行持续时间和规模都有限的战斗任务。他们主要装备轻型武器,不适合与越南人民军主力部队开展长期、高烈度的战斗,中心目标限于拦截和封锁越南人民军部队,作战计划和目标都较为简单。他们的作战对象也是基本势均力敌的游击队,但越南南方的非正规民兵部队有时候可以集结起连级部队的兵力,并呼叫大炮、武装直升机以及攻击机的火力支援,这可以在陡然之间帮他们锁定胜局。

战争双方的很多战术和战法都是相同的。驻扎在"A营地"里的陆军特种部队

成员经常会钻研历史书,尤其是有关于战术层面的历史书,从中借鉴战术和战法。他们很少照搬本宁堡候补军官学校里教授的那些战术。

不过,随着整场战争的逐步升级,驻扎在"A营地"里的陆军特种部队及其指挥的当地武装与游击队、越南人民军主

上图:宋莱真营地,特种部队的高级医官和分队长用各自最喜爱的手枪进行友好切磋。他们分别使用的是M1911A1式半自动手枪和M1917式左轮手枪,两种枪都是11.43毫米口径。(美国陆军)

力部队之间的战斗也变得越来越激烈了。1968年之后，越南战争已经不再是一场游击战争，而是战争双方都投入了大量正规机动部队的一场中等烈度的战争。

总体上来说，驻扎在"A营地"里的陆军特种部队及其指挥的当地武装主要还是承担低端的战术性任务。每次行动的持续时间不超过5天，任何时候都有一个连的兵力留守营地。战斗侦察排每隔几个星期就会去执行一次持续时间大致相同的侦察任务，或者与其他部队协同行动。各连队通常以步行的方式进入或撤出作战地域（AO），有时候会有武装直升机提供协助。提供协助的武装直升机一般是在清晨将部队投入预定区域。

大多数时候，美越双方人员都是以2∶1或者1∶1的比例协同出动，另有1名翻译和2名无线电话务员（RTO）伴随，越南南方特种部队还会带上自己的无线电话务员。此类行动的直接目标是对某些可能有游击队藏身的地区进行扫荡。如果执行任务的地点是密林或者地形陡峭，美越联军会以一列纵队的阵型行军，外围派出警戒人员。如果植被并不深厚，美越联军会以"开放箱形"（open box）的阵型行军，即前锋以一列横队展开，其余人员在后面以两列纵队跟随行进，组成两翼。他们会搜查经过的山区通道、小径以及可能的饮水点。很多参与行动的越南突击队员就是行动区域的当地人，他们非常熟悉当地的情形。有时候，美越联军还会在敌军可能通过的地点日夜埋伏。

各连下辖的3个排都配备有2~3具40毫米口径的M79榴弹发射器。尽管上级批准每个加强排配备2门60毫米口径的迫击炮和2挺M60机枪，但这项动议始终停留在纸面上。2挺M60机枪通常由先头排携带，而2门迫击炮则由于不方便携带被留在营地里。如有必要，他们可以呼叫炮兵或空中火力支援。美越联军也会携带一些破片手榴弹，但在密林中使用这种武器非常危险。他们会在帆布袋中携带大量烟雾弹，用来为己方的武装直升机和战斗攻击机指示友方阵地的方位。他们还可以自行决定携带多少"阔剑"定向杀伤地雷，用于伏击越南人民军或夜间防卫。

有行动时，各连通常在破晓时分出发（很少吃早饭），一直行军到上午11点，然后停下来休息一两个小时并吃午饭。接着，又开始行军至日暮之前1个小时左右，休息并吃晚饭，再行军至天色完全暗下来的时候，占据一个夜间阵地，在此过夜。在周围设立了防护措施并布设埋伏之后，还要派出岗哨。

夜间通常都是比较平静的，与一般人所设想的不同的是，游击队并不会趁着夜色的掩盖无休无止地秘密行军。事实上，游击队很害怕夜晚，若无必要不会离开山间的既有道路，还经常使用照明弹。不过，游击队确实是优秀的战士，因为他们战斗意志强烈、接受过各种非常实用的训练，且对当地非常熟悉。在早晨、下午3点以及占据过夜阵地后的这3个时间点，美国人会通过无线电台向营地分别报告一次。这种通话都是例行公事，甚至有些枯燥。在战斗中，游击队和越南人民军几乎不屑于抓"民众自卫队"的俘虏，他们倒是非常想要抓陆军特种部队的俘虏，但这种机会极少。

在越南战场上，每位陆军特种部队成员可根据自己的喜好选择装备，但通常包括以下几种：一件充当衬垫的南美风格披风（置于背负者背部和盛放装备的帆布包之间）；1个帆布包，帆布包两侧各有1个1夸脱容积的军用水壶，帆布包的中央还有第3个口袋，这里以塑料袋收纳了野战敷料、纱布卷、胶布、抗菌药、吗啡、麻黄素皮下注射器、创口缝合线无菌袋以及1瓶子其他各种药丸；还有1个盛放着血清蛋白、血液扩充剂、静脉注射器的容器。所有陆军特种部队的成员都会从队医那里接受进一步的医术培训。

常见的战斗口粮被称为"袋装本地口粮"（PIR），按照5日行动期每日1顿的标准携带。还要携带同等分量的马鲛鱼罐头和谷物棒（通便用的）。另外，还会携带1整塑料包的咖啡、糖、乳脂、可可粉、口香糖、卫生纸、几支塑料勺、几瓶抗疟疾药和哈拉宗（用于水净化）。

另外1个塑料袋里收纳了1个空的、在侧面刻出了几道裂缝的C口粮罐子，内装1筒火柴、半组M112炸药（0.3千克C4塑性炸药）。将一小团C4塑性炸药放进1个空罐子当中，点燃，即可在几分钟之内将1壶水烧开。将C4塑性炸药用作明火燃料是安全的，只要注意别吸入燃烧的烟雾（会使脑部受损）或试图将火焰踩

下图：2名特种部队工兵军士正在切下一段导爆索来制作爆炸物，这些爆炸物用来清除德惠营地A325机场附近影响飞机起降的树木。其中1人背着装有M2式消焰器的M1式步枪。（美国陆军）

灭（这会使其发生爆炸）即可。水烧开之后，灌进"袋装本地口粮"当中，即可加热食物。

还有另外1个小的塑料袋用来收纳袜子、汗衫以及平角短裤。平角短裤并非贴身穿着的内衣，而是为了在长裤裤裆损坏时直接穿着在外作为紧急修补之用。帆布包里还有尼龙吊床、伞降照明弹、笔式手电筒、美国空军救生刀（大多数陆军特种部队成员不会将其视为战斗武器，而是一种不易遗失的日常工具）、M18烟雾弹等物品。帆布包的总重不会超过30磅（14千克）。

在野外露营的时候，特种部队的成员会选择两棵树，拉上吊床，合衣睡在上面。如果要下雨，就将南美披风拿出来，挡在上方。其他物品都放在吊床下方。无线电话务员会将电台打开，将听筒置于耳旁，随时收听消息。尽管越南的战场上蚊子和其他昆虫非常猖獗，但特种部队并不会使用杀虫剂。

营地自身即是游击队和越南人民军攻击的目标，由此引发的战斗通常都极其残酷。南洞营地（Camp Nam Dong）就发生了这样一场战斗，该营地差点儿就被彻底攻克了。该营位于位置偏僻的第1部队战术区某处，刚好位于游击队用来进行攻击活动的两座山谷的交叉处，距离老挝仅有约15英里（24千米）。该营地还负有保卫9个越南中部高地居民村庄及其5000名居民的责任。驻守南洞营地的是3个"民众自卫队"连，每个连只有80多人（而非154人）。其中2个连是由越南中部高地居民组成的，另外1个连是由越南人组成的。

南洞营地当时的情势非常危险。这里的地形不适于防守，越南人的地区长官防

下图：1名特种部队军士在传授1名山民尖兵近距离侦察技巧。虽然说是特种部队在培训这些经验丰富的尖兵，但实际上交流是双向的。特种部队从这些已经完全适应了当地自然环境的尖兵，特别是山民尖兵那里学到了很多东西。（美国陆军）

守意愿不强，陆军特种部队与越南南方特种部队关系紧张，越南人连队与陆军特种部队雇佣的侬族警卫队之间时有争斗。在游击队发动攻击的前一天，越南人连队与侬族自卫武装之间甚至还发生了枪战，只是由于美国人的及时干预才没有发生伤亡。

在南洞营地以南约100英里（160千米）的地方，第2部队战术区范围内的坡垒克容营地（Camp Polei Krong）曾于1964年7月4日遭游击队完全攻克。在这次战斗中，陆军特种部队有7名成员负伤。不幸的是，南洞营地的人没有在游击队对营地发动攻击之前获知这一消息。

来自第7特种部队大队（空降）的A-726分遣队抵达越南后，进行了为期6个月的战场部署。A-726分遣队改进营地的设施和防卫后，将其移交给民防队（Civil Guard），然后在距离越老边界更近的塔科（Ta Co）建设了一座新的营地。就在A-726分遣队刚刚抵达的这一段时期，游击队增强了对附近居民的宣传攻势。就在南洞营地被攻击的前一天，巡逻队报告说附近的村民神情紧张且拒绝提供情报。守卫这里的越南人连内部被怀疑藏有约20名游击队的同情者。让预备发动进攻的游击队的战斗意志变得格外坚定的是南洞营地之内有将近300件各式武器等待装船外运。

驻守南洞营地的美越联军兵力包括12名美国陆军特种部队成员、1名澳大利亚籍顾问、60名侬族士兵、7名越南南方特种部队士兵以及381名突击部队成员。在南洞营地东北数百米外的南洞村中，居住着"民众自卫队"的家属。南洞营地东面数百米外的地方是美国海军工程营修建的一条南北向的碎石铺面简易跑道，在位置更往东的地方，有一条与跑道平行的小河流过。在南洞营地东南偏南方向151米外的一处山脊上，有一座小型警戒哨所。另有几道长着低矮树木的山脊在稍远处环绕着南洞营地。再往远处，是几座可俯瞰南洞营地的大山。

南洞营地的外部形态是不规则的，大体呈椭圆形，最宽处约250米，最长处约350米。环形防御战壕配置了很多踏垛和开放式机枪阵地。正门和东南、西南角都设置了机枪掩蔽壕。唯一的栅栏就是一道以尖竹钉固定的4英尺（1.2米）高的五股倒刺铁丝围栏。由于南洞营地人员更迭频繁，栅栏处杂草丛生，严重妨碍了防御人员的视线。当地人突击部队的兵营分布在外围防线附近。外界通往南洞营地的公路自北部而来，伸入营地西北角，这条道路经过外层及内层倒刺铁丝围栏处各设有1道门。在夜间这2道门无论如何都会处于关闭状态。但是，在正门旁侧设置了1个仅容1人通过的侧门，只有1名美国人

上图：1969年12月，1名第3特种大队士兵正扛着一捆7.62毫米口径的SKS卡宾枪，这些枪是在西贡北部50英里（80千米）处一个巨大的藏物处发现的。这是所发现的较大的藏物处之一，藏有3000多支轻武器和大量的班组支援武器。（美国政府）

同1名侬族人一起出现时，这道侧门才会打开。在公路西侧紧挨着外层防线的地方还设有一个直升机停机坪。

南洞营地的内层防线相比其他营地的内层防线覆盖范围更大一些：最长处79米，最宽处20米，呈椭圆形，只有30~39米范围处在外层防线的包围之下。内层防线没有护台和壕沟。内层防线里面的建筑是越南中部高地民居风格的，茅草屋顶，藤条墙壁。建筑外围有一圈厚1米、高1.2米的木砌防狙击墙。除了一些小型建筑，这里还建有一些7米×16米和7米×12米的长屋，里面住着陆军特种部队人员，也有一些是用作其他用途的。有些资料认为，南洞营地的内层防线是依托着一处前法国殖民哨所建设的，但实情并非如此。在内层防线的东边有一个很大的地坑（被称为"游泳池"），这里即是战术作战中心（TOC）的所在地，旁边有一堆7英尺（2.1米）高的土石堆，另外还有3

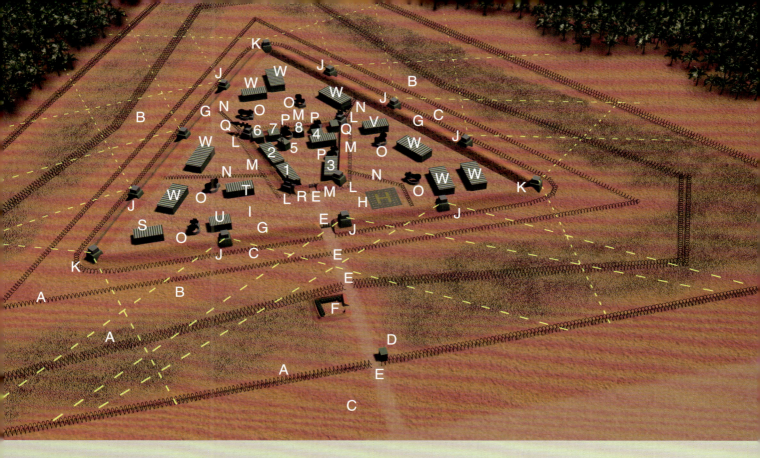

特种部队营地

图中展示了一个三角形的具有相对封闭的内部边界的突击部队营地的布局。不管营地的形状如何,采用的基本设施和防御注意事项都是一样的。

A. 带倒钩的铁丝网屏障。
B. 布置有绊脚线、"阔剑"地雷、绊发式照明弹的区域。
C. 内、外边界间的开阔地,其宽度要大于手榴弹投掷距离。
D. 警卫室。
E. 大门。各道门之间除大门外的其他位置都应布置带倒钩铁丝网。
F. 燃料堆放场,用护堤保护。
G. 在地面或护堤顶部布置有战位的战壕。
H. 直升机停机坪。
I. 校场。
J. 外墙上的7.62毫米口径M1919A6机枪掩体,每个掩体内有1挺机枪。
K. 外墙边角处的7.62毫米口径M1919A6机枪掩体,每个掩体内有2挺机枪。
L. 内墙上的7.62毫米口径M1919A6机枪掩体,每个掩体内有1挺机枪。
M. 设有带倒钩铁丝网的内墙护堤。
N. 横向分隔用的铁丝网。
O. M19式60毫米口径迫击炮炮位。
P. M29式80毫米口径迫击炮炮位。
Q. M2式12.7毫米口径重机枪阵位(在掩体顶部)。
R. M18A1式57毫米口径无后坐力炮阵位(在掩体顶部)。
S. 学校。
T. 车辆维修站。
U. 药房。
V. 可乐堡。
W. 突击部队及其家属营房。
1. 美军特种部队队部。
2. 美军特种部队营房。
3. 南越特种部队部和营房。
4. 补给室、武器室、翻译营房。
5. 带无线电天线塔的通信地堡。
6. 发电机。
7. 急救地堡。
8. 存放弹药的地堡。

(克里斯·泰勒绘制,鱼鹰出版公司)

堆混凝土砌块。在东侧（内层防线倒刺铁丝以外）有一个三面是沙袋、另一面有由棘铁丝封闭的弹药掩蔽壕。在内层防线里面，有 3 个 81 毫米口径和 2 个 60 毫米口径迫击炮掩体（一半"埋"地下，由环绕着的石头和沙袋矮墙遮蔽），由陆军特种部队成员和侬族人操作。每个迫击炮掩体内部储弹 350 发，但主弹药库当中有更多的备弹。有些迫击炮掩体内部刚刚加建了混凝土质弹药储存坑。按照计划，这些迫击炮掩体将成为独立的、可全程抵抗敌方攻击的坚固据点。在需要的地方，美越联军会以 1 门 57 毫米口径的无后坐力炮加强火力，由陆军特种部队的 A 队队长直接指挥。每个由当地人组成的突击连的重型火力只有 1 门 60 毫米口径的手持式无支架迫击炮和 2 挺机枪。

游击队发起进攻的早晨，陆军特种部队和侬族人士兵处于全副戒备状态。当地人组成的突击部队则处于无精打采的状态，大部分都还在床上睡觉。数年之后，美军才发现，在由当地人组成的突击部队中，有大约 100 人是隐藏的游击队。他们得到的命令是，割断各自身旁还在睡觉的人的喉咙，然后脱掉原来的制服，加入进攻者的行列（腰上缠上布条，以便游击队识别）。游击队有八九百人，主要是 2 个游击队主力营，他们在南洞营地的北面、西北面和西南面的山脊上构筑的重型火力点包括 1 门 81 毫米口径迫击炮和 3 门 60 毫米口径迫击炮、1 门 57 毫米口径无后坐力炮以及 1 挺机枪。负责防守南洞营地以外哨所的 6 人在睡梦中就被人割断了喉咙。

游击队发射的第一批迫击炮弹于凌晨 2 点 26 分落地，击中并引燃了陆军特种部队的食堂和办公点。美国人最初以为是营地里的越南人和侬族人又打起来了，但迫击炮和榴弹不断从铁丝网以外射来。A 队通信军士立刻用无线电向 B 队发出警报并呼叫照明飞机立刻升空，但照明飞机因为机场没有安装跑道灯而无法升空。很快，

下图：南越山区的山民部落巡逻队在他们的哨所附近巡逻。在拍摄照片时，这些人已接受了美军特种部队 3 个月的训练，盼望着和北方作战。（美国国家档案和记录管理局）

通信室被游击队的炮弹击中了，通信军士被炸得飞了出去，补给室也被击中了，内层防线范围内的大部分建筑都起火了。南洞营地与外界的通信被完全切断了。

陆军特种部队成员和侬族人坚守迫击炮阵地与敌交火。一些已经渗透进内层防线的游击队工兵被近距离击杀。但是，游击队的迫击炮弹和 57 毫米炮弹还是不断落入内层防线之内，大部分美国人很快负伤了，澳大利亚籍准尉阵亡。更加糟糕的是，美制 57 毫米口径无后坐力炮存在质量问题。依据参加了这场战斗的人们的描述，作者认为，这些火炮的纤维板质榴霰弹药筒因为受潮而发生膨胀，无法装入炮膛。

游击队派出的 1 个企图炸毁南洞营地正门的爆破小组被守军击杀了。营地的南面、东南面、西面以及北面不断有小股游击队攻进来，但东南面的正门始终处于守军的控制之下。超过 100 名游击队分成数拨发起攻击，但被陆军特种部队成员和侬族士兵给抵挡住了，游击队员没能越过倒刺铁丝网。在东面，海军陆战队警卫部队第 122 连完全被游击队打垮了。助理通信士官在和游击队厮杀的过程中阵亡。

美国人和侬族人的防御主要集中在迫击炮掩体处，迫击炮按照 2 发高爆弹、2 发白磷弹、1 发照明弹的组合不停射击。游击队及其同情者从各个方向靠近，直到

左图：印第安纳国民警卫队第 151 步兵团游骑兵 D 连。唯一一个被部署到越南的国民警卫队步兵部队。他们穿着丛林迷彩军服，戴着草绿色奔尼帽或止汗带。注意近景处男子翻起的帽檐上的战斗步兵章。（美国陆军）

迫击炮掩体的边缘才被击杀。正门旁边的 60 毫米口径迫击炮掩体内的防御者受到游击队手榴弹的密集攻击之后，小队中士阵亡，小队队长生死未卜，只好全体撤退。事实上，小队队长昏迷了一会儿之后醒了过来，自己爬出迫击炮掩体。尽管数次负伤，但他还是拼命在一个土石堆后方重新架起了迫击炮，并指挥 1 队受了伤的侬族士兵朝游击队开火，同时还不断召集其他防御者。

到了早上 6 点，进攻的游击队开始减少了，照明飞机也终于赶到了，美军的迫击炮得以瞄准目标发射高爆弹。游击队开

上图：布置在特种部队的机枪堡顶部的M18A1式57毫米口径无后坐力炮阵位外观图。M18A1式57毫米口径无后坐力炮是在第二次世界大战末期研发的，越战期间的美军常规部队已不再使用，它对点目标的有效射程为1260米。（克里斯·泰勒绘制，鱼鹰出版公司）

始撤退了，1架美军运输机开始朝守军的阵地空投弹药、无线电台、电池以及医疗用品。游击队的狙击手和后卫继续骚扰战火稍歇的南洞营地，主力则迅速撤向老挝境内。上午8点，1个民防队连赶到了，路上曾经两次遭遇游击队埋伏。2个小时以后，一支100人的接防部队（包括美国陆军特种部队和"民众自卫队"）乘坐海军陆战队驻越部队的直升机赶到了。

在这场战斗中，2名陆军特种部队成员和澳大利亚籍准尉阵亡，另有7位美国人负伤。"守营突击部队"阵亡55人，另有65人负伤，很多人开了小差，还有不少人加入了游击队。阵地上找到了62具游击队员的尸体，但游击队的阵亡人数被怀疑远不止这些，另有大量人员受伤。事实上，南洞营地里的几乎每一栋建筑都着火了，游击队还从营地里的一个弹药坑中带走了 13000 发以上的子弹。在这个战场上，美军的一个弹坑分析小组统计出约 1000 个迫击炮弹坑。

2 名阵亡的美国人都被追授优异服役十字勋章（铜质），这是美国第二高的荣誉奖章。其他小队成员被授予银星勋章和铜星勋章。第 7 特种部队大队（空降）A-726 分遣队的指挥官罗杰·H.C.唐隆（Roger H. C. Donlon）上尉成为越南战争中第 1 位获得荣誉勋章的军人。由计划关闭的安顶（AnDiem）营地赶来的 A-224 分遣队随后接替了 A-726 分遣队，并彻底重建了南洞营地，使其成为一个三角形的营区，后于 1964 年 9 月将其移交给了越南南方民防队。按照计划，重新组建的 A-726 分遣队（其中 5 人是原 A-726 分遣队的成员）于 1964 年建立了塔科营地。

下图：20 世纪 60 年代在越南的 M29 式 81 毫米口径迫击炮阵地及其暗堡式弹药库剖视图。一个特种部队营地一般有 3~4 个迫击炮阵位，而且通常都布置在内墙之内的区域里。这有助于保护这些火炮，而且布置在营地深处也能让它们在最小射程 70 米的限制下炮击外围铁丝网区域。（克里斯·泰勒绘制，鱼鹰出版公司）

尽管南洞营地防御设施薄弱且有大量变节者,留守的"守营突击部队"和越南南方特种部队的表现也很糟糕,南洞营地还是成功抵挡住了游击队的进攻。

返回美国

1964年结束时,陆军特种部队成员即将迎来"预计从海外返回时间"(DEROS),这个时候的他们往往面临着内心的冲突。一方面内心当然会想家,想念亲人和朋友。另一方面很多人又感觉,就此离开越南,就放弃了一些很重要的事情。在这些美军士兵的内心,还存在一种古怪的矛盾:尽管越南战场充满危险、冲突和单调乏味,但他们还是对此前所经历的同袍之谊、冒险和刺激留恋不舍。陆军特种部队成员内心的矛盾也与那些坚定的当地突击部队成员有关,他们有时候让人放心,有时候也是一种麻烦,无论如何,陆军特种部队与这些当地人建立起了一种亲密的关系。"遗弃"这些当地士兵带给陆军特种部队成员的悲伤与返回美国、与亲朋重聚带给他们的喜悦一样多。尽管组织、训练并指挥"守营突击部队"的职责充满危险、挑战,但大部分陆军特种部队成员还是对此抱着极大的热情。

下图:一群特种部队军士在查看从藏匿处起获的MG08式7.9毫米口径水冷式机枪。这种武器是德军在第一次世界大战时期使用的,在第二次世界大战时期被苏军从德军手中缴获,如今又被苏联提供给了游击队使用。(美国政府)

上图：美军海军陆战队特种部队第3团第1营的伤员被人引导着步行前往CH-47A"支奴干"救护直升机。该团的第1营和第3营都在作战中伤亡惨重，于1969年9月在德丰突击部队营地附近实施了一次大规模的医疗转送。（美国政府）

远程侦察巡逻部队

特种部队不是美国陆军唯一一支投身越南战场的精锐部队。另一支在越南战场的精锐部队是远程侦察巡逻（LRRP）部队。和20世纪60年代的很多其他精锐部队一样，远程侦察巡逻部队的成立也是直接受到了越南战争本身的"催促"。越南战争是一场完全不同的战争：占领和坚守某一片地域基本上意义不大，游击队和越南人民军没必要占领任何地域，他们想要"占领"和控制的是人口。为了打击游击队和越南人民军，驻越美军首先必须找到他们。还需要找到并摧毁游击队和越南人民军分散在各地的基地、弹药库、渗透路径以及部队集结点。一旦发现了游击队和越南人民军，驻越美军及其友军就可以迅速向该地集中优势兵力和火力，通过空中运输手段从他们意想不到的方向接近。

想要发现游击队和越南人民军比想象当中更难。飞机、直升机、卫星、无线电侦听和测向、地面侦测雷达、装甲骑兵队以及其他常规侦察手段的作用都不大。美右图:远程巡逻部队的一个小组正在向对手射击,前景中的人在给自己的M16步枪换弹匣,他身后的战友正在用M60机枪对着丛林中猛烈射击。(美国国家档案和记录管理局)

国陆军很快开始采用一些不那么常规的侦察手段去寻找游击队和越南人民军的所在。比如派飞机将声学运动传感器空投至目标区域,派出监视、侦察和追踪用的军犬,来自游击队和越南人民军的变节士兵也被美军用作侦察兵和向导,美军甚至开发了一种"人体探测器",以直升机搭载,飞往目标区域上空探测是否有人员藏匿。

在某些植被茂盛的地域,游击队和越南人民军可以很方便地隐藏自己的行踪,但驻越美军及其友军派出的侦察人员也可以相对安全地行动,而不至被侦察目标发现。驻越美军及其友军发现,派遣小股侦察部队,谨小慎微以免被侦察目标发觉对于发现游击队和越南人民军往往更有效。威斯特摩兰将军于1964年接任驻越美军总司令,不久他就意识到了组建远程侦察巡逻部队的必要性,但这支部队在2年之后才正式获批组建。

远程侦察巡逻部队的概念及其条例很早就出现了,但其预定作战用途是在传统的欧洲战线式战场上开展敌后活动。越南战场的战况要求组建一支专业化的步兵部队，其组织、训练以及装备都是为了在越南人民军后区域执行情报搜集和侦察任务，通常以小股部队的方式出动。

捋清这支部队的命名很有必要。在20世纪60年代早期，这支部队被称为远程侦察巡逻部队，但到了20世纪60年代中期则被称为远程巡逻（LRP）部队。"侦察"二字之所以被去除，是因为他们有时候也被指派去执行其他任务，也有人认为这只是为了简化的需要。在整个20世纪60年代，"远程侦察巡逻部队"和"远程巡逻部队"这两个称谓是互相指代的关系。这支部队正确的官方正式称谓是"空降步兵（远程巡逻）连"[Infantry Airborne Company (Long-Range Patrol)]。1969年1月1日，这支部队的官方正式称谓被改为"空降步兵（游骑兵）连"[Infantry Airborne Company (Ranger)]，但其任务并没有发生变化。自1951年以后，美军中再也没有游骑兵部队了，这支部队之所以如此命名，只是为了恢复一个由来已久的传统。在第二次世界大战和朝鲜半岛战争时期，游骑兵部队主要是担负突击和强攻的任务。与游骑兵部队有所不同的是，远程巡逻部队尽管也会承担一些偶发性小规模直接战斗任务，但主要是一支避免直接接战的侦察部队，而非"突击队"。

在美军历史上，"阿拉莫侦察兵"可被看做是第一支远程巡逻部队，该部队是第二次世界大战期间活跃于西南太平洋战区的一支部队。他们主要执行侦察任务，避免直接交战，以6人小队的形式出动，其训练过程中的评估体系后来被改进成为"游骑兵课程"。1961年，美国陆军在联邦德国组建了2个暂编远程巡逻连。

美国军事历史很少提到的一点是，美国远程巡逻部队的条例是20世纪60年代北约组织提出的"远程巡逻"概念的产物。主要是基于英军特种空勤团（SAS）有关于派遣小规模巡逻队深入敌后开展行动的设想，这些部队的任务是使用远程无线电台报告敌军动向和后方目标的所在。这些巡逻部队将以步行、直升机空运以及伞降等方式进入目标区域，或者干脆在敌后潜伏下来。每个北约国家都组建了远程巡逻连队，有的国家甚至组建若干个营的该种部队。这些部队的实战理念是，深入发掘主要途径之外的情报搜集途径。他们通过使用单波段无线电台向后方基地传输莫尔斯密码的方式报告情报。就像美军早期的做法一样，这些部队大多数时候由军级单位直接指挥。不过，美军从来没有充分运用这种更加隐秘的情报搜集模式，而是更加偏爱更积极的巡逻方式，这也许是因为美军缺少实施这种战术和战法的必要耐性。

美国陆军内部在越南战争之前就存在

2个由军级单位直接指挥的远程巡逻部队和若干个此类临时性排级部队。这些部队的训练特别严格,参与了很多大型演习,与北约远程巡逻部队交流经验并探索新的战法。早期参加远程巡逻部队的志愿者都来自美军第82、第101空降师。其中一些人此前就曾经是陆军特种部队的成员,后来又重返陆军特种部队,其他人后来也志愿加入陆军特种部队。这些远程巡逻部队成员经常参加"游骑兵课程"和"探路者课程"(Pathfinder Course),同时还和北约的远程侦察巡逻部队一起训练。这些士兵当中的很多人都曾赴越参战,他们的作用异常宝贵,即向那些新组建的专门在东南亚丛林和稻田地带作战的部队传授技能。

参加远程巡逻连或分遣队的志愿者发现,他们所在的部队与常规步兵部队的步兵连完全不同。后者被称为前线步兵连,每个前线步兵连的编制包含一个10人的连部,3个41人制步兵排(每个排下辖3个步兵班和1个重武器班),还有1个重武器排(后来,驻越美军将这个重武器排取消了)。远程巡逻连的组织架构则与前线步兵连大相径庭。远程巡逻连的自主性更强,但它们在行政、补给、军法等方面还是要依附于其他部队。它们依附于装甲师或装甲骑兵旅时,装甲师和装甲骑兵旅保留其对远程巡逻连的作战指挥权。将远程巡逻部队附属于空中骑兵(直升机)中队时,远程巡逻部队可以从后者获得直升机支援,在实施快速渗入和撤退时空地协调非常便利。此外,空中骑兵(直升机)中队自身的火力还可对远程巡逻部队实施快速空中火力支援。

各远程巡逻连的连部规模不一。连指挥部小组包括1名上尉军衔的指挥官、1名中尉军衔的副指挥官、1名军士长、1名补给士官、1名军械士、1~2名文书、若干司机以及1~2名医务人员。有的远程巡逻连还配备有1个炊事小组(包括1名膳食中士和2~4名厨师)。远程巡逻连的作战与情报组包括1名上尉军衔或中尉军衔的作战军官、1名中尉军衔的情报军官、若干名行动及情报军士、1名中士军衔的作战助理、一些士兵军衔的作战助理、情报分析员以及战斗技术人员。少数远程巡逻连还设有运输小组及维修小组,这两个小组分别由司机和机修工组成。大部分远程巡逻连拥有2~4辆载重0.25吨的通用吉普车,或者是1辆0.75吨载重的M37B1运货卡车以及1~2辆2.5吨载重的M35A1运货卡车。而其他普通连队通常只会配备1~3辆吉普车。

在理想情况下,每个远程巡逻连都会配备1个通信排,其中包含讯息处理人员和无线电维修人员,负责3个无线电基台。这3个无线电基台监控着所有无线电小组

对页图:1973—1982年期间,特种部队大队(空降)以高跳低开方式跳伞的队员。高空跳出、低空开伞的方法是第77特种部队大队(空降)在1957—1958年期间对涉及的跳伞运动原理进行了修改,以满足军事上自由落体式下降的需求后开发出来的。这种方式让飞机可以从4万英尺(12192米)的高空投放伞兵进入作战地域,从而不用担心被发现或者被攻击。(罗恩·沃尔斯塔德绘制,鱼鹰出版公司)

的频率，可同时发信给分散在各处的无线电台。甚高频调幅电台发射的无线电波可以直接穿透电离层。讯息通过高速数据子帧发送出去，接着被分散在各地的无线电台接收并进行转录，同时降低其传输速度，然后通过电传打字机发送给远程巡逻连的各个通信中心。各通信中心破译了收到的讯息之后再将其发送给行动及情报小组，后者再将这些情报传输给装甲师或装甲骑兵旅的作战部门与情报部门。

但是在越南，美军的这套先进的通信体系没有派上用场。驻越美军没有获得相应的通信设备，也没有时间训练所需的莫尔斯码无线电报务员。基本上，驻越美军只能使用视距调频无线电话。如此一来，每个远程巡逻连只配备了1个8~12人的通信小组，负责从各小队收发声音讯息并运作连部通信中心。

每个远程巡逻连的巡逻排人数有限。装甲骑兵旅所辖的61人制远程巡逻分遣队（自1969年之后改称远程巡逻连）只配备有1个巡逻排。装甲师所辖的118人制远程巡逻分遣队配备了2个巡逻排，而美军第1骑兵师所辖的198人制远程巡逻分遣队配备了3个巡逻排。另外2个军级部队所辖的230人制远程巡逻分遣队则配备了4个巡逻排。

每个排的排部通常会配备1名中尉（排长）、1名中士（副排长）以及1名无线电/电话操作员兼司机（往往既不具体负责无线电/电话操作也不负责开车，而是充当1名"多面手"式的助手）。按照标准，每个标准的远程巡逻排配备8个5人制巡逻队或巡逻组。但事实上，各远程巡逻排可能下辖5~9个巡逻队或巡逻组，以6~8个较为常见。具体的巡逻队或巡逻组数目会因为人员配备、伤亡、疾病、轮调、参加培训或请假等原因而产生差异。

巡逻队或巡逻组有时候会被称为"侦察队"（recon team），但官方叫法是"巡逻队"（patrol）。"巡逻队"事实上是一个班级单位，之所以会有如此称谓，正是因为其规模不大。"班"是最小编制的攻击机动单位。"队"的称谓则源自英军特种空勤团，后来被北约各国的远程巡逻部队采用。美国人对"组"这个称谓更加熟悉，意指一个人数很少、相互间配合紧密且往往与其他部队协同行动的小团队。按照官方标准，每个"巡逻队"由5个人组成：队长（上士）、队长助理（中士）、高级侦察员/观察员（二级技术兵）、高级无线电报务员（二级技术兵）、侦察员/观察员（一等兵）。在越南战场上，美国陆军的"巡逻队"往往会增添第6个人，即1名无线电报务员或者1名侦察员/观察员（一等兵）。第6个人给"巡逻队"增添了另一种武器、另一双眼睛、另一名哨兵。按照游骑兵课程的设定，士兵们往往会以"游骑兵搭档"的形式行动，这也是越南战场上的"巡逻队"人员配置数为偶数的原因之一。巡逻队成员会两两互相警戒，共同承担战场职责。尽管美国式"巡逻队"的人数是以5人或6人为主，但也偶尔会出现3人或4人的情况。如果要执行一次伏击、捕俘、回收或者其他进攻性任务，还可能会出现人数多达12人的"加强巡逻队"。"加强巡逻队"可能是由2个"巡逻队"合并而成的（队长由这2个"巡逻队"的2名队长当中资历更深或者能力更强的那位担任），或者在某个"巡逻队"的基础上再从其他小队抽调一些具备所需专业技能的成员组成。有时候，"加强巡逻队"的队长会由1名排长或副排长担任。

下图：1969年，第151（游骑兵）步兵团D连的一个5人小队准备出发前往隆平附近的让朗执行一次远程巡逻任务。他们将由休伊直升机运送到任务地域。（美国国家档案和记录管理局）

右图：远程巡逻队副队长柯蒂斯·海丝特中士正将一根雷管插入1枚"阔剑"杀伤地雷中。在设置埋伏和诡雷方面，远程巡逻队士兵们与他们的敌人一样机智无比。（美国国家档案和记录管理局）

在水道纵横交错的湄公河三角洲行动的美军第9步兵师的远程巡逻连的每个"巡逻队"都配备了8个人，分乘2艘16英尺（4.9米）长的塑料材质攻击艇。"巡逻队"通常以1个两位数字指称，第1个数字指称该"巡逻队"所在的排，第2个数字指称该"巡逻队"在排内的序列。例如，11即是指称第1排第1"巡逻队"；36即是指称第3排第6"巡逻队"。与此同时，还有一些"巡逻队"是以美国州名指称。

在1966—1967年期间，美军第4步兵师设立了3个旅直辖的远程巡逻分遣队，每个分遣队包含8个5人制雷孔多小队和3个鹰眼（Hawkeye）小队。每个鹰眼小队由2名美国人和2名越南中部高地居民士兵组成，这些士兵事先接受过为期10天的相关训练。雷孔多小队承担的是常规的远程巡逻任务，鹰眼小队则负责阻截敌方的通信员以及骚扰敌方的侦察和监视行动。美国陆军某些师还会下辖1个附属于空中骑兵（直升机）中队的雷孔多分遣队。另有一些陆军师将其远程巡逻排直接附属于所辖各旅。

按照理想的设定，巡逻队成员之间会建立起很深的相互信任关系，每个人都对其他队友的表现有既定的预期，知道其他人的潜力和局限，战场之外也经常互动。他们可以在光线晦暗的丛林里认出队友的轮廓，在较远距离上就认出队友的步态。如果某巡逻小队遭受了较大的伤亡或发生了幅度较大的人员调换，该小队的重建将是一个较为长期的过程。新成员必须花费较长的时间才能融入。有时候，某些新人就是无法融入某小队（每个小队都有自己的秉性），于是可能被调去其他小队。

值得注意的是，美军早期的临时性远程巡逻部队规模要小得多，其支持人员也仅维持在一个最低限度。通常这类部队仅有排级规模，下辖3~9个巡逻小队。该部成员及其装备皆是从其他部队抽调而

左图：芽庄海岸附近的竹岛，雷孔多学校学员演练呼叫并引导炮火支援，他们还要学习引导空中支援火力进行近距离攻击。（美国陆军）

来。该部指挥官在军事行动的指挥上固然享有充分的权威，但该部成员的责任、配给、军法以及薪资皆由各人的原属单位负责。

第1支小型暂编远程巡逻部队是美军第173空降旅远程巡逻排和美军第196（独立）步兵旅A分遣队（暂编）。美国驻越南南方军援司令部于1966年7月8日批准成立这一类部队。1967年12月20日，美国陆军批准成立永久性远程巡逻野战部队、师属远程巡逻连以及旅属远程巡逻分遣队。最初，这些远程巡逻部队的编制及装备与其所属的步兵部队相同。到了1969年2月1日，这些远程巡逻连和旅属远程巡逻分遣队被重组为游骑兵连，全部纳入美军第75步兵团建制之下。

最初，远程巡逻部队的主要任务是情报搜集，战斗巡逻只是其次级任务，但也会被派出执行其他各式各样的任务。具体详见如下。

侦察任务

- 对某些特定地点、区域以及路线开展秘密侦察
- 侦察敌方渗透路线和基地
- 地形勘测和地图校正
- 运河及河流侦察
- 道路体系定位及标注
- 航空侦察结果确认
- 潜在直升机降落点侦测
- 大部队直升机降落点的长期警戒
- 为己方大部队的伏击行动充当诱饵
- 评估B-52轰炸机的轰炸效果
- 搜寻敌方火箭弹发射基地
- 搜寻、找回己方坠落飞机上的死伤者、武器、电台等
- 安放地面运动传感器
- 为其他行动小组充当无线电中继站

战斗任务

- 快速救援己方坠落直升机
- 快速增援己方警戒哨
- 为保障基地安全而巡逻、设伏
- 在美军基地附近打击敌方巡逻队
- 捕俘
- 对敌方据点实施小规模突袭行动
- 在己方处于运动状态的大部队的侧翼及后方实施警戒
- 为己方空中火力及火炮实施地面引导
- 保障己方狙击手的安全
- 保障己方水下爆破小组及爆炸物处理小组的安全
- 在公路或山道上安放反人员或反车辆地雷

需要强调的是，不同的远程巡逻部队在不同时期会执行不同的任务。具体执行何种任务会受所面对的敌方部队的性质、当地人口的多寡、地形以及部队指挥官的

偏好影响。一些远程巡逻部队的指挥官只专注于秘密侦察任务，其他一些指挥官则专注于执行小规模的战斗和快速反应任务。一旦指挥官更换了，某远程巡逻部队的任务重点也往往会发生变化。但要注意的是，一支部队只有在一段时间内专注于同一类任务，才可能获得较高的成功率。

只要有可能，所有远程巡逻小队在执行两次任务的间歇都会获得至少 36 小时的修整期。如果连轴转，休息不充分，远程巡逻小队就容易因疲倦而出现伤亡。有时候，由于战事紧张，远程巡逻小队很难获得如此奢侈的条件，但他们总是会抓紧时间训练，学习新的战斗技能。

没有任何两次任务是完全相同的，不同的部队执行任务的方式不一样，任务发生地的地形、天气以及所面对的敌人、所在地区的平民条件也不一样。每次执行任务之前的预先渗透非常重要，而有效的谋划和准备对任务的成功也至关重要。远程巡逻的主要任务是搜集和报告战场情报，最成功的远程巡逻任务是一枪未发的任务，他们搜寻、定位并报告敌军方位，他们为己方火炮或空中火力提供指引，潜入目标区域，执行作战损伤评估并报告战斗成果。因此，一个 6 人远程巡逻小队"杀死"的敌人可能比一个普通步兵连还要多。

师／旅级的情报参谋人员向各远程巡逻部队说明作战地域、作战意图以及具体

左图：侦察小组有时会使用 STABO（Stabilized body，身体稳定）吊带起吊。这是由雷孔多学校的罗伯特·史蒂文斯少校、约翰·纳博上尉和克里福德·罗伯茨上士在 1968 年发明的。这种吊带被收纳在齿轮板中，UH-1H 型直升机在提升作业时向每个人抛下 36.5 米长的绳索，在腿部卷起系好，绳索的安全钩在吊带上扣紧固定。这一装备的缺点是那些必须穿着游击队装备的路行者小组无法使用它。（美国政府）

日期。相关细节还包括渗入时间、运输工具、区域内的双方兵力状况、火力支援、未来天气状况、具体应当搜集何种情报、撤出日期／时间／手段，等等。很多任务细节还需要与师或旅一级的作战部门及情报部门、远程巡逻部队内部的通信人员、航空及火炮支援部队共同确定。任务周期一般为 1~6 天，作战地域也被称为"禁止开火、禁止飞行区域"，除非是为了向远程巡逻队提供支援，否则己方的火炮不许朝该地域开炮，己方的直升机也不许飞越该地域。在各个远程巡逻小队的任务周期内，他们不会重新获得补给并延长任务周期，因为这会暴露他们的方位。若不是有必要在作战地域内始终部署一个远程巡

逻小队的话，将以轮换的方式进行，原有小队的撤出和新的小队的潜入同时进行，称为"直接轮换"(direct exchange)。

原有远程巡逻小队会在新的小队潜入之前24～48小时得到通知。远程巡逻小队须遵循严格的标准作战规定（SOP），相应的预先准备也非常完备。一旦得到即将出发的命令，远程巡逻小队所有成员将不允许洗澡或使用香皂、洗发水以及须后水。这些陌生的气味很容易被游击队和越南人民军发现。远程巡逻小队的队长（有时候还有副队长甚至全体成员）会参加师或旅的作战部门与情报部门代表或远程巡逻小队作战及情报官的命令简报。出发之前，所有武器都要擦拭并试射。弹药、手榴弹、信号弹、口粮、无线电台、消耗性补给（医药品、净水药片、驱虫剂）以及其他装备都要携带。无线电报务员则须事先确认通信设备的完好，并接收呼号及频率（基本频率、补充频率、航空电台频率、炮兵电台频率）。所有作战所需物品都要仔细检查并打包携带。任务过程中，远程巡逻小队还要随时因应具体情势的变化对既定作战计划做出微调。

渗透计划的制订也需万分谨慎。远程巡逻小队不会执行基地附近的巡逻任务，这是步兵部队的职责。远程巡逻部队负责巡逻的是那些更偏远、更危险的区域，有时候还会承担延期渗透任务，还可能会与1个空降至某降落点的普通步兵连协同行动。也可能会暂停行动或朝另一个方向进发，协同行动的普通步兵连可能在着陆之后数小时之内又通过空中手段转移至其他地区，而远程巡逻小队则将留在原地。在开展空中机动火炮突袭的行动中，也可能发生同样的情形。1门榴弹炮吊运至某山头之后，将立刻向预先标定的敌方目标发起轰击，然后迅速撤离，配合行动的远程巡逻小队则暂时留守原地。在湄公河三角洲，远程巡逻小队还有可能搭乘机械化部队的装甲人员运输车辆或内河巡逻艇进入作战地域，再在中途下车。

在进攻行动中使用最频繁的是直升机，在行动中先选定1个最佳降落区，另外再确定1～2个备选降落区着陆。在某些区域，由于可选的着陆地点有限，加大了行动难度，在这样的区域行动，敌方很容易设置监控，往往只需要1个村民就能向当地游击队通风报信。在没有降落点或降落点有敌方监控的情况下，小队会选择树丛稀少的地带，从100英尺（30米）的空中索降。还有更常用的方法是直升机着陆，或是在离地数英尺的空中盘旋，小心地避开植被下的洪水、岩石、树桩、伏木，让士兵登陆。

接到任务后，小队继续进行准备工作，包括移动编队训练、紧急行动训练、直升机着陆训练，以及索降着陆训练。即

对页图：1972年，泰国，2名特种部队士兵正准备使用STABO快速提升升空系统。该系统由雷孔多学校的特种部队教官研制，可用来在直升机无法着陆的地方撤离1～4人。（罗恩·沃尔斯塔德绘制，鱼鹰出版公司）

使是刚刚完成一项任务,也要进行演练,保持远程巡逻队的行动状态。小队研究作战地域地图和航拍图,确定降落点,设置炮击目标参考点、路线和对象,有可能的话,队长和部队长官会对作战地域进行空中侦察,确定降落点和路线。此时,飞机并不是来回侦察,而是一次性飞过,这样的侦察结果会有所不同。

随后,小队会将任务的各个要项向连长和作战长官汇报,连长和作战长官会进行询问,确保小队做好充分准备,能够完成任务,处理突发状况。询问后,队长会进行最后一次检查,确保武器和装备无误,并且做好了隐蔽和消音以及全套伪装措施。

小队对声音的控制非常严密,一切可能会发出声响的装备都要用胶带缠绕,或是加上衬垫,尤其是带扣和摁扣。步枪上的环扣要卸下,能卸的背带也尽量卸下。器械在装取时不能有金属擦碰。小物件可以套上短袜。口粮也"化整为零",去掉外包装,可以扔弃的尽量扔弃,以减轻重量和减小体积。远程巡逻队的口粮经常是用罐头食品(C 口粮)代替,但罐头较重,开启时容易发出声音,气味也比较明显,而且空罐也必须处理,因此通常只留下肉类和水果类罐头,用袜

左图:直升机被大量用于执行将远程巡逻队送入战场的任务,图中是士兵们正在准备将24米长的带铝质横挡的软梯安放在休伊直升机上。通过拉动系在软梯横挡中间的绳索可以方便地将软梯收回卷起。(美国陆军)

子包裹,而B口粮(饼干、可可粉)则扔弃。

物品的防雨、防潮、涉水时的防浸湿也很重要。1957年塑料食品袋问世,但在越战期间很少运用,1968年发明的自封袋则更少使用。士兵多是以口粮和电池包装上的塑料纸、金属箔或玻璃纸来包裹物品。他们携带的唯一文件就是自己的身份证明和日内瓦公约卡,另外还有一个小笔记本和铅笔,之所以不用钢笔,是因为墨水字迹会因纸张受潮而无法识别。随身携带的还有通信作业指令(SOI),其中有步话机呼叫信号、频率和代码。步话机也是用塑料纸包裹,防水防尘,再配一个备用步话机。地图用"军用乙酸"双面塑封,

相比于供指挥哨所使用的普通覆膜地图而言,士兵地图使用的这种塑封材料更为轻便,柔韧度更高。材料一面有粘胶,可贴覆于地图纸上,既可防水,也不会留下油性笔痕迹,如果地图被敌方截获,也不会泄露信息。当小队有新的发现或侦察到敌情时,可在图上加注。当士兵脱离小队时,就携带一份这样的地图。

每支枪械都要擦拭,仔细装膛,每个弹匣只装18发子弹,以避免弹簧过度压缩损坏。弹匣内倒数第3发子弹为曳光弹,以提示枪手弹药将尽。有的士兵会携带1~2个全曳光弹匣(据说这样不损伤兵器)或曳光弹间隔排列的弹匣,当侦察兵使用时可以干扰敌方,使敌方误以为受

对页图:侦察小组士兵通过带铝横挡的长达24米的钢绳软梯爬进UH-1H式休伊直升机。这让侦察小队可以从直升机无法着陆的接应区撤出。这种软梯卷起后放在直升机的滑橇式起落架上,前端绑有沙袋以保证抛下时有足够的坠力穿过植被的阻挡。(美国政府)

到重火力攻击。弹匣口朝下放入弹药袋中,弹尖朝向身体外侧,弹匣底部有1个小胶条,便于从袋中取出弹匣。第2个弹匣一般和枪械中的弹匣粘连,以便进行快速更换。手榴弹在装安全针之前,手柄先用胶带封裹,或将拉环封裹,避免钩住植物。包裹物上闪光和突出的东西也要取掉,"阔剑"地雷则配有延时保险丝,放在帆布背包顶层,便于取用。

小队登上"休伊"直升机(Huey),队长坐在出舱口一侧。他们会在靠近树林边的地方着陆,由此进入林地。通常,枪械中是不装弹药的,但远程巡逻队的枪械则要安全地装上弹药。直升机内座椅已经拆除,士兵们坐在地板上,不系安全带,枪口朝下,帽子装在口袋里,防止吹飞。理想的情况下,执行进攻任务的直升机小队还配备另外1架救援直升机,以防不测。直升机上有另1个小队,2个小队可在不同的作战地域展开渗透任务,他们由1~2架武装直升机护航，并且在渗透任务执行过程中遇到阻力时，护航直升机还可以为他们提供火力支援。其中 1 架 C&C（指挥与通信）直升机上有 1 名连级军官指挥进攻任务，确保小队进入正确的降落点，并协调火力支援。小队的无线电调至 C&C 直升机频率，接收天线掰弯，避免碰到直升机桨片。

所选择的降落点通常面积较小，较为隐蔽，远离敌方可能布控的区域，避免引起注意，最好是有一定的特殊地貌，例如山脊、小山包，或者森林带，将降落点和敌方区域隔开。但实际中往往达不到这样的条件，降落点也许会离敌方非常近，于是攻击小队和救援小队会多批次分散着陆。另一种方法是飞机贴树顶列队飞行，攻击小队直升机着陆，放下队员，当后面的直升机飞过时，再重新跟上。

进攻行动是最为紧张的环节，每个人都面临巨大挑战，而此时也正是纪律和艰苦训练成果得以体现的时刻。队伍要集中，随时应对突发情况。机长在降落点几分钟距离之外的地方提示做好准备，队长将头探出飞机，确认降落点是否正确。若是着陆地点错误，即使只是几百码的误差，由于缺少可识别的地标，小队在茂密丛林中的实际位置就非常难以确定。小队要能随时准确地报告自己的方位，这是关乎生死存亡的事情，不幸的是，降落在错误降落点的事时常发生。

直升机旋转着机翼贴地悬停，离红土地面只有数尺，队员们全部从飞机一侧出动，迅速消失在茫茫森林中。队员也可以打开两侧的舱门，同时从两边下飞机，飞机一离开就立即转移，这只要数秒时间。如果他们受到攻击，他们清楚自己不能在飞机内开火，以免打到飞机、机组人员，或是队友。如果第 1 名队员出舱后发出信号，他们就全部出舱，一个跃步冲到最近的隐藏点。他们紧紧围成一团，前行 330～1000 英尺（100～300 米）时停下，然后蹲跪下来，握好枪械，处于戒备状态。飞机离开后，队伍保持绝对的安静，倾听周围动静和信号枪声，适应自然声响。队长将手持无线电贴近耳朵，当确认安全后，他向 C&C 直升机发出安全信号，并与另外 1 台无线电进行通信检查，C&C

对页图：在没有着陆场地或者某个区域只有少量着陆场地时，UH-1D "休伊" 直升机用索降的方式把任务小组投放到任务地域。这并不是一种令人满意的模式，因为这需要事先对直升机进行专门改装和事先对人员进行培训，而且直升机在 15～32 米的高度悬停的几分钟里会成为暴露目标。（罗恩·沃尔斯塔德绘制，鱼鹰出版公司）

下图：2 名头戴 XM29 式催泪瓦斯防护面具的远程巡逻队队员。他们使用 1 夸脱水壶包来携带 XM177E2 式冲锋枪的弹匣（每个水壶包可装入 5 个弹匣），而且在丛林迷彩服的肩部位置缝有衬袋。（美国陆军）

对页图：1967年9月，1艘重武装的"麦克"艇（机械化登陆艇）在越南湄公河三角洲运送"海豹"突击队员离开巴塞河河畔的游击队工事。该工事在赤潮行动中被"海豹"突击队摧毁。（美国海军）

直升机和武装直升机会在附近盘旋待命，进行信号和设备检查，确保没有遗漏。一切就绪后，队长报告移动方向，然后列队前进。

小队中最有经验的侦察员手持全自动武器开路，后面是队长，再后面是无线电通信员，然后是队员，副队长殿后。在植被稀疏的地带，队伍按楔形或菱形排列，但在植被茂密的地带行进时，可采取一路纵队，这种队形移动更快，动静更小，更容易控制，因为只需要开辟一条通道，所以队员体力消耗更小。一路纵队相比其他宽幅队列，留下的行进痕迹小，更不易暴露。队员间隔距离依植被疏密情况而定，但通常较为紧凑，每个人都负责观察一定区域，手中握好武器，谨慎前行。对于非自然的声响，自然声响的异常中断，一点点风吹草动，或是人为的可疑动向，队伍都保持戒备。

部队行进非常谨慎，速度极慢，有的情况下1小时只能前进数百码。脚步要非常轻，每一步都小心翼翼，脚跟落定之前，脚尖试探清楚地上的枯枝、窸窣的落叶和碎石。他们顺着地形行走，不离开植被茂密的地带，蛇行穿越作战地域，一路上对取水点、降落点、行进路线进行标记，对地图进行更正，通过手势传递行动信号，通报险情。当的确需要发声时，则通过耳语进行传递。

在穿越危险地带时需采取额外的预防措施。在溪流和沟谷边行走时，尽量不留下痕迹；通过道路和小径时，要单线行走，每个人都沿前面人的足迹落步，尽量避免留下脚印，隐匿队伍的人员规模。另一种方法是队员沿小径排开，一次性通过，使停留时间最短，如果交火，队伍也不至于被打散。先穿越沟谷或其他难以穿行的地带的队员要放慢速度，让后面的队员有时间跟上，保持队伍不分离。行进过程中要避开侦察目标以外的村庄和耕地，并且走下风口。穿越溪流时要做停留，罐装水壶，然后在下一个休整点投入"哈拉宗"药片消毒。

为了不被敌方发现，远程巡逻队行

基特·卡森侦察队（KIT CARSON SCOUTS）

基特·卡森侦察队由游击队和越南人民军的变节者组成。被美军当作情报来源的战地侦察兵，执行从甄别潜伏的越共成员到辨识陷阱的各种任务。组建该部队的计划是美军海军陆战队第1师在1966年下半年策划的，以对印第安人作战的19世纪著名美国边疆军人基特·卡森命名。1967年时得到高层的注意，被驻越美军司令威廉·威斯特摩兰上将正式批准在海军陆战队中推广，海军陆战队第1师和海军陆战队第3师都在1967年年中组建了基特·卡森侦察队。到1969年，共有2200名变节者为美军服务，其中有的还协助诸如远程巡逻队等美军特种作战部队行动，在这些人中有大约230人阵亡。

进速度很慢，但这种速度是许多指挥官都不太能理解的。无论站在地面的丛林里观察，或是从植被覆盖的山顶上观察，他们看到的只有树木，不能完全理解部队行进的艰难。

无线电因为需要保持电池的电量，通常处于关闭状态。电池极易消耗，而且部队只能携带几块 4.12 磅（1.9 千克）的电池，只有在怀疑有敌军接近时才会开启无线电。

无线电按规定的时间在 1 天之内进行 3~4 次联络，报告小队的方位、移动方向和状态。在无线电覆盖范围以外的作战地域，直升机每天会飞越数次进行联络。

网格坐标情报传送采用一种"加扣（shackle）编码"方式，这是一种简单的低级编码，对网格坐标进行加密。首先是确定一个包含 10 个字母的单词，其中不能有重复的字母，例如 BLACKNIGHT，用 10 个字母替代数字 0~9，当传输一个 6 位数的坐标时，通信员会说："这里是加扣编码，Charlie, November, Kilo, Bravo, Alpha, Lima, 收到了吗？完毕"。以 BLACKNIGHT 为编码词，基站会复述语音字母，上例中所代表的数字为"465132"。另一种方法是"KAC 码"，通过密码本将数字转换为字母。

许多任务没有发现敌情，即所谓"干洞"任务，但这样的结果是有价值的，因

右图:远程巡逻小队经常会被送到某个偏远的临时火力点,然后在黄昏或拂晓前步行离开。图左的远程巡逻队员肩后绑着一罐血清蛋白,这种血容量扩充剂曾挽救了许多生命。(美国陆军)

为能确定目标地点没有敌军,或是已经从该地点转移,这是很重要的情报。巡逻小队也许能找到曾经驻扎在此的敌军大本营的蛛丝马迹,掌握敌军的规模以及撤离的方向。小队往往可以在1天甚至数小时内从这样的作战地域撤离,有的时候还可以转入邻近的作战地域。

小队会在黄昏时分借助落日余晖行动,队长会选择一个过夜点,审慎地确定方位,然后继续前进。如果遇到跟踪,小队就会退回过夜点,立即消除行动痕迹。过夜点好比是迷你栖身所,提供最基本的栖息和掩护条件,保障安全,进行短期防守。天黑之后,远程巡逻队还会再行进一段距离,以蒙蔽敌方。过夜点设在密林中,远离道路、溪流和容易穿越的地带。小队在必经的道路口埋设"阔剑"地雷。休息的时候,队员会排列成"车轮"形状,头朝外,脚在圆心,只要动动脚,就能相互警醒。另一种休息方法是背对背紧紧围成一圈,坐在背包上。休息的时候,要检查武器和装备,进行擦拭,但不拆卸,然后用无线电通报情况。睡觉时,不用铺盖,如果附近有敌人,那么即便是在雨天,远程巡逻队也不用雨布,以免发出声响或亮光。除了要使用的物品以外,所有其他物品都要打好包,以备随时行动。队员们不剃须,不刷牙,需要脱鞋时,每次只脱一只。

食品很少加热食用，加热片或C4燃烧球和食物的味道一样，都容易暴露队伍。远程巡逻口粮或C口粮通常都是干粮冷食。在行程较远的任务中，尤其是在雨天，热食要在远离敌方的时候就准备好，温热的饮用水可用自带的"酷爱"牌甜饮包（Kool-Aid）增加口味。

夜间要避免行动，因为夜间行动动静大，行进缓慢，而且很容易误入敌方营地或是遭到伏击。当时还没有夜视镜，夜晚的丛林能见度极低，列队行进无异于自寻死路。

如果遭遇敌军，远程巡逻队会尽一切可能快速打击对方，包括从附近武器库调用火炮进行支援。战斗结束后，会乘直升机迅速撤离，直升机也能在战斗中提供一定的火力支持，这样的任务要求作战人员具备极强的心理素质和应变能力。

美国海军"海豹"突击队和其他特种部队

不只是美国陆军对特种部队的组建给予了很大关注，越战也促使美国海军扩充新的特种部队，尤其是声名赫赫的美国海军"海豹"突击队。"海豹"（SEAL）一词代表着英文单词"海""空""陆"，表

下图：美国海军"海豹"突击队乘"威拿"艇在朗赛特区冲滩登岸，上岸队员手中已端好了步枪。投入作战部署的"海豹"突击队可以深入游击队和越南人民军控制区活动数天甚至数周之久。（美国海军）

对页图：1968 年 10 月，准备从 1 艘内河巡逻艇上发动攻击的"海豹"突击队员在检查武器。（美国国家档案和记录管理局）

明它是全方位综合型部队。

美国海军"海豹"突击队前身可追溯至多个部队，如美国海军水下爆破大队（UDT）、海军战斗爆破部队（Naval Combat Demolition Units）、两栖侦察突袭队（Amphibious Scouts and Raiders）、战略情报局战斗蛙人大队（OSS Operational Swimmers）。其中较为人知的是美国海军水下爆破大队。

美国海军水下爆破大队在朝鲜半岛战争期间恢复活动，作为特种部队大队的一部分，人数发展到 300 人，分为 3 个小队。

朝鲜半岛战争期间，水下爆破大队有所扩充，不仅执行之前的各项海滩侦察任务，也在沿海的桥梁、电厂等重要地点进行近海岸作战和爆破行动。他们甚至还在 1952 年 4—9 月对当地渔业展开了代号"渔网"的破坏行动。水下爆破大队在空降行动中还发挥爆破、通信、水文分析等其他方面的才能，成绩突出，使水下爆破大队迅速成为美军中训练素质极高的部队。

在越战期间，水下爆破大队继续作战，1961 年 3 月，出现了一支新的精英部队，扩展了海军特种部队的能力。海军作战部长阿利·伯克（Arleigh Burke）向美国总统建议，让海军建立自己的反暴乱部队，肯尼迪总统采纳了这项建议，于 1962 年 1 月 8 日签发了总统令，组建美国海军"海豹"突击队。突击队最初拥有 2 支分队，第 1 支位于加利福尼亚科罗纳多的海军两栖基地（NAB），第 2 支位于弗吉尼亚小溪（Little Creek）的海军两栖基地。

尽管"海豹"突击队的很多人员原先在海军水下爆破大队服役，但突击队的训练对他们而言仍然极为严酷。队员不仅要学习全套两栖作战技能，还要学习跳伞、近距离作战、爆破、外语、高级野战急救等诸多经典的特种兵作战技能。

"海豹"突击队于 1962 年进入越南作战，主要作战年份是 1966—1973 年。执

"不死鸟"行动

"海豹"突击队曾执行暗杀任务。这些行动是中央情报局在 1968—1972 年实施的"不死鸟"行动（最开始叫作情报协调与利用行动）的一部分。这一行动目的是甄别、逮捕和在必要时杀死越共人员与支持者，特别是那些在城乡生活中具有影响力的人。该行动有两个主要参与者：一个是积极活动的情报与作战队伍——暂编侦察部队（"海豹"突击队员有时会参与其中），一个是分区刑讯中心。一旦依据情报进行了甄别，被怀疑对象要么被直接杀掉，要么被带到刑讯中心，通过严刑拷打等各种手段从他们身上榨取可能会有用处的信息。尽管这一行动的残暴性和对乡村民众的侵犯让南越民众离心离德，但从各方面来看"不死鸟"行动都极为高效，在 1968—1972 年期间一共让 81740 个被怀疑可能是越共人员的人"失去效能"，其中 26369 人是被杀掉了。到 1972 年"不死鸟"行动大体上终止了，不过行动内的部分活动一直持续到了 1975 年。

行的任务包括为在南越的潜水员提供导航,在北越海岸线上进行秘密监控。而他们最大的贡献是在南越迷宫一般的航道中充当反游击精英部队,尤其是在西贡东南的朗赛(Rung Sat)特区,那里有大片红树林湿地,还有湄公河三角洲,地形也是同样复杂。小规模的"海豹"突击队部署在这些区域的中心地带,使用浅吃水舟艇,通常配有舟艇支援小队。舟艇支援小队于1964年组建,专门支援"海豹"突击队行动。部署完毕后,"海豹"突击队员做好高超的伪装,融入水上环境,凭借强韧的作战力对抗游击队,展开伏击和突袭,摧毁敌方。仅凭自身的技能和顽强的毅力,"海豹"突击队员可以在野外独立生存1个星期,甚至更长时间。

和美国其他部队一样,"海豹"突击队于1973年正式撤离越南,此时"越南化"进程表面上已近结束。"海豹"突击队任务完成后,获得了上百项荣誉(包括3枚荣誉勋章)。

美国卷入越南战争前,美国空军也扩充了自己的精英部队,其伞降救难队(PJ)始建于第二次世界大战期间,当时是一支经过高级训练的小型空中救援部队,专门在艰苦的中缅印战区搜寻失散的飞行员。他们受过医护训练,先是搜寻坠机点,然后进行伞降,降落地点往往是在敌方领地,降落后,他们搜寻到被困的机

组人员，展开救治。

1946年5月，美国陆军航空兵建立了空中救援服务队，伞降救难队就是其中重要组成部分。当飞行员和机组人员在远离空军基地的区域坠机时，他们负责营救，这些行动往往在敌人后方（美军在此处主要考虑的是营救远程轰炸机飞行人员）。伞降救难队面对的情况与环境复杂多变，随时会发生战斗，因此他们要接受精英级别的训练，包括跳伞、两栖作战和生存技能、高级医护技能等。这些培训专门针对伞降救难队设置，很快就在佛罗里达麦克迪尔空军基地（MacDill Air Force Base）的伞降救援和生存学校（Pararescue and Survival School）展开。

伞降救难队在朝鲜半岛战争和越南战争中都起到了重要作用，营救了上千名坠机的空勤人员。在越南，新一代的直升机得到运用，这意味着面对越南丛林密布的地形，伞降救难队有了更多作战方式，甚至可以到越南北方境内实施小规模攻击。1975年战争结束时，伞降救难队已成为美国空军名副其实的精英，队员戴上了象征荣耀的褐红色贝雷帽。

3　第二次世界大战后及冷战期间的特种部队 | 241

左图：1968年10月，越南某处行动地点，准备从内河巡逻艇上冲滩的某海豹突击队员准备好了自己的武器。（美国国家档案和记录管理局）

左图：一个完成任务归来的远程巡逻小队。站在中间的队员手持一支很受侦察兵喜爱的12号霰弹枪。（美国陆军）

越南战争以美国失败告终，后来的十多年里，各种针对战术、战略以及社会方面的尖锐质疑使美国军方疲于应付，不得不为自己的行径辩解。而战争能明确证明的是，"精英"队员们名副其实。战后，美国陆军、海军、空军的特种部队都成为其正式组成部分，海军陆战队延续了精英侦察部队和侦察狙击队的传统。越战之后的其他军事活动中，特种部队迎来新的挑战，得到进一步发展。

对页图：1968年3月在越南的湄公河三角洲，"勇龙3号"行动期间，1名"海豹"突击队员在新定岛的一处游击队工事顶上安放炸药，准备将其炸毁。（美国国家档案和记录管理局）

1968年，参加训练演习的美国陆军游骑兵。在20世纪80年代末，游骑兵训练已被公认为是世界上最难的军事训练课程之一。（美国国家档案和记录管理局）

4

后越战时期的特种部队
（1975—2000年）

越南战争以及其他战争共同奠定了特种部队在美国军事文化中的地位。虽然许多高级指挥官和国防学者对于越南战争中独立精英的提法持审慎态度,但现代战争的复杂性使特种部队变得不可或缺并得到进一步发展。20 世纪 70—90 年代,特种部队的规模得到极大扩充,兵种也愈发多样化。

20 世纪最后 30 年里,特种部队大发展的背后有多种相互交织的因素。当时冷战仍在继续,由于有特种部队,美国可以达成多种对外目标而不必花费巨额资金,又能避开常规战争带来的政治问题。更重要的是,恐怖主义肆虐世界,威胁各国政府,妨碍国际交流,伤害广大民众,需要特种部队承担反恐使命。实际上,因为 9·11 事件的冲击过于强烈,世人反而容易遗忘恐怖主义在 20 世纪 70 年代和 80 年代给世界带来的巨大伤害。20 世纪 70 年代全世界发生恐怖主义事件 8114 起,导致近 5000 人丧生。欧洲受害最为严重,其次是拉丁美洲地区,然后是中东。20 世纪 80 年代,恐怖事件超过 31426 起,恐怖分子的攻击目标由财产、航班转向民众,累计死亡人数 70859 人。欧洲在死亡名单上退至第 2 位,拉丁美洲地区升至第 1 位。拉丁美洲与美国毗邻,美军必然要在军事安排上更多地偏向反恐精英部队。

众多事件刺激了美国加强特种部队建设的欲望。比如 1980 年在伊朗营救人质的"鹰爪"行动的灾难性失败和 1983 年入侵格林纳达的"紧急暴怒"行动中,特种作战的结果喜忧参半。

在东南亚的行动中,美军的弱点暴露无遗,为了弥补这些缺点,美军将其精英部队设立为一个独立的分支。1979 年苏联入侵阿富汗时未遭到太多的国际干预,美国当局认为出现了地缘政治威胁,但公开宣战又不切实际,美军重新审视军事战略后,决定为特种部队建立一个全方位的指挥体系。

1987年4月16日，美军特种作战司令部（USSOCOM）成立，总部在佛罗里达麦克迪尔空军基地。美军特种作战司令部的存在，促进了特种部队军官的晋升，使训练有素的军人的服役期主要在精英部队中完成。美军特种作战司令部拥有陆军、空军、海军、海军陆战队各军种的特种作战部队和指挥系统，使特种部队成为美军最高层次中一个基本的组成部分。

特种部队的变迁

1973年后特种部队结构发生了巨大变化，又出现许多新部队。越战刚结束，特种部队就进行了大幅裁减，陆军的特种部队也没能幸免。例如，1969年12月1日第3特种部队大队（空降）撤编，1971年第6特种部队大队（空降）撤编，在非洲和中东的任务由第5和第7特种部队大队（空降）接替。1969年9月第10特种部队大队（空降）从德国移至马萨诸塞的德文斯堡，它的A连（1972年改编为第1营）留守拜德托尔兹，仍然执行在欧洲的任务。其他的特种部队仍然留在德国，特种部队欧洲处于1968年7月11日成立，行使部队的指挥和控制职责。1965年9月1日第39特种作战分队（1972年编为连级部队）成立。第8特种部队大队（空降）于1972年6月30日撤编，人员入编第7特种部队大队（空降）第3营，继续执行拉美地区任务。第1特种部队大队（空降）于1974年6月28日在布拉格堡撤编，只留下在朝鲜半岛的特种作战分队。

在一部分部队撤编之后，余下的部队在人员配置上也有大幅削减。特种部队训练大队于1972年改编为军事援助学院学生营。特种部队就此陷入低谷并一直持续到20世纪80年代早期。但特种部队仍然一直在执行任务，重点区域在拉丁美洲，在欧洲和非洲也有部署。特种部队也开

下图：1971年9月，1名来自第8特种部队大队（空降）流动培训小组的教官在萨尔瓦多的桑伯纳蒂新兵训练中心指导该国陆军的新兵。（美国陆军）

始在美国本土活动,其中包括针对美国印第安人的高难度训练和国家建设特殊能力行动。

针对全世界范围内猖獗的恐怖主义,1978年7月20日,美国陆军在布拉格堡组建了"三角洲"特种部队(第1特种作战分遣队D分队)。1名叫查尔斯·贝克维斯的越战特种部队老兵是这项举措的推动者,他曾作为联络官在马来亚危机中同英军特种空勤团一道行动。贝克维斯提议美国政府效仿特种空勤团,建立一支直接用于反恐作战的专门部队,这在起初遇到很大阻力,但最终在20世纪70年代中期获得授权。从那时起,"三角洲"特种部队始终是美军特种部队中最神秘的一支,其行动往往引起外界的猜疑。出于一种攀比目的,第5特种部队大队(空降)也于1977年组建了一支称为"蓝光"(Blue Light)的反恐部队,但次年就解散了。这是一支复合型部队,综合执行突击、心理战、国内行动。

"三角洲"部队参与了美国特种部队史上最失败、也是影响最重大的一次行动——"鹰爪"行动。当时的吉米·卡特总统授权了这项任务,以尝试营救被扣在美国驻伊朗德黑兰大使馆的52名美国人

对页图:1989—1990年,美国特种作战部队在巴拿马。
1. "三角洲"突击队员。
2. 第37特种部队大队(空降)第3营A连特战队员。
3. 美国海军"海豹"4队队员。"三角洲"部队和"海豹"突击队员身着统一制服,但在装备方面却有很大选择空间。(罗恩·沃尔斯塔德绘制,鱼鹰出版公司)

左图:1985年3月在韩国进行的"合作精神85"演习中,1名韩国第1特种部队的士兵在空降后警戒位于骊州机场的空降场外围。(美国国家档案和记录管理局)

右图：伊朗首都以南约482公里处的沙漠里烧毁的美国飞机的残骸。1980年4月美军进入伊朗实施了一次突击队模式的突袭，试图解救被关押在德黑兰的美国人质，但失败了。这次灾难性的失败促使美国政府对特种部队的体系与协调模式进行了改进。（美联社）

质。行动计划非常复杂，涉及"三角洲"部队（第一次执行作战任务）、美国空军和海军陆战队，于1980年4月24—25日实施，结果在第一个集结地点就只有8架直升机中的6架抵达，此后，1架C-130加油机撞上其中1架直升机，产生猛烈爆炸，导致任务失败。5名空军人员、3名海军人员死亡，其余的直升机只得丢弃在降落点。

"鹰爪"行动不仅是一起惨案，也使美国特种部队蒙羞，此后，美国国防部对此进行了反思。于1980年末组建了联合特种作战司令部（JSOC），职责是协调"三角洲"部队、"海军特种作战研究大队"（即"海豹"6队——the Navy Special Warfare Development Group/DEVRGU）、美国空军第24特种战术中队（STS）等所谓的"第一等（Tier 1）"特遣队的训练与作战。美国空军对其下属的特种部队进行了合理化整编，全部编入1983年2月10日成立的第23航空队。该单位最终在1990年发展为美国空军特种作战司令部（AFSOC），掌管所有的美国空军特种部队。

尽管如此，美军特种部队总体上并没有统一的指挥，这种局面使各个特种部队会被各常规部队指挥官不恰当地调遣。1983年入侵格林纳达的"紧急暴怒"

行动就出现了这种情况。这种不恰当指挥促使美军对国防结构进行了为期2年的重整，于1986年通过了戈德华特－尼科尔斯国防重组法案（Goldwater–Nichols Defense Reorganization Act）。美国军方指挥系统在组织结构上的这次重大变化也促成1987年4月美军特种作战司令部的成立。虽然统一的特种部队指挥系统的建立过程并不顺畅，但美军特种作战司令部此时还是对特种部队进行了20世纪80年代初期就应该进行的集中化改造，詹姆斯·林赛（James Lindsay）将军出任首任美军特种部队总司令。

游骑兵

至特种作战司令部成立时，美军特种部队的力量已有所加强，除了游骑兵以外，还建立了几支新的特种部队。越战结束时，几乎所有的游骑兵连都撤销了，但1974年，陆军还是决定建立一支能迅速实现全球部署的部队，第75步兵（游骑兵）团的A、B两个游骑兵单位作为这支部队——第75步兵（游骑兵）团第1营

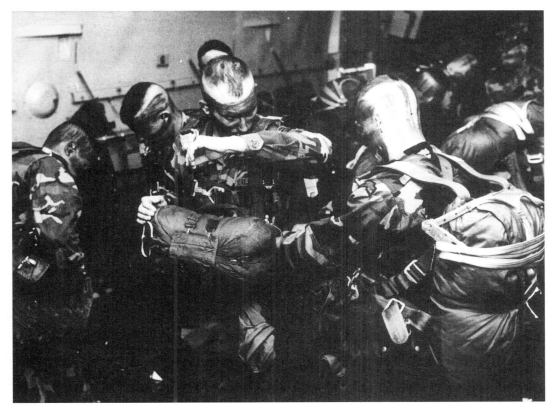

左图：在从亨特陆军机场乘坐C-141运输机飞往巴拿马托库门／托里霍斯机场期间，已经做好伪装的第75游骑兵团第1营士兵在检查降落伞。（美国国防部）

与第 2 营的骨干。第二次世界大战中担任过陆军参谋长和装甲部队指挥官的克雷顿·艾布拉姆斯（Creighton Abrams）将军是 1945 年以来推进建立第 1 支营级游骑兵部队的功臣。他相信精锐的游骑兵部队能成为陆军的标杆，其影响力能带动整个陆军的提升。《艾布拉姆斯章程》中明确写道：游骑兵营是一支轻型精英部队，是世界上专业化最强的步兵营，无论徒手还是武器运用均无可匹敌。营中官兵绝无不良人员，否则立即撤编部队。无论在何种战场上，游骑兵都将拔得头筹。

1974 年 1 月 25 日，美国陆军司令部发布了第 127 号训令，指示成立第 75 步兵（游骑兵）团第 1 营，生效日期为 1974 年 1 月 31 日。1974 年 7 月 1 日，第 75 步兵（游骑兵）团第 1 营伞降进入佐治亚的斯图尔特堡（Fort Stewart），不久之后的 1974 年 10 月 1 日，第 75 步兵（游骑兵）团第 2 营成立。以上部队基地分别位于佐治亚州的亨特陆军机场（Hunter Army

对页图：20 世纪 80 年代游骑兵。
1. 1984 年，埃及，第 75 步兵（游骑兵）团第 1 营专业军士，狙击手。
2. 1981 年，华盛顿州刘易斯堡，第 75 步兵（游骑兵）团第 2 营专业军士，室内清剿小队队员。
3. 1986 年，佐治亚州本宁堡，第 75 步兵（游骑兵）团第 3 营一等兵，班组自动武器射手。
4. 1986 年，佐治亚州本宁堡，第 75 步兵（游骑兵）团团部连上士。（罗恩·沃尔斯塔德绘制，鱼鹰出版公司）

游骑兵营

游骑兵团团部下辖 1 个指挥组、1 个无线电（通信）分队（RSD）、1 个火力支援分队、1 个侦察分队（RRD）、1 个训练分队（RTD）和团部连。训练分队负责新加入游骑兵部队人员为期 3 周的游骑兵教育课程（RIP）、重返游骑兵部队老兵为期 2 周的游骑兵培训课程（ROP），以及准备进入游骑兵学校受训的准游骑兵的为期 3 周的游骑兵预备课程。游骑兵学校由步兵学校游骑兵训练旅（RTB）负责。

游骑兵团所辖的 3 个游骑兵营的核心部队的建制都是一样的，每营下辖 1 个营部连和 3 个步兵连，编制人数为 580 人，此外还要加上相当于这个数字 15% 的进入军校受训的在训人员。每个营都必须能在得到通知的 18 小时内部署到世界上任何地方。游骑兵营属于轻步兵营，只有少量车辆和车载武器，也只有最低限度的防空武器和反装甲武器。游骑兵营缺乏自持能力，无法长期作战，一次部署只能维持数天时间。各营下辖的 3 个连每连有 152 名游骑兵，组成体系和营类似，每连下辖 1 个连部分队、3 个步兵排和 1 个火力排。火力排下辖 1 个迫击炮组、1 个反坦克／反装甲组、1 个狙击手组。

游骑兵团的团部所有时段都在第 1 战备反应部队值班，各营轮流充当第 1 战备反应部队的值班部队，通常 13 周轮换一次，要求该营能在得到通知的 18 小时内进行部署，还要求该营指挥控制组加上 1 个步兵连可以在 9 小时内进行部署。为保证能满足这一时间标准，充当战备反应部队的营禁止进行任何岗外训练和部署。需要注意的是第 75 步兵（游骑兵）团在 2006 年增编了第 75 特种营，负责原先由各营内部分队执行的情报与侦察任务。

Airfield）和华盛顿州的刘易斯堡（Fort Lewis）。

现代游骑兵营参战始于20世纪80年代。第75步兵（游骑兵）团第1营参与了"鹰爪"行动和"紧急暴怒"行动。尽管这两项行动出现了各种状况，但游骑兵仍然声名大噪，促成第3营及团部的成立，于1984年7月1日取得临时番号，10月3日在步兵大本营佐治亚的本宁堡成立。至1986年2月2日时，第75步兵（游骑兵）团已正式获得之前全部游骑兵部队的身份和荣誉。到20世纪90年代，第75步兵（游骑兵）团由团部、指挥连以及3个步兵营组成，整个建制内仅有不到2000名游骑兵，标准统一，等级森严，纪律严明，有独特的礼仪和身份标识（游骑兵飘带和黑色贝雷帽）。游骑兵任务核心是直接行动，特别是攻取机场和展开突袭。训练项目包括移动联络、伏击、侦察、空降打击和空中打击、快速防御、海陆空的突

下图：1982年，参加游骑兵教育课程的第75步兵（游骑兵）团第2营候选学员、一等兵阿特·伯吉斯在31号靶场进行特殊武器训练期间使用温彻斯特战斗霰弹枪射击。这种12号霰弹枪是很好的近战武器，在90米射程内有着极强的击倒敌人的威力。（美国国家档案和记录管理局）

入和突围以及人员和特殊设备的寻回等。典型的游骑兵营任务包括攻取机场，供后续一般任务部队（GPF）使用，对关键军事目标或战略要地实施突袭。

第 75 步兵（游骑兵）团全体成员都有机会进入游骑兵学校，该学校于 20 世纪 50 年代得到发展，虽然名号为"游骑兵"，但学校的主要目的是教授导航技能，在 20 世纪 90 年代末，课程时间为 58 天（后改为 61 天），分为 3 个阶段，内容与时俱进。但自 20 世纪 90 年代起至今，主体课程内容没有太大变化，只有部分内容有所改变。

本宁阶段

本宁阶段分为 2 部分，第 1 部分在罗杰斯营地进行，包括体能测试（测试者要完成 49 个俯卧撑、59 个仰卧起坐，在 15 分 12 秒内穿跑鞋跑完 2 英里（3.2 千米），还要完成 6 个反握引体向上）、水战生存测试、5 英里（8 千米）跑、数次 3 英里（5 千米）障碍跑、16 英里（26 千米）徒步行军、昼夜地面导航测试、医护课程、刀具使用课程、刺杀与肉搏训练，最后是地面联络、爆破、基地与目标集结点巡逻（即在实际攻击或行动前最后的地点）。这一阶段以在弗莱尔降落区接受一次紧急空投补给结束。

第 2 部分在附近的达比营地进行，在达比营地的重点是小队战斗巡逻任务。游骑兵要完成"达比女王"障碍课程，学习巡逻的基础课程、警戒与作战指令流程以及通信课程。战斗巡逻任务基本技能包括实战技巧、伏击及侦察巡逻、入室／出室方法、空降袭击及空中攻击。游骑兵学员要完成一系列精英规格的、学员主导的战术巡逻任务，展现自己的专业本领。

下图：1981 年华盛顿州刘易斯堡，第 75 步兵（游骑兵）团第 2 营警戒小组。在警戒机场时警戒小组会驾驶 1 辆载重 0.25 吨的 M151A2 吉普，以便快速机动到路障处或其他目标地点。（罗恩·沃尔斯塔德绘制，鱼鹰出版公司）

本宁阶段课程完成后，学员转移至佐治亚州达罗尼加的弗兰克·D.梅里尔营地，继续下一阶段的训练。

山地阶段

在山地阶段中，学员学习山地军事活动技能，以班和排为单位学习连续作战性巡逻行动技能。他们还要学会计划、准备、执行多种作战巡逻任务，锻炼指挥和控制排级巡逻队伍的能力。游骑兵学员有5天的登山军事训练，学习绳结、绳扣、定位、绳索运用以及基础攀爬和索降技能。

山地阶段即将结束时，还未取得空降资格的学员乘巴士抵达游骑兵训练的最后一站，位于佛罗里达州的拉德营地（Camp Rudder）；取得空降资格的游骑兵学员则是走更快的路线，从军用飞机上伞降至目的地。

佛罗里达阶段

佛罗里达阶段的目标是强化游骑兵学员的作战武器实用技能。学员要在丛林/沼泽环境中进行扩展性的排级巡逻实训任务。技能训练包括：小艇操作、船岸操作、激流穿越以及丛林/沼泽环境中生存和活动所需的技能。佛罗里达阶段培训完成后，学员以空降突入方式进驻本宁堡。

游骑兵学校的这几个学习阶段将会令学员们永生难忘。8个星期里，学员们睡眠不足，食物更是短缺，经历极端考验。训练期间，每次只能休整几个小时，其余的时间里都是在巡逻，在某些地点，游骑兵学员还要带领自己的部队通过巡逻测试环节。游骑兵学校的一个特色是小队可以"监视"个人。在这种纪律下，若有的成员发生比如负重不合格，或偷吃食物这样的现象，小队就可将其除名。许多学员会因负伤或达不到规定标准，只得退出或重新参加学习。重新参加学习时，要等下一班轮到此项任务时加入。

训练进入尾声时，留存下来的游骑兵学员只要不犯大错，基本能够通过。他们空降至本宁堡，最后从游骑兵学校毕业。毕业后会被授予黑色和金色相间的飘带。通常，一期课程有400名学员，只有200名能毕业。

授予臂章后，游骑兵会再学习一些军事课程，包括在自由跳伞课程中学习高跳高开（HAHO）或高跳低开（HALO）技能，还可以进入水上技能学校学习，例如SCUBA（自携式水下呼吸器）学校或侦察蛙人学校，也可以进入陆军狙击手学校学习。

美国海军"海豹"突击队

游骑兵是陆军特种部队中强悍的一支，必要时也可以执行常规任务。美国海军在特种部队方面的主要投入是对"海

对页图：美军第75步兵（游骑兵）团。

1. 此人和其他游骑兵一样穿着丛林靴和越战时期的热带作训服，这种全尼龙服装被称作多功能轻量级单兵作战装备系统（ALICE）。

2. 这名第75步兵（游骑兵）团步枪手在普通ALICE装备外穿着仅有第75步兵（游骑兵）团装备的弹药背心，该背心被设计为可携行各类弹匣和手榴弹，由一家私人承包商研发，免费供给使用。

3. 鲜为人知的M67式90毫米口径无后坐力炮是在20世纪60年代早期作为连属反坦克武器研发的。前景处摆放的是1挺缴获的苏联PK机枪。（保罗·汉农绘制，鱼鹰出版公司）

"豹"突击队的扩充和提升，由新的特种部队指挥体系——海军特种部队司令部调度。该部门的建立时间是1987年，是美国国防全面系统升级的一部分。

至20世纪90年代末，根据当时美国陆军指挥和总参学院《特殊行动部队参考手册》这一资料所示，"海豹"突击队结构如下。

海军特种作战中心

科罗拉多海军两栖基地海军特种作战中心由1名海军上校指挥，是海军特种作战（NSW）的训练场。为期26周的"海豹"突击队初级水下爆破训练课程以及9周的特种作战战斗队员课程（SWCC）就在此处展开。此外，高级海上特殊行动训练也在此地进行。在弗吉尼亚州利特尔克里克海军两栖基地还有1个分校，用于东海岸人员培训。

"海豹"6队

海军特种作战研究大队（"海豹"6队）设在利特尔克里克，由1名海军上校指挥。职责为测试、评估、发展当前技术和新兴技术，研究海、陆、空战术。

海军特种部队大队

海军特种部队大队（NSW Group）有2支，分别是第1大队和第2大队，其基地分别位于科罗拉多海军基地和利特尔克里克，各由1名海军上校指挥。其职责是提供装备、后援以及指挥和控制配置。他们向"海豹"突击队和"海豹"运输载具大队提供排级部队和装备。排级部队编为3个"海豹"突击队，各有8个16人制排，还有1个属于"海豹"运输载具大队的小组，在美国本土之外，还有一些小的指挥控制部队，在行动时支援海军特种作战部队。

作战指挥勤务支援分队（CSST）

每个海军特种部队大队都配备1支作战指挥勤务支援分队，该分队有3项主要任务：协调作战计划／应急计划和危机行动后勤计划；战地协作、小型采购和租赁活动；前沿战斗基地支持。额外的任务包括部队登船、装载计划、多模式运输协调、作战物资管理、战地后勤协调以及相关工事构建。其职责还包括基础设施支持，应急工程，远征军营地建造、完善和维护，核生化（NBC）沾染防护，建设防御并进行守备。作战指挥勤务支援分队还负责军事联络员／国防武官的联络。

海军特种作战特混大队及分队

海军特种作战特混大队（NSWTG）和海军特种作战特混分队（NSWTU）是为执行特殊任务而设立的，既可独立行动

上图：1986年，1次战术训练中从水中冒出的美国海军"海豹"突击队员。前方队员使用的是装有M203下挂式榴弹发射器的M16A1步枪，右侧队员使用的是HK33KA1步枪。（美国海军）

又可联合行动。他们的职责包括提供指挥、控制、管理和后勤支持。

特别舟艇中队（SBS）

特别舟艇中队由科罗拉多海军基地和利特尔克里克海军基地的海军上校指挥，提供特殊行动舰船。每个中队中有一支或多支现役或预备役特别舟艇小队（SBUS）和"旋风"级沿岸巡逻艇（PC）。

特别舟艇小队（SBUS）

这些部队被训练和装备来实施多种海上及内河水域的特殊行动。

"海豹"运输载具大队

"海豹"运输载具大队由排级"海豹"运输载具大队或"海豹"突击队组成，由1名"海豹"运输载具大队指挥官或参谋长率领，依靠专门配有干甲板掩蔽装置（DDS）的潜艇从水下出发执行任务。

美国海军"海豹"突击排

美国海军"海豹"突击排由1名海军上尉指挥，由16名"海豹"突击队员构成，可分成2个班或4个小组。所有"海豹"突击队员具备潜水、跳伞以及爆破技能。

移动通信大队

海军特种作战第1、第2大队的电子通信部门（移动通信大队）为海军特种作战部队提供作战通信支持，在通信方面提供新式装备，研发新战术，制订、实施和总结通信方案。

这其中有一支部队始终避免受到公众注意，这就是深藏不露的海军特种作战研究大队（DEVGRU）。这支部队前身为"海豹"6队，于1987年更名，美国海军和国防部对其存在或行动均秘而不宣。我们虽不能确切了解其行动职责，但其主要任务应该是高危反恐任务、刺杀以及反武装扩散行动，主要活动范围应该是海岸或河流流域，也包含诸如石油钻井平台等水上设施。其成员也参与过重要人物搜寻和人质营救行动，例如1991年因政

下图：2011年4月16日，申请参加美国海军初级水下爆破训练课程的人员在位于加利福尼亚州科罗拉多的海军两栖训练基地进行体能训练，在初级水下爆破训练课程中将对学员的水上活动信心进行破坏性测试。（美国海军）

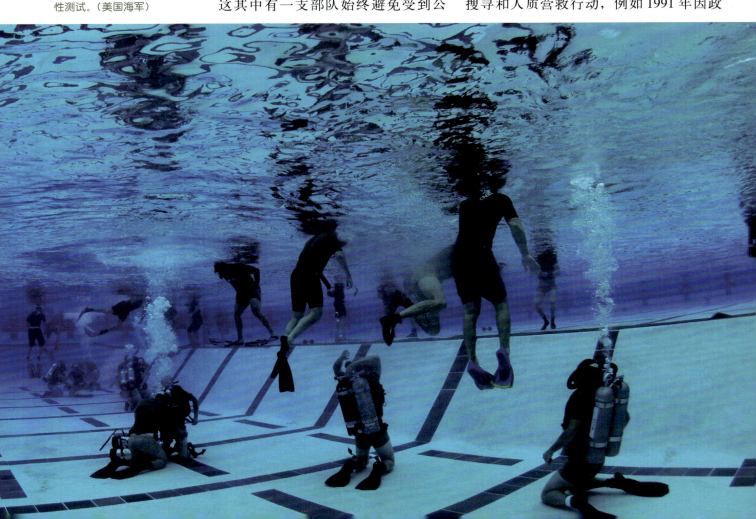

变下台的海地总统让－贝特朗·阿里斯蒂德（Jean-Bertrand Aristide）的搜寻行动。1993年摩加迪沙作战时发生的惨痛的"黑鹰坠落"事件，执行出击任务的部队中就有海军特种作战研究大队队员。在20世纪90年代南斯拉夫解体时，海军特种作战研究大队协助其他特种部队搜寻战犯。2001年5月2日，在巴基斯坦击杀奥萨马·本·拉登，一直极力隐藏自己的海军特种作战研究大队最终被世人关注。

"海豹"突击队无疑是美国海军精英之首，但在特种作战部队中，海军陆战队的武装侦察部队也不遑多让。在20世纪70年代和80年代，海上侦察部队灵活和攻击性强的特点很快有了用武之地。1988年，在波斯湾的"油轮战争"期间，在侦搜小队的支持下，海军和联合行动部队"拿下"了伊朗油田。1989年12月，巴拿马"正义事业"（Just Cause）行动中，美国出动了海军陆战队稳定中美洲局势。至1990年时，海军陆战队中的两栖和地面侦察部队拥有2个武装侦察连和2个预备连。3个陆战师共拥有3个侦察营和1个预备营。1990年，伊拉克入侵科威特，海军陆战队实施了自第二次世界大战以来规模最大的行动，为武装侦察部队又带来一次大展拳脚的机会。

如本章所述，在冷战及之后的数十年中，特种部队在结构和概念层次上又有所提升，在这期间，美军又建立了一些新的特种兵部队，本章未能尽述，但通过对这些部队的概览，我们还是能看出美国特种部队到千禧年之际时所发展形成的多样性层次。

第160特种航空团

第160特种航空团绰号"黑夜潜行者"，专门展开高风险航空行动，支援美军特种部队。这个团形成于第二次世界大战时期，1981年10月第160航空营成立时，第160特种航空团才真正建立起来，1986年变为第160特种航空大队，1990年改编为美军第160特种航空团（简称第160团）[160th SOAR（A）]。

第160团包含团部、4个营以及1个训练连，拥有世界一流的空军飞行员。与游骑兵相似，第160团执行多军种任务，有陆军、空军任务，也有团自身的任务。陆军特种作战司令部公布的营级资料描述了空中部队的构成：

每个营都依照轻型、中型和重型直升机搭配的战略组成，装备足以满足部队执行特殊任务的需要。第160团的升级重组方案于2007年10月获批通过，用数年时间完成。现在，第1营下辖一个AH-6"小鸟"直升机连、1个MH-6"小鸟"

上图：美军"黑夜潜行者"机组成员操作安装在CH-47G型"支奴干"直升机射击窗口处的7.62毫米口径M240弹链供弹式机枪。（美国陆军）

直升机连和3个MH-60"黑鹰"直升机连；第2营下辖2个MH-47"支奴干"直升机连；第3营、第4营各下辖2个MH-47"支奴干"直升机连和1个MH-60"黑鹰"直升机连。各营下辖有营部、指挥连、维修连。

考虑到特种部队隐蔽行动的特点和第160团夜间飞行能力相配，第160团自建立以来，美军对其空中部队的作战需求一直很大。在1987—1989年波斯湾战争期间的"主要机会"（Prime Chance）行动中，第160团的飞行员在夜间掠海飞行，与"海豹"突击队和海军部队协作，拦截伊朗的布雷船只。在1987年9月21日一次激烈的交火中，特种部队飞行员对1艘伊朗布雷船——"阿杰尔"号（Ajr）进行了扫射和火箭攻击，1支"海豹"突击队成功登船，俘获了船只，将伊朗船员安全转移后，由爆破专家将船炸沉。在1990—1991年的海湾战争中，美军第160团执行了很多任务，协助大量特种部队完成在科威特和伊拉克的重要作战目标。

空军特种作战司令部

1990年，美国空军建立了自己的特种部队统一指挥部，即美国空军特种作战司令部，位于弗罗里达麦克迪尔空军基地。在这个总组织体系之下又发展出多个部队和兵种。这其中包括第23航空队，第1、第27特种任务联队，第352、353特殊行动大队，第720、724特种战术大队以及多支空军国民警卫队。这些部队战术职能非常宽泛，包括战地空中行动、快捷空中支援、国外内部防御的航空部分、通信战、空中精确攻击、心理战、专业化空中运输、专业油料补给、情报、监视和侦察。

这些部队使用的飞机类型多种多样，

下图："伊拉克自由"行动期间，分派给第301救援中队的伞降救援人员在伊拉克塔里尔空军基地上空以高跳低开方式跳伞。（美国空军）

从直升机到 AC-130"幽灵"炮艇机不一而足。海湾战争期间，这些机型大展雄风。空战伊始，西科斯基 MH-53"低空铺路者"直升机攻击了伊拉克雷达站，在战线后方行动，营救坠机的联军机组人员。MC-130"战爪"破坏威力更是惊人，在伊拉克强大的武装基地暴露后，对其投下了重达 15000 磅（6800 千克）的 BLU-82"滚球"（Daisy Cutter）炸弹，这种飞机还用于在部队集中的地区空投心理战传单。作为一个战斗兵种及特种部队的支援组织，美国空军特种作战司令部在 9·11 事件后的"反恐战争"中也同样得到重用。

情报支持行动

海军特种作战研究大队以及"三角洲"部队虽然力求低调，最终却声名远扬。但对于情报支援特遣队而言则不是这样。美国陆军情报支援特遣队在特种作战司令部的发轫是在 1980 年，当时称为"野外作业大队"（FOG）。"野外作业大队"专门执行情报收集任务，包括人工情报（HUMINT）和信号（通信）情报（SIGINT），供特种部队行动使用。特遣队的活动是从伊朗"鹰爪"行动后开始的，1981 年行动结束后，"野外作业大队"扩大，改编为陆军情报支援特遣队。

对页图：20 世纪 80 年代的美国陆军特种部队。
1. 1983 年，马萨诸塞州德文斯堡，第 10 特种部队大队（空降）分队无线电台操作员，上士。
2. 1982 年，埃及"明亮星辰"演习，第 5 特种部队大队（空降）B 小队指挥官，少校。
3. 1984 年，北卡罗来纳州布拉格堡，第 1 特种作战司令部参谋士官，一级军士长。（罗恩·沃尔斯塔德绘制，鱼鹰出版公司）

下图：某次训练期间，2 名身着自循环呼吸器的陆战队第 1 武装侦察连侦察兵冒出水面。（美国海军陆战队）

对页图：20 世纪 70 年代的海军陆战队侦搜部队。

1. 1970 年，在越南的陆战队师属侦察队。侦察部队的服装与装备是按需要执行的任务确定的，由于在越南获得了更多的经验、资金与资源，侦察部队在服装与装备方面得到了进一步提升。

2. 1974 年，巴拿马，静力绳牵引开伞的探路队员。越战之后，侦察部队在训练部署中混用新旧制服与装备，反映出了增长的安全需求和预算的有限。这名来自海军陆战队武装侦察部队的人员正在作执行探路任务前的检查工作，这一任务要求他从 C-130 运输机上跳伞进入加通湖地区。

3. 1975 年，在亚利桑那州崎岖地形跳伞的静力绳牵引开伞伞降人员。崎岖地形跳伞服和林地跳伞技术是美国森林管理局的"跳雾者"研发的。被英国人在马来亚使用，也被美军在朝鲜半岛战争和越南战争中使用。（保罗·汉农绘制，鱼鹰出版公司）

下图：海军陆战队武装侦察部队的 1 个排划着战斗侦察用橡皮艇迎战风浪。这是他们在基础侦察课程中要学会的一项技能。（美国海军陆战队）

20 世纪 80—90 年代，情报支援特遣队一直活动不断：在尼加拉瓜和萨尔瓦多执行任务，支援当地部队的反恐行动；20 世纪 80 年代早期，在意大利协助意大利安全部队追踪绑架詹姆斯·多齐尔（James L. Dozier）准将的"红色旅"成员；在东南亚追踪失踪的越战战俘。自 2001 年以来，他们大力参与了伊拉克、阿富汗、巴基斯坦的行动，包括 2003 年追踪萨达姆·侯赛因，2011 年追踪奥萨马·本·拉登。

2003 年，情报支援特遣队更名为任务支援单位（MSA），自 2005 年以后，每年更换 2 次代号，例如"灰狐""无畏之矛"等。这支部队只有数百名人员，全部受过最高级别的训练，不仅包括情报侦察的全部训练，也包括外语和特种部队战术技能训练。

海军陆战队海上特种部队

海军陆战队海上特种部队（MSPF）是 20 世纪 90 年代美国海军陆战队内部建立的一支特种部队。海军陆战队海上特种部队与海军的"海豹"突击队很相似，主要是在沿海地区秘密展开两栖行动和

高风险袭击行动，这些行动会使用多种专业装备，例如海军空地特遣队下属的海军陆战队远征小队（MEU）空中作战分队（Air Combat Element）提供的蛙人运载器（DPD）或空降渗透装备。和许多特种部队自足性质不同的是，海军陆战队海上特种部队并不能脱离常规的海军陆战队远征小队单独行动。

海军陆战队海上特种部队技能范围不断扩大，包括空中前进引导、狙击支援、信号（通信）情报收集、电子战等等。因此，海军陆战队海上特种部队人员虽然不多，但训练项目之难，堪比其他的特种部队的最高级别训练。海军陆战队海上特种部队在组织结构上分为指挥、袭击、警卫、支援等部门。

除了海军陆战队海上特种部队以外，美国海军陆战队于1987年建立了海军陆战队保安团（SFR），这是特种部队中的又一支精英。海军陆战队保安团是海军专设的反恐部队，负责保护重要的海上设施，例如武器库或核武器运载船只。其下又分为舰队反恐保安队（FAST）和战术回收队（RTT）。FAST专门进行快速行动，保护重要设施；RTT是特警式的行动

对页图：20世纪80年代的海军陆战队侦搜部队。
1. 1981年，东南亚条约组织侦察兵。
2. 1988年，自由落体式跳伞的直接行动部队队员。
3. 1988年，地中海，穿着自循环式潜水服的战斗蛙人。
（保罗·汉农绘制，鱼鹰出版公司）

海军陆战队特种部队成员可参加的附加培训课程

战斗猎人课程
战场利用战术课程
高机动性多用途轮式车辆驾驶课程
遥控救护机器人操纵课程
生存、躲避、反抗、脱逃学校B级培训
侦察狙击学校前置课程（仅限舰队反恐安全部队、战术回收部队和骨干部队的高级精确射手参加）
侦察狙击学校培训（仅限舰队反恐安全部队、战术回收部队和骨干部队的高级精确射手参加）
步兵班组指挥课程
步兵小队指挥课程
武术教练课程
武术教官训练学校培训课程
下士培训课程
中士培训课程
参谋培训课程
山地生存课程
山地指挥课程
丛林基础技能课程
丛林指挥课程
快速索降高级课程
水中生存学校海军陆战队作战教官课程
射击训练正式教练课程
射击训练正式学员课程
高级城市作战课程（仅限舰队反恐安全部队，相当于近战训练）
城市战指挥课程（城市地形作战教官培训课、车队护卫课、城市射击技术课、非美式武器使用课）

上图：1983年10月入侵格林纳达期间，第82空降师士兵用机枪射击。（沃利·麦克纳梅／科比斯图像公司）

部队，在易遭攻击的设施周围执行守卫任务。FAST和RTT都是近距离作战专家，擅长运用各种武器、射击术以及破门突进战术（MOE）。

上文所述部队仅仅是冰山一角，过去的50年中，美军特种部队的规模和建制大幅扩充。如今美军特种部队的规模与实力甚至超过了许多国家的军队，是一个屡经考验，价值得到印证的团体。20世纪70—90年代，美军特种部队参与了多次行动，这里不一一细述。本书关注特种部队的一些主要行动，以展现其惊人才能，同时也会明确展示一个经常被遗忘的事实——特种兵也是血肉之躯，并非刀枪不入，犯错也在所难免。

美国海军"海豹"突击队——格林纳达，1983年

1983年10月25日，美军入侵加勒比海的一个岛国——格林纳达。美国认为这里不断增多的古巴工人和知识分子对美国在此地的霸权构成了威胁，认为当地有可能会爆发内战，伤及在那里的美国学生。

"海豹"突击队在入侵行动中有4项任务：侦察"萨林斯角"（Point Salines）机场，在那里设置导航信号台；对珍珠机场进行特殊侦察；对格林纳达"自由电台"广播站发动攻击；攻击总督府，营救人质。

"萨林斯角"机场侦察及导航信号台设置

1983年10月23日，"海豹"突击队执行2项任务。第1项是及时获取"萨林斯角"机场情报，要求对机场跑道进行侦察，确保没有杂物或障碍，保证美军顺利占领机场。第2项任务是布置导航信号台，为美军飞机提供导航，飞机上有第75步兵（游骑兵）团2个不满员的营，主要任务是在机场完成伞降，发动攻击，占领并守卫机场。

"海豹"6队的16名队员乘坐2架MC-130E"战爪"飞机，每架飞机上各载有一艘26英尺（7.6米）长的玻璃纤维轻巡逻艇。驻弗吉尼亚达姆涅克（Dam Neck）的"海豹"6队是美国海军精锐的反恐部队，人数不足180名。"海豹"突击队的任务是完成水面伞降，登上波士顿

下图：美军在"紧急暴怒"行动中大量使用了空降部队与特种部队，图为第82空降师的成员准备乘坐1辆装满物资的M151吉普前往格林纳达。（美国陆军）

威拿艇（Boston Whalers），与搭载着另外3名"海豹"突击队员和3名来自空军的地面引导员的克利夫顿·斯普拉格号战舰会合。此后，特别联合行动队将乘船突击进入附近的海滩，执行任务。

格林纳达的情报信息并不充分，没有精确的地图，也没有足够的时间做周密部署。初始的计划是用潜艇进行，然而正如马克·阿德金少校在阐释"紧急暴怒"行动时所说，"海豹"突击队在波多黎各的格林纳达行动是以潜艇运送方式进入，然而队员在这方面却没有经过适当的训练。这原本是一次标准的海军突击队渗透行动，以潜艇运载蛙人进入，但由于缺乏训练，行动失败。此后，行动转为水上伞降的方式，但这种方式风险很大。庞杂的设备和多变的海面状况，使这次"海豹"突击队的渗透行动危机四伏。许多特种部队在行动中的常见情形是：因为要携带实弹以及其他执行任务所必需的装备，背包里的物品又多又重（轻装训练时重量则轻得多）。

在精英部队中，难免会因为一种战无不胜的优越感而过多地配载装备，而这对于一些队员来说，却是重如泰山。尽管推荐的重量标准是在60磅（27千克）以内，然而"海豹"队员的平均负重却超过了100磅（45千克）。这种超重装备现象背后另一个原因是："海豹"队员和其他特种部队一样，本来是要轻装上阵，但为了在遇险时能与对方火拼，只得再加装备。如格林纳达人民革命军（PRA, People's Revolutionary Army）在"萨林斯角"周围有机械化部队，拥有BTR60装甲输送车和装备有12.7毫米高射机枪的BRDM装甲车。人民革命军的兵力大约有5000人，突击队员与其中任一支部队遭遇时若是没有足够火力，就会性命难保。

行动计划时间是在黄昏时分，但由于一次延误，队员不得不采取夜间行动。负载过重无疑成为拖累，更糟糕的是，天气状况也变得恶劣。海面风速大约为25节（每小时45千米），而跳伞时所能承受的极限风速为18节（每小时33千米）。MC-130避开雷达低空飞行，高度为600英尺（182米），飞至进攻点附近后，升到2000英尺（610米），在所有飞机卸下波士顿威拿艇后，"海豹"突击队员跳出飞机，融入茫茫夜色。

水上跳伞标准行动程序中，要求跳伞者在接近水面时松开降落伞背带，丢掉伞衣，否则伞衣会很容易缠绕住跳伞者。实际上，跳伞队员差不多是要从背带里跳出来，这个动作难度很大，需要经常练习，而在这次争分夺秒的行动中，跳伞队员还得克服夜间行动带来的更大挑战，再加上水面状况难以掌握，身上的装备又沉重，"海豹"突击队员中有4人遇难。从第1

对页图：1983年入侵格林纳达行动中的游骑兵。在游骑兵乘坐海军陆战队的CH-46直升机执行一次入侵行动的后续任务时，他们乘坐的直升机遭到了猛烈射击，其中1架只好紧急降落。多名游骑兵差点因此被淹死，按命令丢下了背包后才从部分淹没在水中的直升机里爬了出来。图中游骑兵身着越战时期的OG107式丛林作训服（107号橄榄绿），其游骑兵式"高又硬"发型因为丢掉了巡逻帽而清晰可见。他携带的武器是M16A1式步枪和M67式90毫米口径无后坐力炮。（迈克尔·维普利绘制，鱼鹰出版公司）

架飞机上跳伞的8个人中，3人下落不明，其余人员受困，直到克利夫顿·斯普拉格号赶到将其救起。第2支队伍失踪1人，剩下的人员登上小艇，与其他部队会合。会合后，"海豹"突击队员与空军地面引导员一道向海滩前进。

由于前方出现一艘格林纳达巡逻艇，"海豹"突击队员只得撤退。次日，即10月24日，队员们再次果断突入，但又一次遭遇敌舰。"海豹"突击队员将船只熄火，静默等待，此后引擎无法发动，无助的队员们只得跳入海中，11小时之后，克利夫顿·斯普拉格号将其救起。

由于遭遇一系列的不利情况，"海豹"6队的任务彻底失败。空降游骑兵必须在没有确切情报或导航协助的情况下攻克"萨林斯角"机场。

自由之声格林纳达广播站

"海豹"6队的8名队员搭乘1架"黑鹰"直升机，去执行在10月24—25日占领并把守位于格林纳达西海岸博塞茹尔的广播站的任务，其意图是阻断人民革命军与民众之间的信息通道。这个广播站之前播放过美国入侵的消息。攻占电台后，"海豹"突击队员将等待后续的救援部队，在等待期间，可向当地广播美方信息。

和"紧急暴怒"行动中的许多任务一样，此次行动中关于人民革命军兵力和部署的信息详情很少，也没有具体区域详细地图。后勤跟不上，意味着出其不意是不可能了，尽管如此，这8名队员还是占领并把守住了电台。

队员们采取了2项措施应对敌方的反应：2名队员把守住北面的道路，另外2名把守南面通道，他们配备的是M60机枪和M72轻型反坦克武器。不久，他们在北面成功伏击了1辆人民革命军的卡车，击杀5名士兵。又过了不久，1支人民革命军反击部队由1辆BTR60装甲车开道，从南面的弗雷德里克堡（Fort Frederick）进入，"海豹"突击队员与其在一座桥梁附近交火。人民革命军士兵从侧面攻击，同时由装甲输送车牵制住"海豹"突击队员。"海豹"突击队员或许是用了1发当时还处于试验阶段的66毫米RAW枪管下挂式火箭弹击毁了这辆装甲车。由于不能久战，又没有空中支援帮忙压制，"海豹"突击队决定撤退。人民革命军收复了电台，"海豹"突击队一路突围至海边，隐蔽在一个精心伪装的角落，又经过一次短暂交火后，"海豹"突击队员逃脱至海上。后来，美国"独立"号航空母舰实施了空中打击，"卡隆"号（Caron）驱逐舰也进行了炮轰，但均未能摧毁电台信号塔。

对总督府的攻击

"紧急暴怒"行动期间，"海豹"突击

对页图：1983年在格林纳达的美军特种部队着装。
1. "三角洲"部队，特种作战司令部。
2. 陆军游骑兵部队，第75步兵（游骑兵）团第2营。
3. 空军第16特种作战飞行中队机组成员，这名AC-130"幽灵"式炮艇机的机组成员穿着标准的CWU-27式飞行服、趾部包钢的飞行靴和GR-FRP-1式飞行手套。（罗恩·沃尔斯塔德绘制，鱼鹰出版公司）

对页图：1名美国空军地面引导员（CCT）在1次高跳低开伞降行动中用自己的无线电引导空中的C-130运输机。海湾战争中，投入战场的空军地面引导员引导美国及其盟友的空中力量对伊拉克军队进行了毁灭性的打击。（美国空军）

队的最后一次任务与信号塔破坏行动同时进行。"海豹"6队动用了2架"黑鹰"飞机，派出23名突击队员，攻击位于格林纳达西海岸圣乔治附近的英国总督府。总督保罗·斯库恩（Paul Scoon）及其手下束手就擒。

攻击发动的时间很晚，一开始就不顺利。由于植被茂密，目标地因遮蔽而难以识别，"海豹"突击队员无法定位总督府所在地。人民革命军轻武器与突击队接火，之后"海豹"突击队很快明确了目标，2支队伍都成功完成了90英尺（27米）的快速索降渗透，但由于人民革命军轻武器攻击，美军飞机只得仓促撤离，致使1名"海豹"突击队指挥官、3名美国国务院官员以及与"关岛"号（USS Guam）两栖攻击舰指挥中心联络的唯一的卫星通信电台落在了直升机上。其余22名"海豹"突击队员成功俘虏了几名当地警察、总督及其手下，稳住了阵地。由于地面火拼加剧，无法实现空中撤离，在1辆BTR60装甲车尝试突破主大门后，"海豹"突击队员很快被人民革命军包围，虽然突击队最终打退了人民革命军，但还是急需支援。此时，"海豹"突击队在孤立无援且没有了卫星电台的情况下，还是与上级取得了联络，2架海军陆战队的"眼镜蛇"武装直升机赶来支援，但均被人民革命军击落。之后1架AC-130炮艇机又从更远处开火，为被困的队员建起一个"钢铁花环"（火力屏障）。这架"幽灵"式炮艇机一直在该空域盘旋，达4个多小时。入夜后"独立"号航空母舰的美国海军A-7战机飞来支援"海豹"突击队，最终，海军陆战队第22两栖作战部队于10月26日成功营救了"海豹"突击队员。

美国海军陆战队武装侦察队——海湾战争，1990—1991年

海湾战争中，前线和后方都有各式各样的特种部队在行动，行动类型也是多种多样，如信号（通信）情报收集和"飞毛腿"导弹的搜索。美国海军陆战队武装侦察队就是执行类似任务的部队，是美国海军陆战队中声名显赫的一支劲旅。1990年8—12月间，有24个步兵营，40个空军中队，92000多名海军陆战队员作为海军陆战队第1远征军的一部分被部署在波斯湾。1991年1月16日，空战打响，"沙漠风暴"行动也于当天开始。地面进攻始于2月24日，海军陆战队第1师和海军陆战队第2师在海军陆战队第3航空联队的支援下，突破防线攻入科威特。同时，附近海域的2个海军陆战队旅牵制住科威特海岸的50000名伊拉克人。2月28日早晨，在科威特及邻近伊拉克地区的几乎全部伊拉克部队都被包围，4000辆坦克被摧毁，

42个师被歼灭或失去战斗能力。

第1武装侦察连和海军陆战队第1远征军共同作战，这个连由第2、第3、第4连派出的小分队支援。第1、第2侦察营，再加上第3营的部分队员，与岸上作战的2个师以及海军陆战队2个旅共同执行任务。起初，观察哨建在科威特边境，驻地部队和师部侦察队展开摩托化巡逻。这些部队配备有卫星通信、数码终端、全球定位系统，任务是"侦察敌方前线和师部行动路线"。在地面攻击开始之前，侦察巡逻部队已俘获敌方238名人员。

侦察部队比主力部队更早投入战斗，1991年1月，在进入哈夫吉（Khafji）时，绕过了城镇中的几处巡逻点，通知炮兵和空军部队攻击伊拉克装甲部队。师部侦察部队分配给执行地面攻击的机械化任务部队，职责包括识别障碍物，引导部队穿越科威特防线的工事。诺曼·施瓦茨科普夫（Norman Schwarzkopf）上将在给参谋长联席会议的报告中说，有1周的时间里，海军"侦察部队一直在爬行通过那些东西（障碍物），他们整夜都在爬行，白天都在隐蔽，就这样一路突进"。海军陆战队成功通过了雷区、铁丝网和障碍物，标出了进攻路线，施瓦茨科普夫觉得"当地面战打响时，这里会像百老汇大街一样（畅通）"。

最后要提的是，1991年2月26日，

第 2 武装侦察连的 1 支先遣巡逻队在科威特抵抗武装的引导下，前进到科威特市区废弃的美国大使馆，其后跟随的就是奉命攻占使馆区的特种部队。

美国海军陆战队武装侦察队还参与过很多行动，这些行动展现了部队灵活机动、反应迅速的特质，但在海湾战争的背景下，这些行动显得不那么突出，例如在利比里亚和索马里营救大使和居民的撤离行动，在孟加拉国、菲律宾和伊拉克北部的行动。经历这些行动后，侦察部队有所改变和创新，海军陆战队武装侦察队两个部队类型之间的差别以及功能更为强化，加强了部队侦察能力。师级构成方面，出于军事需求，需要建立直接支持机动侦察部队的机动兵团。监侦情报大队（SR Intelligence Group）由于人员混杂，其管理优势受到影响，又由于在情报收集方面依赖科技手段，从而忽略了地面侦察。20世纪 90 年代，海军陆战队武装侦察队在一系列战斗维和行动之后，又进行了新一轮的改革。

50 年的里程碑式发展，侦察部队不断进取，在预算有限的情况下又要为未来战争做好准备，这是现代军事所面临的两难局面。在越战时期强调师级侦察，现在则注重由武装侦察部队和直接行动部队组合为特别行动组。美军对师级侦察重新审视，目前还没有理想的解决方案。有一些指挥单元发生了变化，其余部分则延续 30 多年的武装侦察部队和师级侦察组合模式。巡逻奉行的是"耳听为虚，眼见的也只能相信一半"，关注侦察部队发展的人们也应该铭记这句话。侦察的原则、组织和运用，最终要以实地状况为依据，这才是决定侦察成败的因素，对于所有的特种部队而言，这也是真理。

游骑兵——摩加迪沙，1993年

自 20 世纪 80 年代，游骑兵就开始将城市地区军事行动（MOUT）列入常规训练，以为"三角洲"部队提供支援和掩护。后来，由于城市作战在全球越来越普遍出现，游骑兵团的训练规程中也加入了更多的城市作战专业训练。1993 年的索马里战争中，游骑兵奉命进入其首都摩加迪沙，参与联合特遣队，试图抓捕索马里军阀穆罕默德·法拉·哈桑·埃迪德（Mohamed Farrah Hassan Aidid）。游骑兵约翰·科里特（John Collett）以平实而震撼的语句叙述了游骑兵在索马里敌方中心地带奋力营救坠机人员的情形。

我们到达摩加（摩加迪沙）有 4 个星期了，这天是星期日，不用点名，我们像往常的周末一样睡到自然醒。有人在打排球，有人在晒太阳。总之，我们大约有 2

对页图：20 世纪 90 年代的海军陆战队武装侦察部队服饰和装备。

1. 北卡罗来纳州，侦搜部队精确射手。海军陆战队的侦察–狙击学校位于弗吉尼亚州匡提科，负责"和平时期"狙击手的训练和武器方案。

2. 对利比里亚的"利刃"行动中直接行动部队的着装与装备。

3. 波斯湾，侦搜部队侦察兵。身着陆战队在"沙漠风暴"和"沙漠盾牌"行动中的服饰和装备。（保罗·汉农绘制，鱼鹰出版公司）

上图:1991年2月28日,一队美国海军"海豹"突击队员乘坐一辆重防护的切诺斯沙滩型轻型攻击车在科威特市区美国大使馆外围。大使馆内部由海军陆战队保卫。(克里斯托夫·西蒙摄影,法新社/盖蒂图片社)

个星期没有参加地面任务了。之后我们接到消息说要安排任务了,时间是1993年10月3日。后来我们想起来,第3游骑兵营正是在9年前的这一天建立的。

我们按常规佩戴装备,穿好防弹背心、单兵携行装具、凯夫拉头盔。我拿的是M249班用机枪。这是1次日间行动,因此没有带夜视装备。我携有950发5.56毫米子弹和1颗破片手榴弹。我们登上已启动的飞机。和往常一样,小鸟直升机首先起飞,硬派男孩们(指"三角洲"部队)

在飞过时也和平常一样竖了大拇指。飞机起飞时,也是肾上腺素加速分泌的时候。飞机出现2次欠压情况,舱内一片漆黑,但飞行员紧控操纵杆,稳住了飞机。气旋掀飞了铁皮屋顶,地面上的人也被吹得摇摇晃晃。我们收到准备索降的信号,我看了一眼拉玛格里亚(Ramaglia)中士,然后我们俩都在胸前画十字祈祷。这是我们的第7次任务,也是我第1次画十字,感觉有所不同。当我们在索马里人头上盘旋,等待快速索降时,他们向我们挥手,示意我们下去对打，于是我们也就下去了。我降落到地面，起身后背靠着一幢房屋，小心地沿街面移动。子弹在周围乱飞，我们确认了目标建筑，然后向它发射了火箭弹。我知道有架直升机被击中，因为我看到它冒出了黑烟。一等兵埃里克（Errico）和专业军士德吉瑟斯（DeJesus）与敌方展开了巷战，并称树上有人在向我们射击，还有人通过房屋窗户向我们射击。

悍马车开了过来，斯特拉克中士跳出车与华生上士交谈，同时，悍马车顶的12.7毫米口径机枪则开始泼水般地扫射那些向我们射击的人。我当时很可笑地想："见鬼！这次任务又用不到班用自动武器了。"然而我大错特错了。我们被通知说，要前去保护坠落在大概2个街区之外的1架小鸟直升机。然后悍马车为了送受伤的游骑兵回基地而离开了。当我们移动时，敌方火力增强了，子弹打在树上，树枝散落一地。当子弹射向自己的时候，有一种特别的声音，与子弹远离自己的时候不同。当我们往之前的巷子走时，华生上

下图：1993年10月14日，摩加迪沙，1架隶属于第160团的直升机的残骸。这架直升机当时在执行清剿索马里军阀军火库的任务。（盖蒂图片社通信记者斯科特·彼得森供图）

士在街道左边，我在右边。我们一跃而过时，子弹就在头上飞过。他上下打量我，尽量显出随意的神色说："真糟糕。"

街角房屋内的人拿着AK-47步枪和更老式的武器攻击我们，我们则向他们扫射。我向拉玛格里亚中士大喊，让他用40毫米M-203榴弹发射器向巷内射击。他发射了1发榴弹，但射近了，就在我们位置前面10米处爆炸了。我告诉他射近了，于是他发射了第2发，直接打进了房子里，炸掉了它。之后我们再也没遭到过来自那个角落的射击。

华生上士知道我们陷入了交叉火力网，于是把一等兵尼瑟瑞拉了回来，让他到路中间，躲在一个大石块后面，而不久后，我在这个大石块后面待了好多个小时。他们向我们扔了1个破片手榴弹。我抬头看时，手榴弹正从树丛间飞过来。

我看着手榴弹落在地上，就在我们阵地15米开外爆炸。一等兵埃里克喊了一声："手榴弹！"我们卧倒在地，手榴弹爆炸了。道伊（Doe）的腿被手榴弹的弹片击中，埃里克脚踝被击伤，华生上士让我们回撤，以便防守至夜间。

我们布置了压制火力，1名游骑兵射中了1名"塞米"（指索马里人）的脸，几秒钟后他被射中右臂，他喊道："我中弹了。"当时我正俯卧在道路中间的地面上，前面是几个大石块和一堆土，在这个位置，"塞米"很难打到我。我有很大的一片射界可供射击。我回头看着一些游骑兵和"三角洲"部队士兵向我们所在的街道移动，正在此时，其中1名"三角洲"部队士兵（D-boy）被击中。他后面的1名士兵扶住他，开始将他拖往隐蔽的地方包扎。他被击中的确切部位是颈部，当他被击中时，他双手捂住脸尖叫起来。我心里骂道："该死！"意识到情况急转直下了。

1名游骑兵向华生上士要几颗破片手榴弹，华生不耐烦地回道："用你自己背的单兵火箭筒。"这名游骑兵回过头来，一脸茫然地说："单兵火箭筒？"然后笑了笑，将背上的单兵火箭筒取下，拉开，开始射击。几分钟后，1名"塞米"走到我们阵地前，四周一片死寂，好像什么也没发生。他看着我和我们的其他阵地，我猜测他是个侦察兵，但也不是特别明显。有人在他背后嚷嚷了一句什么，这名"塞米"转过身去，此时我看见他衬衣下面有一支AK-47。这下他完了，我朝他狂射一通，就在此时，一等兵弗洛伊德（Floyd）也开枪了，只见这名"塞米"摇摇晃晃地倒在一幢房屋后面。几分钟后，1个手榴弹落在我前方2米处。我咕哝了一声："噢，该死！"然后赶紧把头缩在面前一个头盔大小的石头后面。我记得当时心里想的是"这下完了！"手榴弹爆炸了，我被震了一下。我抬头看了一眼，专业军士科斯

对页图：1991年"沙漠风暴"行动中的第75步兵（游骑兵）团第3营B连游骑兵。穿着3色沙漠迷彩服，凯夫拉防弹头盔上也蒙着6色迷彩头盔布装罩，使用的M16A2步枪的背带是为便于从"黑鹰"直升机上快速索降而改进过的，其防弹背心是陆军内蒂克研究中心专为此次行动研制的。（迈克尔·维普利绘制，鱼鹰出版公司）

(Kurth)正在喊我,我听不明白他在喊什么,我又举目张望了一下,向华生上士竖了竖大拇指。我很庆幸自己还没死。(之后不久)1名"塞米"手持1具火箭筒从一处走廊里出来,我和弗洛伊德立即就把他给"点了"。一阵烟过后,这家伙一命呜呼。我猜测,当我们击中他时,他身上的火箭推进榴弹爆炸了。

弹药储备是大事情。华生上士一直在提醒我们要控制发射量,我们也的确控制了。我们就在这个阵地一直待到天黑,之后撤入身后的房屋,在屋内设立警戒。我们将红外闪光灯放在我们栖身的房屋屋顶,标记出自己的位置,这样,"小鸟"直升机就能在用7.62毫米机枪和2.5英寸火箭弹轰击我们周围的建筑物时识别我们。这让我感到前所未有的放松。当时的决定是让我们原地待命,等待接应部队接应。

下图:1993年10月,摩加迪沙,第75步兵(游骑兵)团第3营B连游骑兵在穿行于索马里首都迷宫般曲折的道路的过程中遭到了轻武器的猛烈攻击。他们的军用悍马车由凯夫拉装甲保护,并配有MK19式自动榴弹发射器和12.7毫米口径重机枪。(迈克尔·维普利绘制,鱼鹰出版公司)

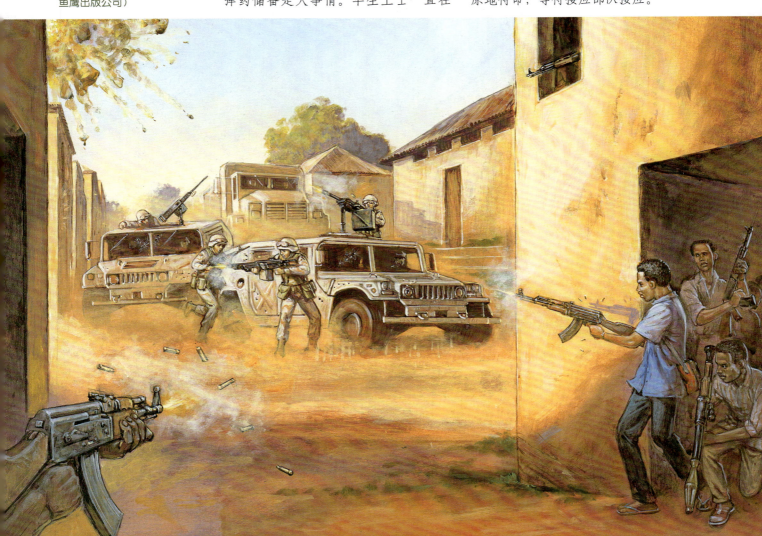

过了几个小时，计划又改了，这次要我们移动到另一幢房屋。在移动之前，1架"黑鹰"飞来，向我们空投补给了"Ⅳ号（一日份）口粮和弹药。

在这架直升机盘旋的短暂时间里，它还用机枪进行了扫射，同时也遭到敌方各种武器的攻击。只要飞机进入这片区域，敌方就会开火。

我们得知接应部队正在赶来。"小鸟"直升机继续盘旋扫射，并且发射火箭弹。这鼓舞着我们的士气。我和弗洛伊德在警戒进入院子时所通过的窗口，此时有1枚火箭推进榴弹射向我们。发射火箭推进榴弹的地方被曳光弹标识，随后被火箭弹攻击。之后，敌军的火箭弹逐渐稀疏了下来。我一直在看手表，估计着接应部队已经到哪里了，心里一直为我们所有人祷告。敌方的火力减弱了一些。我们发现一个水龙头，于是去接了水，将水壶叉在一根棍子上，从隔壁窗口伸过去给伤员喝。这种递水的方式在游骑兵学校肯定是未曾教过的。

在4:00时，接应部队最终与我们接上了头。我们给了游骑兵动态口令。5:45他们在坠机点收集了遇难者尸体。我们被告知装甲人员运输车（APC）空间不够，我们不能上车，只能步行，因此我们还要继续"摩加迪沙500"之旅（Mog 500）。

这是我们一生中的一次疯狂行动。太阳升起，迎来新的一天。我们步行，装甲人员运输车在我们旁边护送。四处都有炮火袭来，于是装甲人员运输车撇下我们开走了——这真是糟糕。子弹从我们身边飞过。我记得什么东西打了我的手臂，我不由得后退了一下。我看了看，作战服破了，臂上的美国国旗被削掉。击中我的这颗子弹也击中了拉玛格里亚中士，削掉了一大块肉。我告诉他，他负伤了，但不要太担心。我们穿过街道，继续"摩加迪沙500"之旅。四面都是炮火，我们走过1辆报废的5吨卡车，街面上处处都有血迹，我们继续向前，转过一个街角时，发现有2辆坦克停在路上，这场面真是震撼。我们所有人在坦克周围隐蔽起来。附近有1辆棕褐色的悍马，车身上喷涂着"治安警察"，车里有1人因为被射中颈部身亡。从一幢房屋内射出子弹，其中1辆坦克就向那幢房屋一通炮击，整个建筑被夷为平地。我暗念了一声"我的天!"我们又开始行进，看到有装甲人员运输车经过。我心想"这回有车坐了。"于是向着装甲车大声呼喊，但装甲车根本没有停，一些人爬上了车，但我们大约还有25个人没能上去。我们追着装甲车又跑了2个街区，装甲车终于停了下来，我们爬了上去，终于离开了这个地方。

我们开向巴基斯坦人控制的体育场，到体育场后，我们下了车，大家都互相握

4　后越战时期的特种部队（1975—2000年） | 285

左图：美国特种部队队员的训练对美国执法界也有影响，包括对特警的发展方面。图中一个联邦调查局特警小组在进行训练。（美国联邦调查局）

对页图：20世纪70年代和80年代的特种部队。
1. 1970年，越南北方西山监狱，"象牙海岸"行动特遣队上士。1970年11月21日对越南北方西山监狱的突袭行动可能是现代史上执行得最好的救援行动之一。可惜的是，关押在那的65名美国战俘在行动前不久被转移到了别处，行动扑空了。
2. 1983年，伊朗"沙漠一号"基地，"三角洲"部队士官。"三角洲"部队人员在这次失败的人质营救行动中穿着的军服与常规的军服有所不同，这是为了满足在远看时可以躲在平民中不被识别出来的特殊需求。
3. 1972年，巴拿马，第8特种部队大队蛙人，士官。（罗恩·沃尔斯塔德绘制，鱼鹰出版公司）

手。顺便提一下，将我们带离战场的装甲人员运输车上坐着的是巴基斯坦人和马来西亚人（最初巴基斯坦人只为救援车队提供了4辆坦克）。伤员们则被送往医院。

此时我们才开始清点行动中阵亡的人员，大家一时间沉浸在悲恸的气氛中。我们吃了些东西，乘飞机飞回，此时距我们出动已过去了18个小时，大家都还没有缓过劲来。

次日是追悼会，人们痛哭流涕，为逝去的战友致哀。我明白，这次行动彻底改变了我的一生。

上文所讲述的特种部队经历也是其他众多美军特种部队在20世纪最后10年的写照。许多特种部队的行动都没有曝光，尤其是在拉丁美洲的行动。这些情节以及其中损失的人员只有当事部队清楚。有一个不争的事实是：美国政府在特种部队人事建制方面是不遗余力的。实际上，千禧年之初，要求就在提高，许多美军特种部队又有了突飞猛进的发展。

阿富汗扎布尔省人民立法会期间，1名美军特种部队狙击手观察周边地带，警戒可能的威胁。该次会议讨论了当地农场儿童入学问题和阿富汗政府面临的挑战。（美国海军）

5
新的战争

2001年9月11日，美国遭受严重的恐怖袭击，这使美军特种部队作战格局发生巨变。美国一方面遭遇史无前例的直接本土攻击，另一方面又参与了2次重大战争，即阿富汗战争和伊拉克战争。加上在世界其他地方的行动，这些军事行动从反恐作战到传统的装甲战，五花八门。在全球化并且呈指数级上升的"反恐战争"背景下，特种部队潜在的打击目标增多了，特别是在中东、非洲、中亚这些地区，"基地"组织和塔利班这样的恐怖主义分子和游击队建立了机动灵活的基地，对普通民众和外国军队展开轰炸、刺杀、伏击等影响恶劣的行动。

"反恐战争"是名副其实的跨国行动，背后又有大幅增加的国防预算支撑，使特种部队的部署和兵力都大为提升。特种部队士兵成为全球范围内实施快速响应和先发制人行动的有效力量。他们有精确打击和强大的情报获取能力，在敌方人员混杂于普通民众的情况下作战时，这样的能力至关重要。至2009年时，美军特种部队已遍布全球60个国家。至2011年时，如果把特种部队为当地武装力量提供的训练服务算在内的话，特种部队的踪迹已遍布100多个国家。

2013年，美军特种作战司令部经费为104亿美元，比上一财政年度下降0.6%，但仍然抵得上希腊、波兰这些国家的军费总和。政治和经济方面的压力虽然会抑制这种投入，但在紧张的国际局势下，这种高投入还会持续数十年。在不能进行常规武力部署时，特种部队就是美国外交政策的备用工具。最大的挑战在于既要符合预算，又要保证部队出色的能力和技术。如今陆军特种部队已跨出了一大步，允许平民直接参军加入特种部队。

本章将详细介绍在阿富汗和伊拉克的一些美军特种部队。我们可以看到，特种部队密集而灵活的运用并不只存在于越战。通过本书中所介绍的行动，读者可以清楚地看到特种部队智勇双全的特质始终如一。

在阿富汗的特种部队

阿富汗是一个兵荒马乱之地。在19世纪的第一次（1838—1842年）和第二次（1878—1880年）英阿战争期间，英军及其印度部队遭遇惨败。1979—1989年，苏军在入侵阿富汗期间，试图在那里建立政权，而敌对国家、派系、部落和军阀也在争夺这片土地。实际上，这类广为报道的动荡事件数百年来在这个地区并不鲜见，只是激烈程度上不同而已。

这个国家现代史中有决定性意义的事件是1979年苏联入侵，这次入侵也为后续所有事件埋下伏笔。苏联在阿富汗首都喀布尔建立了巴布拉克·卡尔迈勒（Babrak Karmal）傀儡政权，号称要在短短数月内消灭圣战者。但这些当地武装得到西方暗中的大力支持以及诸多国家伊斯兰志愿者的踊跃参与。10年之后苏军撤出时，部队阵亡人数在35000～50000，受伤人员则是部队阵亡人数的3倍。此后苏军士气大挫，一蹶不振长达10年之久。数以千计身心俱疲的退伍军人散落社会，而苏联政体自身也摇摇欲坠。

20世纪80年代期间，松散的阿富汗圣战者群体得到了所谓的"阿富汗阿拉伯人"的加强。在伊斯兰圣战的号召下，多达30000名来自伊斯兰世界的志愿者加入进来。在这些志愿者中间有一个后来臭名昭著的人物——奥萨马·本·拉登。本·拉登出生于一个富有的沙特建筑商家庭。他发起了一个支持"阿富汗阿拉伯人"的伊斯兰捐赠组织。这个组织位于白沙瓦，以当地巴基斯坦边境线上一个外国武装人员栖身的招待所为中心，后来成为世人所知晓的"基地"（Al Qeada）组织。其成员中很多人都曾参与过苏阿战争，也参与过其他武装冲突，例如克什米尔战争、车臣战争、科索沃战争。

苏军撤离后的真空时期里，圣战者派系与羸弱的中央政府对抗，1992年，中央政府最终倒台，7个大的圣战派系开始了国内混战，争夺国家控制权，新的中央政权建立一时无望。这些混战自然地向南扩散，越过了政治边界，进入巴基斯坦西北疆所谓的部落领地。在苏联占领阿富汗期间，很多阿富汗人都越境逃亡到这里。巴基斯坦政府对部落领地有名义上的管辖，但实际上并无控制力。

塔利班于1994年从阿富汗南部一个帕什通宗教学生小团体（talibs）发展而来。在独眼的宗教领袖毛拉·穆罕默德·奥马尔（Mullah Muhammad Omar）的领导下，反对军阀暴行以及鸦片贸易盛行所带来的腐败。他们的主张是将国家置于他们自己理解的"黑暗时代"之下。借助巴基斯坦三军情报局（ISI）的支持，塔利班运动迅速扩大。

1996年，本·拉登被迫离开苏丹的避难所后回到阿富汗，带来了"基地"组织的作战骨干，很快又吸引了许多"阿富汗阿拉伯人"老兵。作为给毛拉·奥马尔的礼物，本·拉登捐赠了车辆，修建了道路，招募了当代最庞大的圣战军队——"基地"组织055旅。本·拉登将这支部队用于对抗反塔利班的纳扎尔委员会（Shura Nazar）和北方联盟（Northern Alliance）。

2001年9月11日发生的事件令世界哗然，恐怖分子在纽约、弗吉尼亚、宾夕法尼亚的袭击导致2973人丧生，而在此之前的2天，北方联盟领袖艾哈迈德·沙·马苏德（Ahmad Shah Masoud）在潘杰希尔谷地的大本营遇刺，2名"基地"组织的恐怖分子伪装成记者，对其实施了自杀

下图：2010年，阿富汗北崔克纳瓦，海军陆战队第1侦搜营侦察兵与塔利班人员交火。注意图右海军陆战队员使用的M14精确射击步枪。侦搜营又称师属侦察兵，在海军陆战队陆空特遣队地面作战指挥官的指挥范围内执行师级陆上作战与两栖作战的侦察任务。（美国国防部）

式炸弹袭击，由此，"基地"组织铲除了美国人在阿富汗境内最亲密的盟友。

9·11事件之后，英国、澳大利亚、新西兰、加拿大以及法国等国家都承诺给予美国军事援助。2001年9月12日，北约援引了创立章程第5条，有史以来第一次为成员国反恐提供互助保护，国际安全援助部队（ISAF）最终进入了阿富汗。

"巨颚破碎机"行动和"持久自由"行动

9·11事件之后仅仅过了15天，美国第1支地面部队就进入了阿富汗。这只小队代号为"巨颚破碎机"。他们从乌兹别克斯坦的卡什－坎大巴德空军基地（Karshi-Khandabad，K2）秘密进入阿富汗（美军当时已经进驻该地）。2001年9月26日天色还未亮之前，他们乘1架俄罗斯造的、但由美国中央情报局人员操纵的米17式直升机在潘杰希尔谷地着陆。这里面的8个人并不属于任何部队，而是来自美国中央情报局准军事机构——美国中央情报局特别行动处（SAD）和美国中央情报局反恐中心（CTC）。美军特种部队口头上称其为OGA（"其他政府机构"一词的缩写）。

这支小队由前特战队员，再加上通信和语言专家构成。他们携带了卫星通信设备，可以将最真实的情报及时传递给美国中央情报局兰利（Langley）总部和负责指挥"持久自由"行动的美军中央司令部（CENTCOM）。这是一场即将在阿富汗展开的美国－盟军行动。"巨颚破碎机"小队携带有300万美元的现金，提供给北方联盟，换取其对"持久自由"行动的支持。

"巨颚破碎机"小队行动为第1批陆军特种部队小分队与北方联盟指挥员联合计划渗透任务提供了便利条件。"巨颚破碎机"为美军中央司令部考察了潜在的空袭目标，提供了战地搜救力量，并且为后来的空袭做好了轰炸破坏评估。

"持久自由"行动于2001年10月6日正式开始，联军的空袭行动"新月之风"攻击了塔利班指挥控制和防空设施。第1晚的行动摧毁了塔利班拥有的大部分老旧的SA-2和SA-3地对空导弹以及相应的雷达和指挥单元，还有他们的米格-21和苏-22机队。

解除了地对空导弹的威胁，取得完全制空权之后，空中打击的目标很快集中到塔利班基础设施、头目所在地、部队驻地以及确认的基地组织设施上。美国空军、海军和英国皇家空军出动多种飞机，包括著名的B-52H战略轰炸机、B-1B战略轰炸机以及从K2空军基地和巴基斯坦基地起飞的AC-130"幽灵"炮艇机。空中行动为地面部队打开了通道。

特种部队参与"持久自由"行动的结构基本如下：由美军中央司令部司令

下图：在特种部队士兵的警戒下，第 160 团的 1 架 MH-47"支奴干"直升机从阿富汗一处起降场地起飞。因为阿富汗人将胡子看做男子气概的象征，所以在阿富汗的绿色贝雷帽士兵蓄须，以获取阿富汗人的尊重。（美国国防部）

兼联军司令官汤米·弗兰克斯上将任总指挥，初期主要投入 4 支部队：联合多兵种特遣队（CJSOTF）；山地联合特遣队（CJTF-Mountain）；联合机构反恐特遣队（JIATF-CT）；军民联合军事行动特遣队（CJCMOTF）。联合多兵种特遣队下辖 3 支部队：北部联合特遣队（JSOTF-North），称为"匕首"特遣队（Task Force Dagger）；南部联合特遣队（JSOTF-South），称为"卡巴"特遣队（Task Force K-Bar）；以及秘密的"利剑"特遣队（Task Force Sword，后变更为第 11 特遣队）。

"匕首"特遣队

"匕首"特遣队是在第 5 特种部队大队的基础上建立的，吸收了美军第 160 团的空中装备，由约翰·马尔霍兰上校担任

特遣队指挥官。"匕首"特遣队被派往阿富汗北部，与执行渗透任务的特种部队A行动小分队（ODA）共同行动，支持北方联盟的作战，并为其提供情报。这些A行动小分队通常由A类特种作战分队组成，由空军特种战术小队提供支持，与在当地活动的美国中央情报局人员联合行动。

陆军特种部队的关键能力之一是"国外内部防御"（FID），即渗透到外国，募集、训练、指导当地游击部队。在13人组成的A类特种作战分队中，每名特种兵都有不一样的主要技能，例如爆破、通信以及工程等，并且接受交叉训练。一支B类特种作战分队（ODB）同时为几支A类特种作战分队提供情报、医疗以及后勤方面的支持。B类特种作战分队和A类特种作战分队均由C类特种作战分队（ODC）率领，C类特种作战分队通常是特种部队指挥营。A类特种作战分队还有配套的美国空军特种战术队员的支持，他们通常是（空军）战斗引导员（CCT），受过近距离空中支援引导方面的训练。一些A类特种作战分队，尤其是参与直接行动的分队，还得到美国空军伞降救难队的支持。

"卡巴"特遣队

"卡巴"特遣队由美国海军"海豹"突击队上校罗伯特·哈沃德（Robert Harward）指挥，该队是在"海豹"2队、3队以及陆军第3特种部队大队第1营基础上建成。"海豹"突击队为16人的排级编制，6人编为1个海豹小组。"持久自由"行动中，"海豹"突击队常常领受的任务是侦察敏感地区或是直接行动，下面又分4人小组，负责监视和侦察行动。一般认为"海豹"突击队更集中用于直接行动，而陆军特种部队则主要用于非常规战争和"国外内部防御"。某些第3特种大队A类特种作战分队与第5特种部队大队执行同样的"国外内部防御"任务，而"卡巴"特遣队主要执行敏感地点勘查以及监视、侦察任务。"卡巴"特遣队还包含北

上图：1名美国陆军特种兵驾驶1辆全地形车（ATV）穿过崎岖地带。特种部队历来都拥有最好的装备。（美国陆军）

约盟国的某些特种部队单位，包括德国KSK特种部队，加拿大联合任务第2特遣队（JTF-2）以及新西兰第1特别空勤团（NZSAS）。

"利剑"特遣队

"利剑"特遣队（第11特遣队）是特别联合特种作战司令部所谓的"猎杀"部队，任务是捕获或击杀"基地"组织和塔利班高级头目或"高价值目标"（HVT）。"利剑"特遣队的核心力量是2个特殊任务中队，这2个中队出身于战斗应用大队（CAG）以及海军特种作战研究大队。为"利剑"特遣队提供支持的是游骑兵部队、"灰狐"、美国国家安全局（NSA）和美国中央情报局的情报专家。

战斗应用大队（即第1特种部队D作战分遣队）仿照英国陆军第22特种空勤团建立，是美国陆军在直接行动、人质营救和特殊侦察方面的主要部队。它的3个中队（A、B、C中队）各分为3个组，2个是直接行动组，1个是侦察组。在"持久自由"行动中，他们一般被称为"绿色"特遣队，而支援"利剑"特遣队的游骑兵被称为"红色"特遣队，海军特种作战研究大队被称为"蓝色"特遣队，"灰狐"被称为"橙色"特遣队，美军第160团被称为"棕色"特遣队。

联军特种部队有时会加入"利剑"特遣队中参与特定行动，英国特种部队，尤其是其中的特别舟艇中队（SBS），通常参与的时间都比较长。

山地联合特遣队

山地联合特遣队起初也有3个分组：在澳大利亚陆军特种空勤团1个中队基础上组建的第64特遣队；美国海军陆战队第15远征部队的海军陆战第58特遣队，这支部队于2002年被"降落伞"（Rakkasan）特遣队取代（成员来自第101空降师，第10山地师，还有加拿大帕特里夏公主轻步兵团第3营）；英国皇家海军作战部队"水雉"（Jacana）特遣队是在皇家海军陆战队第45突击队基础上组建而成，人员共有1700名。

联合机构反恐特遣队

联合机构反恐特遣队也称为"猎刀"（Bowie）特遣队，是一支综合侦察部队，人员来自参与"持久自由"行动的美军与盟军部队以及美国各机构人员，指挥官是特种作战方面经验丰富的加里·哈勒尔（Gary Harrell）准将。"猎刀"特遣队在巴格拉姆（Bagram）空军基地设立了联盟讯问部，为联合多兵种特遣队提供情报。在"猎刀"特遣队鼎盛时期，队中有36名美国军事人员，57名美国联邦调查局、美国国家安全局、美国中央情报局等国内机构人员以及英国特种作战部队、澳大利亚陆军特种空勤团等盟军特种部队官员。"猎刀"特遣队内设先遣行动组（AFO），这是一支45人的队伍，由战斗应用大队侦察专家组成，又有海军特种作战研究大队的海豹队员以及"灰狐"专家加入，负责向"利剑"特遣队提供情报。高级军事行动组任务是"为战地做情报准备"，他们为"猎刀"特遣队和"利剑"特遣队进行秘密监视和侦察行动，在"蟒蛇"（Anaconda）行动中功不可没。

军民联合军事行动特遣队

军民联合军事行动特遣队指挥部最终设在喀布尔，有两个分指挥部——北部军民行动中心和南部军民行动中心。其职责是为"持久自由"行动提供国内支持和人道援助，2002年，又发展为地方重建小组（PRT），有34个小分队在活动。

阿富汗行动

空中行动在继续进行，此时，"匕首"特遣队正准备让其第一批小队从K2空军基地插入阿富汗。美军第160团第2营飞行员和他们的MH-47E"支奴干"直升机、MH-60L直升机随时待命，准备在天气条件一旦变好时，就飞越险峻的兴都库什（Hindu Kush）山脉。

2周的空投预攻后，A类特种作战分队头2支特遣队于2001年10月19日插入阿富汗。第1支着陆的队伍是12人的第555A类特种作战分队，他们与潘杰希尔谷地的"巨颚破碎机"会合后，前往一处隐蔽的处所与军阀法希姆·汗（Fahim Khan）的代表见面，法希姆·汗是北方联盟军事领袖马苏德（Masoud）的继任者。次日，特遣队便与汗的部队一起展开了行动。

2架MH-60L DAP"直接行动渗透者"，即武装型号的"黑鹰"直升机为MH-47E直升机护航，MH-47E直升机上载有特种部队第2支小分队——第595A特遣队。但那天晚上天气极为恶劣，2架"黑鹰"直升机不得不飞回K2空军基地。直升机旋翼上结了冰，非常危险，飞越16000英尺（约4900米）高峰时也是惊险万分，在进入阿富汗上空的时候，飞行员还得应对夜间的沙暴天气。尽管条件非常恶劣，"支奴干"直升机还是完成了任务，于当地时间2点降落在这个地方的首府马扎里沙里夫（Mazar-e-Sharif）南面的达里阿索夫（Dari-a-Souf）山谷。第595A特遣队在着陆地点与民族战争头目阿布杜勒·拉希德·杜斯塔姆（Abdur Rashid Dostum）会合，此人是北方联盟最大派系的首领，他在马扎里沙里夫周围有一个强大的基地,在政治上非常多谋善变。最初他与苏联结盟,而后又背叛了苏联,对待喀布尔傀儡政府以及塔利班也是如此。

在阿富汗南部,另外一场特殊行动也正在进行。来自第75步兵(游骑兵)团第3营的200名陆军游骑兵和第23特别战术中队的空军人员已乘坐MC-130P"战爪"飞机空降至坎大哈西南一个偏远的机场。

游骑兵前面有1个小型探路队,因此游骑兵在行进时没有遇到太多塔利班武装的阻碍,他们很快攻克了代号为"犀牛"的目标地。美军对特种部队跳伞和夺取机场行动进行了拍摄,随后美国国防部通过电视转播了一些经过马赛克处理的夜视镜头,表明美军能够在阿富汗的任何地方展开行动。这给塔利班造成巨大的心理压力。游骑兵的行动还为海军陆战队第15远征队获得了一个临时机场,为远征队后来将其作为"犀牛"前进作战基地(FOB)做了准备。实际战斗中并没有人员伤亡,但有2名游骑兵在乘坐MH-60K直升机

下图:美国空军伞降救难队员在1个直升机着陆区警戒。HH-60"铺路鹰"直升机有1个空中加油管,舱门边底座上架有M2机枪。(美军特种作战司令部)

左图:汤米·弗兰克斯上将会见 A 类特种作战分队队员(2001 年 10 月)。队员头戴阿富汗毛扁帽,装备有 Mk11 狙击步枪(左),M4A1 卡宾枪,枪上有消音器以及 ACOG 4x 瞄准镜。(美军特种作战司令部)

执行战斗搜索营救支援行动时,因为直升机电路出现欠压在巴基斯坦坠毁而丧生。

此时另一项行动正在坎大哈城外进行,行动目标是捕获和杀死塔利班"高价值目标"。但由于美军的保密,人们对这项行动知之甚少。飞机是从美国"小鹰"号航空母舰(Kitty Hawk)这个印度洋上的特种部队浮动基地起飞的。地面部队来自联合特种作战司令部的作战应用大队,由第 23 特种战术中队作战小组支持。坎大哈目标地是塔利班头目毛拉·奥马尔的一处住所,虽然他并不在那里,但美军还是获得了一些情报。当战斗应用大队小组准备撤退时,塔利班武装靠近建筑物,用轻武器和火箭弹攻击。队员们进行了反击,1 架 AC-130 炮艇机在上空盘旋,进行压制支援,地面部队乘坐第 160 团的直升机成功撤离。

美国官方消息称特种作战队员伤亡很"轻",但是有传闻说特战队员伤亡严重。战斗应用大队原计划在该地区安插 1 支"后方"监视和侦察小组,但是塔利班采取了反应措施,安插行动未成功。反映此次作战激烈的一个证据是 1 架 MH-47E 直升机在撤离时碰上一座建筑物墙壁,导致一个轮子脱落,塔利班自然是利用了这个轮子大搞舆论,声称轮子是击落美军直升机的证据。

右图:所有北约盟国的特种部队都受过夜战训练并配备有夜战装备。这张美军特种部队夜间突袭的照片中,枪口上方的光亮和细线是PEQ-2目标指示器发出的红外激光。(美国海军)

北方联盟

"利剑"特遣队袭击坎大哈时,第595A类特种作战分队在北部与杜斯塔姆建立起紧密的关系。第595A类特种作战分队分成A、B(Alpha、Bravo)2个小队,A小队骑马与杜斯塔姆前往其总部,策划攻击马扎里沙里夫的行动;B小队则是打通达里阿索夫山谷,进入阿尔玛塔克(Alma Tak)山区,做好行动准备。

2001年10月20日,1架B-52H飞机在上空盘旋,小队引导飞机投下了第1枚绰号"灵巧炸弹"的联合制导弹药。"你们飞出1架飞机,投下了炸弹,杜斯塔姆很是高兴!"他旋即通过无线电台嘲弄塔利班对手:"我是阿卜杜勒·拉希德·杜斯塔姆将军,我就在这里,我把美国人也带来了!"这是塔利班和北方联盟对战中奇怪的现象,也是一种较为原始的心理战。

美军也展开自己的心理战,通过EC-130E"突击队独奏"(Commando Solo)心理战飞机,使用达里语和普什图方言向阿富汗民众播放无线电广播。美军飞机还投下大量传单,称塔利班和"基地"组织是罪人,悬赏2500万美元要本·拉登的人头。

第595A类特种作战分队B小队在达里阿索夫山谷协调空中打击,切断并消灭了塔利班的增援部队，挫败了他们支援北方交战部队的企图。随着空袭行动的展开，美军取得了更多的战果，塔利班开始向马扎里沙里夫撤退。杜斯塔姆的骑兵队和第595A特遣队A小队紧追在后，只在引导空中打击时才暂时停下。在舒马利（Shomali）平原上，第555A类特种作战分队和1个美国中央情报局小组与法希姆·汗的部队呼叫空中支援，轰炸巴格拉姆空军基地东南端的塔利班坚固阵地。A小队以1个设立了观察哨的空中管制塔充当使用AN/PEQ-1特种部队激光捕获标示器（SOFLAM）的平台，而标示器则引导2枚BLU-82"滚球"炸弹摧毁塔利班的防线。

2001年11月5日，杜斯塔姆及其骑兵在咽喉要地——达里阿索夫山谷的百贝歇（Bai Beche）村遇阻，北方盟军部队2次进攻都被击退。当第595A类特种作战分队组织近距离空中支援时，杜斯塔姆让

下图：美国陆军特种部队乘坐1架"黑鹰"直升机前往目的地。（美国海军）

他的手下做好了准备，在轰炸行动之后发起骑兵攻击。然而他们没有把握好时机。在B-52最后一次靠近塔利班对其进行轰炸时，杜斯塔姆部下250人的乌兹别克人骑兵部队正对塔利班战线发起进攻。马克斯·布特（Max Boot）在其《战争改变历史》（*War Made New*）一书中援引了第595A类特种作战分队1名队员的叙述："3～4枚炸弹正好落在敌方阵地中间。炸弹刚一爆炸，骑兵们就一拥而上，冲过目标阵地，敌方吓得灵魂出窍。我看见骑兵们从另一头冲杀出来，这是我见过的最壮观的景象。北方联盟士兵们欢欣鼓舞，兴高采烈。这次行动并不算完美但令人永生难忘。"可以想见，这次行动如果造成误伤惨剧的话，阿卜杜勒·拉希德·杜斯塔姆与美国的政治关系将会恶化，而这种关系又是双方实现在阿富汗北部目标的重要基础。"上天伸出了幸运之手，骑兵攻击成功了，打破了对方的防御"。

其他几支A类特种作战分队有节奏地渗入阿富汗。2001年10月23日，第585A类特种作战分队穿入昆都士（Konduz）附近，为军阀布里拉·汗提供支援。11月2日，第553A类特种作战分队的10人小队与卡里姆·哈利利（Kareem Kahlili）的部队插入巴米扬（Bamian）山谷；第534A类特种作战分队进入达里阿-巴尔赫（Dari-a-Balkh）山谷（之前由于飞行条件恶劣而有所延误），支援穆罕默德·阿塔（Mohammed Atta）的行动，此人一度是杜斯塔姆的同盟，是伊斯兰大会党民兵的首领。第534A类特种作战分队1名队员回忆道：

恶劣天气耽误了几天的时间，他们最终于11月2日乘坐"支奴干"直升机进入阿富汗北部地区。如果直升机进攻行动失败，部队就会计划在第2天晚上实施空降行动。除了12人的A类特种作战分队和2名空军战斗控制组人员外，还有3名中央情报局人员，包括1名情报员兼达里语专家、1名前"海豹"突击队军官和1名前特种部队医官。他们在直升机着陆点着陆，与阿塔的部队和美国中央情报局反恐中心的1名官员（"巨颚破碎机"成员）会合。这名官员在2个星期前就已到达并与杜斯塔姆一同行动，他现在负责指挥中央情报局小队，其他成员和第595A类特种作战分队则与杜斯塔姆及其部队在一起。在到达目的地之后小组分头行动，A类特种作战分队队长的俄语派上了用场，但小队和阿塔及其手下在交流时，主要翻译还是靠那名美国中央情报局情报员。

第586和第594A类特种作战分队于11月8日乘坐几架MH-47进入阿富汗，美国中央情报局的米-17直升机在阿富汗与塔吉克斯坦交界处将他们接走。第586

作战分队部署至昆都士，与达乌德·汗（Daoud Khan）将军的部队会合，第594A类特种作战分队进入潘杰希尔山谷，协助第555A类特种作战分队。

马扎里沙里夫

第534A类特种作战分队与阿塔的民兵部队穿过达里阿索夫山谷，在马扎里沙里夫外围与杜斯塔姆和第595A类特种作战分队会合，他们制订了计划，准备攻击这座塔利班控制的城市。在巴尔赫山谷和马扎里沙里夫之间的咽喉要道——坦吉（Tangi）关口，塔利班部队修建了战壕，阻挡北约盟军部队的快速推进。11月9日，第595和第534A类特种作战分队在山腰的隐蔽处藏好后呼叫空军轰炸战壕中的敌方守军。塔利班使用BM-21火箭炮进行间瞄射击作为回击，但在北约盟军的B-52H轰炸机的攻击下，很快就没了声响。北方联盟部队有的徒步，有的骑马，有的乘坐皮卡车，有的乘坐缴获的BMP步兵战车向城市的门户猛冲。11月10日，北方联盟军队占领马扎里沙里夫。此时战况露出了端倪：战争并不会像美国国防部预测的那样需要持续1年时间。配属给"匕首"特遣队的2支小队——第96民事营的民事小组（CAT）和第4心理作战大队的战术心理战小组（TPT）奉命立即进入马扎里沙里夫做当地居民的协调工作以赢得民心。

在北方地区中部，当达乌德·汗发起步兵突袭击时，第586A类特种作战分队正在塔洛坎（Taloqan）外面为他提供情报，并且协调北约盟军的空中打击行动。然而还未等炸弹投下，塔洛坎就于11月11日被攻克了。

11月13日夜间，第75步兵（游骑兵）团第3营的游骑兵在阿富汗实施了第2次战斗伞降行动。当时1支排级规模的游骑兵由第24特种战术中队8名特战队员护送，空降至坎大哈西南面1个代号为"巴斯通"的地点，获取一处前沿地区加油点（FARP）。很快数架M-130运输机降落在临时跑道上，卸下4架第160团的AH-6J"小鸟"直升机。这几架直升机

下图：2001年11月27日，阿富汗马扎里沙里夫，1个叫"戴夫"的中情局特工（中）和1名美军特种部队士兵（右）与1位北方联盟的指挥官交谈。戴夫与名叫约翰尼·麦克·斯潘的中情局特工在一座19世纪的古堡中审问囚禁的塔利班人员，结果囚犯们发动了暴动，斯潘在冲突中身亡。（照片系盖蒂图片社为美国有线电视新闻网提供）

攻击了坎大哈周围的目标，任务完成后，"小鸟"返航，重新装入MC-130运输机，联合作战小组趁着夜色飞离。

喀布尔、昆都士、坎大哈

北方联盟军队占领马扎里沙里夫3天之后，法希姆·汗和第555A类特种作战分队占领了喀布尔。残存的塔利班和"基地"组织部队向坎大哈和托拉博拉（Tora Bora）撤退。11月14日，第574A类特种作战分队乘坐4架MH-60K攻打至南面的塔林库特（Tarin Kowt）村。与他们一起行动的还有阿富汗未来的总统，普什图族领导人哈米德·卡尔扎伊（Hamid Karzai）。

很快，盟军部队相继攻下了一座又一座城市。"匕首"特遣队的注意力开始集中到塔利班在北方地区最后一个堡垒——昆都士。达乌德·汗和第586A类特种作战分队实施了大规模空中打击，削减塔利班守军的士气。经过11天的持续空中轰炸，达乌德又使出阿富汗人的惯用招数，开始与对方谈判，成功地促使塔利班部队于11月23日投降。

11月25日，美军在坎大哈附近建立"犀牛"前沿作战基地，向被围的塔利班进一步施压。然而，在海军陆战队登陆之前，1架在空中盘旋的AH-1W"眼镜蛇"直升机将1个执行侦察任务的3人"海豹"小队误当敌人进行攻击，幸好没有造成人员伤亡。第15海军陆战队远征小队1个营的兵力在"犀牛"基地着陆，随后，刚到的澳大利亚陆军特种空勤团中队与他们会合。

卡尔扎伊与第574A类特种作战分队开始向坎大哈前进，并在当地普什图人中招募士兵，他的民兵规模最终达到了800人。塔利班部队在山脊上修建了战壕，俯瞰战略重地赛伊德－奥姆－卡雷（Sayd-Aum-Kalay）大桥，卡尔扎伊与第574A类特种作战分队在这里打了2天才攻下桥头堡，打开了通往坎大哈的道路。然而，12月5日发生了一出惨剧，1枚重2000磅（约907千克）的联合直接攻击弹药落在部队中间，致使A类特种作战分队3名队员死亡，5人重伤。卡尔扎伊的部队有20多人死亡，他本人在爆炸中受轻伤。据A类特种作战分队的1名队员解释，造成此次事故的原因是特战队员对精密轻型全球定位系统接收机（PLGR）不熟悉，这种仪器广泛用于导航和目标瞄准。"当该接收器的电池耗尽后换上新电池时，系统默认的位置是接收器本身的GPS位置。第574A类特种作战分队的战术空军控制组（TACP）没有受过这方面的培训。他换上新电池后，看了一下系统，然后将GPS位置传输给战机，战机收到信息后发现此次呼叫的数据有变，于是要求确认，而第

2003年左右,特种部队联合特遣队与阿富汗民兵强行突入一处塔利班院落

1. 特种作战部队从这个位置的 1 架盘旋的 AH-64 "阿帕奇" 直升机上进行掩护射击。
2. 正门所在那面院墙外有装在丰田海拉克斯皮卡车上的苏制 PKM 机枪把守,防止任何人通过此处逃走。该机枪由美方行动队员指挥的阿富汗民兵操作。
3. 美军特种部队装有 MK19 式自动榴弹发射器的悍马车把守在此处。
4. 2 名美军特种部队人员指挥大概十多名阿富汗民兵从大门处进入。
5. 主攻小组的美军特种部队其他人员在进入后解除 2 名被俘的戴黑头巾的塔利班分子武装。他们的目标是捕俘,除非必要并不杀人。同时,副攻小组通过一个梯子翻入院中突袭,并在必要时吸引与受惊吓的平民一同冲出屋子的塔利班的注意力。

图中没有展示出通常在行动中被布置在高处的狙击手或精确射手小组。他们会在遇到抵抗时用精确的射击消灭目标。(拉米罗·布甚洛绘制,鱼鹰出版公司)

574 队员称数据正确,这样战机就投放了联合直接攻击弹药"。第 570B 类特种作战分队与第 524A 类特种作战分队队员乘坐直升机抵达事故现场,与海军陆战队的 1 架 CH-53 直升机一道帮助撤运伤员,替换伤亡的第 574A 类特种作战分队队员。次日,卡尔扎伊又用谈判的手段,促成赛伊德-奥姆-卡雷周边残余部队及整个坎大哈城投降。第 524A 类特种作战分队与第 570B 类特种作战分队会同卡尔扎伊的民兵开始了最后的推进。

另 1 支特种作战部队——第 583A 类特种作战分队也在向坎大哈挺进。他们进入坎大哈东南的欣纳赖(Shin Narai)山谷,支援时任坎大哈市长古尔阿·谢尔扎伊(Gul Agha Sherzai)。至 11 月 24 日,第 583A 类特种作战分队已经建立起观察哨,可以呼叫空中力量打击塔利班部队在坎大哈机场的根据地,削弱塔利班力量。12 月 7 日,谢尔扎伊部队占领了机场,在得知坎大哈的塔利班部队投降后,谢尔扎伊部队进入了坎大哈城,不久后,卡尔扎伊部队也进入城内。

从第 1 支 A 类特种作战分队进攻行动起,至攻克坎大哈止,整个作战行动只用了 49 天,连 2 个月都不到。这场战争的胜利,要归功于几百名特种部队队员,约 100 名中央情报局人员的努力,还要归功于北约联盟的坚定支持以及美国强大的空中力量支援。

托拉博拉

"基地"组织在失去喀布尔后,撤到楠格哈尔(Nangarhar)省首府,东部城市贾拉拉巴德(Jalalabad),据说其中有本·拉登和其他头目。贾拉拉巴德距离托拉博拉很近。在对抗苏联占领期间,阿富汗的圣战者曾在这里构建了洞穴网络和防御设施。托拉博拉坐落在白山山脉之中,距离有一个十字路口通往巴基斯坦西北边境地区的、位于边境上的帕拉奇纳只有 12 英里(约 19 千米)多一点。本·拉登对该地区非常熟悉,20 世纪 80 年代他与圣战者在这里待过一段时间,他知道山上的洞穴是理想的要塞据点,苏军从未能完全

下图:2011 年 4 月 25 日,阿富汗坎大哈省潘杰瓦伊地区,美军南部特遣队的"海豹"突击队员在一次清剿行动中接近一处村庄。在美军南部特遣队和阿富汗国民治安警察的参与下,阿富汗国民军的突击队在潘杰瓦伊地区某处发现了塔利班的宣传活动,通过此次行动在该地区清除了 3 名有反政府倾向的嫌疑人。(美国陆军)

占领此处。

北约盟军方面得到的情报显示,"基地"组织的许多武装人员已经从贾拉拉巴德转移到托拉博拉避难,其成员中还可能有一些"高价值目标"。由于美国政府及军事高层都反对向此处派遣常规部队(因为有了苏军的前车之鉴,他们怕重蹈覆辙),于是美军决定派出特种部队,协助当地民兵部队攻打托拉博拉。美军派出第572A类特种作战分队和美国中央情报局特别行动处的一个小组,为哈拉特·阿里(Hazrat Ali)和穆罕默德·扎曼(Mohammed Zaman)2个军阀指挥的东部联盟的部队提供情报,但这两个军阀之间却是积怨很深。最后,由中央情报局提供资金,招募2500～3000人的阿富汗民兵部队(AMF),欲包围并消灭在托拉博拉避难的"基地"组织部队。

美国中央情报局"巨颚破碎机"小队队长请求第75步兵(游骑兵)团第3营(当时部署在巴基斯坦,为"利剑"特遣队提供支持)充当阻击部队,部署在塔利班逃跑路线上,防止他们逃离托拉博拉,但是联合特种作战司令部回绝了这项请求。因为一直到托拉博拉行动时,A类特种作战分队支持下的阿富汗民兵部队行动一直是捷报频传,但"巨颚破碎机"分队队长及海军陆战队詹姆斯·马蒂斯(James Mattis)将军都认为出动游骑兵封锁道路之举很有必要。

第572A类特种作战分队及其战斗控制员在攻击时,呼叫B-52H轰炸机等空中力量实施精确轰炸,阿富汗各民兵部队也向"基地"组织阵地发起进攻,但积极程度各不相同。据A类特种作战分队队员称,阿富汗民兵起初有所斩获,但当天稍晚时又放弃了这些战果。第572A类特种作战分队一度曾因为阿富汗民兵不愿进一步发动攻击而打算撤离。

在第5特种部队大队和"巨颚破碎机"小队深入阿富汗的情况下,联合特种作战司令部奉命提供援助,在12月10日派遣战斗应用大队B中队的40名队员到托拉博拉,接替中央情报局开展战术指挥行动。在A类特种作战分队、战斗应用大队以及中央情报局特工的建议之下,民兵部队最终取得了一些进展。但是在12月12日,穆罕默德·扎曼居然开始与托拉博拉的"基地"组织谈判,双方随后达成停火协议,停火至次日清晨8点,以便给"基地"组织成员一些时间自行商量投降。此举令特战队员大失所望。

显然这是一个诡计:包括第055旅在内的数百名"基地"组织成员在夜间沿着山路逃往巴基斯坦。还有阿富汗方面和美军特种部队消息称中央情报局资助的民兵充当了本·拉登部队的向导。有传言称哈拉特·阿里收受了600万美元护送"基地"

组织头目脱险。中央情报局小组组长加里·本特森（Gary Berntsen）认为"基地"组织有 2 支大部队逃脱，其中 1 支 135 余人的队伍向东进入巴基斯坦，而本·拉登则与 200 名沙特和也门的圣战者穿越了帕拉奇纳，走的是白雪覆盖的路线。

战斗最终于 12 月 17 日前后结束。据透露的消息称，数百名"基地"组织成员被击杀，接近 60 人在托拉博拉被俘。据说巴基斯坦边防侦察队（border scouts）得到了联合特种作战司令部和美国中央情报局人员的协助，在边境沿线抓捕了 300 多名外国武装分子。第 561A 类特种作战分队于 12 月 20 日进入托拉博拉，支援第 572 部队在洞穴网络中开展敏感地点勘查，并且从"基地"组织成员尸体上采集了 DNA 样本。

2002 年 1 月，美军在托拉博拉南面的查沃克利（Zhawar Kili）发现"基地"组织使用的另一群洞穴。地面部队在突入洞穴的行动中，先是呼叫空中力量展开轰炸，然后 1 个"海豹"排在 1 支德国 KSK 特种部队和 1 个挪威特种部队小组的协同下，用 9 天的时间在该地区开展了敏感地点勘查行动，占领了该地区约 70 个洞穴和 60 处建筑，获得大量情报资料和弹药。

"蟒蛇"行动，2002 年

2002 年 2 月，"猎刀"特遣队特种部队情报分析员对情报信息进行分析后认为"基地"组织残存的部队正在沙依诺特（Shah-e-Khot）山谷下游集结。该地位于加德兹（Gardez）以南 60 英里（约 97 千米），与巴基斯坦部落地区接壤。据说在托拉博拉战斗中有许多"基地"组织武装人员逃到这里。"匕首"特遣队、高级军事行动组和中央情报局其他人员也做出同样的推测。有了"猎刀"特遣队的分析，再加上美国中央情报局人工情报和美国国家安全局的通信情报，估计有 150~200 名"基地"组织人员藏身于山谷，组织头目也很可能在其中。美军很快开始策划行动，行动代号"蟒蛇"。

首先是 3 支高级军事行动组（2 支来自战斗应用大队，1 支来自海军特种作战研究大队的侦察部队）渗透到山谷周围地带，建立观察哨，为作战计划人员提供实时的"目视"情报。海军特种作战研究大队小组（呼号为 Mako 31）发现一个"基地"组织阵地，该阵地配置了 12.7 毫米 DShK 重机枪，并与美军选择的观察哨处于同一地点，这是一个不祥之兆，此后美军又看到几次这样的预兆。

参与作战行动的单位包括"铁锤"特遣队、"铁砧"特遣队、3 个 A 类特种作战分队（394、372 和 594）领导的阿富汗民兵大队，另外还有一些高级军事行动组和澳大利亚陆军特种空勤团巡逻部队给予

对页图：阿富汗的美军特种部队。
1. 陆军特种部队 A 分遣队中士。
2. 中情局特别行动处行动队员。
3. 空军特种战术中队战场引导员。（拉米罗·布基洛绘制，鱼鹰出版公司）

支援。"铁锤"部队将进入沙依诺特山谷，将可能藏在谷地中各个小村庄内的"基地"组织成员驱逐出来，"铁砧"部队则实施封锁，阻断"基地"组织人员的逃跑路线。来自第64特遣队的几个澳大利亚陆军特种空勤团小组以及联盟的其他特种部队，将在外围警戒线建立起隐蔽的观察哨，以便在"基地"组织成员撤退时呼叫空中力量进行打击。

"降落伞"特遣队的常规部队，即第101空降师第3旅和第10山地师第87步兵团第1营的部队是首次参与大型行动，部队在6架AH-64"阿帕奇"（Apaches）支援下乘"支奴干"直升机从空中直接突入山谷。

步兵将布守山谷内的阻击阵地，切断"基地"组织人员逃离村庄的路线。中央情报局人工情报获得的最新消息称，"基地"组织部队占据了山谷周边的山顶，而不是山谷内的村庄，这一情况显然是部署人员未曾想到的。

2002年3月2日，作战行动开始，但旋即出现了问题：在灯火管制的条件下，"铁锤"特遣队很难在泥泞道路上将卡车驶入沙依诺特山谷。他们只得停下来，等待空中力量按计划对山顶开展空中火力准备。由于作战部署人员传达错误，所有的火力准备只不过是1架B-1B轰炸机投下的6枚炸弹而已。这让等待美军大规模空中支持的阿富汗民兵的士气低下。

1支由特种部队和阿富汗民兵组成的小型联合部队在一级技官斯坦利·哈里曼（Stanley Harriman）的领导下脱离大部队，按预定计划建立观察哨。同时，Mako 31侦察分队呼叫1架在空中待命的AC-130"伺候"一下他们发现的一个"基地"组织部队阵地。在此之前，该阵地上的"基地"组织发现了"海豹"侦察分队并且与其短暂交火。随后，AC-130飞机奉命负责使用红外和夜视镜侦察周边区域，查看是否有敌方力量存在。不幸的是，AC-130的导航系统发生了故障，机组人员错误地瞄准哈里曼小分队并做好准备，在确认开火后，AC-130发动了攻击。哈里曼被弹片击成重伤，另外2名特战队员受伤，几名阿富汗民兵被打死，多人受伤。直到高级军事行动组告之发生"错上加错"误伤事件时，该机才停止攻击。不久，"铁锤"部队的主力遭到山坡上"基地"组织阵地的迫击炮火力打击，这一攻击破坏了部队的凝聚力，阿富汗民兵部队拒绝前进，一哄而散。

由于没有改变行动时间，第101空降师派出的"支奴干"直升机向沙依诺特山谷发动攻击。部队刚降落到地面，就遭遇到"基地"组织重型迫击炮和小型武器的火力攻击，一时无法脱身。派来支援的"阿帕奇"直升机试图压制敌人迫击炮火力，但也遭遇火箭推进榴弹和 12.7 毫米机枪的密集攻击。1 架战机被 1 枚火箭推进榴弹击中，机上的所有电子部件失灵。根据美军的估计，在沙依诺特山谷下游及周边地区集结的"基地"人员有 750~1000 人，远远超过最初的估计数。

"降落伞"特遣队队员和"铁锤"特战队员激战了 1 天，高级军事行动组观察哨呼叫近距离空中支援，请求持续打击"基地"组织的武装阵地。"阿帕奇"直升机保护着暴露于敌方前面的部队。第 10 山地师的部队仅配属有 1 门 120 毫米迫击炮，该炮火力虽猛，但弹药却很快用尽，队员们此时只能指望空中力量压制敌人的间接火力。最终到夜幕降临时，暴露在敌方火力之下的"降落伞"特遣队终于撤离，但很多人都受了伤。

高级军事行动组收到了来自第 11 特遣队队长的一条令人震惊的消息：参加"蟒蛇"行动的高级军事行动组的指挥权

下图：图为 1 名配属给特种作战部队巡逻队的空军人员，负责在行动期间与空中力量保持联系并精确引导空中火力支援这一至关重要的工作。他头戴与多频带无线电台相连的 Com-Tac 拾音降噪战术耳机，使用装有 PEQ-2 目标指示器和 Amipoint 公司的红点式瞄准器的 M4A1 卡宾枪，枪身涂有沙砾色与棕色相间的迷彩。（美国空军特种作战司令部）

要移交给新抵达的海军特种作战研究大队的1个分队,即"蓝色"特遣队。显然,这是出于政治原因而不是作战需要,第11特遣队还要求将海军特种作战研究大队的2个侦察小组(无线电呼号为Mako31和Mako21)于3月3日晚间投入进攻。

指挥部仓促拟定了一份计划,要求MH-47直升机将这2个"海豹"分队送至山谷内,Mako30分队将在塔克盖尔(Takur Ghar)峰顶降落。在塔克盖尔高耸的峰顶上,可以居高临下俯视整个沙依诺特山谷。执行计划时,2架"支奴干"直升机发生了机械故障,后来"海豹"分队乘坐的直升机终于在3月4日清晨起飞。就在美军第160团1架直升机(呼号为"剃刀03")靠近塔克盖尔时,1架AC-130对峰顶进行了侦察,报告说没有敌情。高级军事行动组战斗应用大队的队员考虑到Mako31分队已经在山顶发现"基地"组织观察哨和机枪阵地,因此建议Mako30分队在离山顶约1420码(1300米)的地方着陆,但是该分队显然未理睬该建议。

当"剃刀03"在塔克盖尔降落时,这架"支奴干"直升机就被"基地"组织的火箭推进榴弹和12.7毫米机枪击中。就在这架MH-47试图逃离时,机上的海军特种作战研究大队队员尼尔·罗伯茨(Neil Roberts)中士从敞开的座舱中坠落。这架"支奴干"直升机发生了液压油泄漏，在数千米外紧急迫降等待救援。Mako30 分队队员由空出来的"剃刀"04（该机已成功完成 Mako21 分队运送任务）救起并送至山顶。海军特种作战研究大队和特别战术中队的联合小组很快被"基地"组织的火力困住，于是呼叫基地在巴格拉姆的 1 支游骑兵及附属的特别战术中队——第 11 快速反应部队（QRF）支援。Mako30 分队退出战斗，撤退到一块悬空的岩石下寻找掩护。

第 11 快速反应部队立即乘坐美军第 160 团的另外 2 架"支奴干"直升机——"剃刀"01 和"剃刀"02 起飞。领头的"剃刀"01 直升机以无线电导航，准备在峰顶降落，此时直升机上的人员并不知道可能会被敌方火箭推进榴弹和 DShK 机枪火力攻击，也不知道"海豹"突击队员实际已经退出该地。"剃刀"01 直升机刚抵达峰顶，就遭到敌方火箭推进榴弹和 12.7 毫米机枪的密集火力攻击，其中 1 枚火箭推进榴弹击中直升机的 1 台引擎，直升机只得紧急降落，3 名游骑兵和 1 名机组人员被轻武器火力击中死亡。其余游骑兵和特种战术中队队员从被击中的直升机中撤离出来，开始与战壕中的"基地"组织防守人员交火。

"剃刀"02 直升机在山上的降落点放下游骑兵队员，队员们开始艰难地向峰顶攀爬。特种战术中队队员和配属"剃刀"01 游骑兵小组的终端目标攻击控制员（ETAC）多次发出"极近距离（Danger Close）"的轰炸请求，请求空中打击支援，阻止敌人逼近，等待后半部分的游骑兵快速反应部队也爬上来，与第 1 组会合。之后，他们采用经典的步兵战术发动攻击，消灭了山顶的"基地"组织武装。然而，会合在一起的游骑兵快速反应部队很快又受到"基地"组织增援力量的攻击，对方企图夺回塔克盖尔。位于附近山上的澳大利亚陆军特种空勤团观察哨协助呼叫空中力量，对敌方予以持续打击。最后，经过 16 小时激战，游骑兵和 Mako 30 分队成员都于当夜撤离。不幸的是，搜救罗伯茨中士的行动失败，这名"海豹"突击队员从"支奴干"直升机掉下后，尽管顽强抵抗，但寡不敌众，不多时就阵亡了。

美军又制订出一份新计划，以解救仍在山谷内苦战的"降落伞"特遣队。3 月 4 日，第 187 步兵团第 2 营从空中突击至山谷的东部，在战机的猛烈火力掩护下向制高点发动攻击。第 3 营在山谷北部着陆，其目标是向前挺进，与被困的部队取得联系。在 16 架"阿帕奇"直升机、5 架海军陆战队"眼镜蛇"直升机以及美国空军几架 A-10 "雷电"攻击机的支援下，"降落伞"特遣队巧妙地穿过沙依诺特山谷，最终清除约 130 个洞穴和 40 处建筑物中的敌方力量。

对页图：2007 年，阿富汗赫尔曼德省桑金，1 名陆军特种部队士兵在一次激烈的交火中向塔利班阵地射击。在阿富汗的高强度作战对特种部队士兵——特别是多次执行出击任务的士兵——造成了极大的压力。（美国陆军）

3月12日,第10山地师的新部队替换了精疲力竭的"降落伞"特遣队,新部队继续清剿山谷南端的"基地"武装。特别突击队由第10山地师和加拿大帕特里夏公主轻步兵团(PPCLI)组成。他们于3月14日乘飞机进入战区,开展敏感地点勘查行动。高级军事行动组侦察附近的纳卡(NAKA)山谷,搜寻逃脱的"基地"组织成员,但是他们并没有斩获,"蟒蛇"行动于3月19日正式结束。

"找回脸面"

3月17日,巴格拉姆的第11特遣队通过1架RQ-1"捕食者"无人机(UAV)获得实时情报,有一个3辆汽车的敌方小队正从沙依诺特山谷下游地段快速驶向巴基斯坦边境,其中有2辆四轮驱动丰田吉普和1辆"海拉克斯"皮卡。他们在白天行驶,吸引了战斗应用大队和海军特种作战研究大队组成的1支联合小队的注意,当时他们正高度警惕地坐在第160团的直升机上侦察可能出现的"基地"组织成员。

3架MH-47E搭载第11特遣队成员,2架MH-60G搭载1个游骑兵警戒小组的成员。直升机在不到50英尺(15米)的飞行高度紧跟着这个小型车队。飞在最前面的1架"支奴干"直升机径直降落在车队前方道路上。车里的人跳下汽车,准备用武器瞄准攻击时,直升机舱门边的枪手使用7.62毫米转管机枪开火,撂倒几

对页图:在琐罗迦尔山区最近的一次行动中,一等兵詹姆斯·布莱尔为第10山地师的轻步兵部队呼叫空中支援。布莱尔和其他空军地面引导员在"持久自由"和"伊拉克自由"行动与特种部队一同行动。(美国空军)

下图:1名特种兵在用1支Mk 12特种用途步枪(SPR)上的瞄准镜瞄准。这支特种用途步枪口径5.56毫米,装有OPS公司特种用途步枪枪口制退消声器、哈里斯(Harris)旋转两脚架、里奥波特(Leupold)瞄准镜。(美国海军)

名"基地"组织成员。第2架"支奴干"直升机也从直升机舱内使用转管机枪和M249班用机枪猛烈射击,打击车队人员。除使用直升机武器之外,第11特遣队队员也开了火,他们之前获得批准,可以砸破直升机侧窗上的有机玻璃,以便从机舱内用M4和SR-25狙击步枪进行射击。

第3架"支奴干"直升机从上空飞过,直升机上的转管机枪打了几下便卡壳了。就在枪手排除故障时,美军第160团1名飞行军医,也曾当过游骑兵的队员,用M4步枪继续保持火力,击杀了1名想倒车逃出美军攻击范围的SUV司机。第4辆汽车开进了车队后不远处的一个干涸河床,1架"支奴干"直升机在其上空盘旋了一阵,确定车上人员是没有武装的平民。其余的"支奴干"直升机在附近的地点降落隐蔽,特战队员占据了居高临下的位置,关注着车队的举动,游骑兵乘坐的"铺路鹰"直升机在附近盘旋。当"基地"组织的残余力量试图抵达美军的隐蔽地点时,遇到战斗应用大队和海军特种作战研究大队队员的伏击而被歼灭。仅在几分钟内,战斗全部结束,16名"基地"组织成员或是当场毙命,或是躺在尘土中奄奄一息,2名受伤人员被擒获。

第11特遣队作战队员进行了仔细的清理,并且查验了死者尸体,收集情报。经过确认,这些人都是外国武装人员,有阿拉伯人、车臣人和乌兹别克人,其中有1名男性伪装成女性,还有一人身穿自杀式腰带设备。美军还发现了一个M4消音器和美式破片手榴弹,这些装备是游骑兵快速反应部队在塔克盖尔着陆时,被"基地"组织获取的。还有一部佳明(Garmin)导航仪,经确认是美军第160团1名队员遗失的。

经过"蟒蛇"行动,塔利班组织崩溃,"基地"组织中的一大部分武装人员或是被歼灭,或是在逃亡,美军则在调整兵力部署,开展"伊拉克自由"行动。此时,北约参与进来,组建了国际安全援助

下图:在坎大哈的美国空军第306救援中队伞兵对枪械进行归零。图中士兵背着一支M4A1步枪,正在查看新近配发的Mk14Mod0增强型战斗步枪。这种步枪由特洛伊工业公司为"海豹"突击队生产,以性能可靠的老式M14步枪为基础,截短了枪管,安装有可伸缩枪托和用于安装附件的战术导轨。(美国空军)

左图：图中为美国海军"海豹"突击队员。2002年1月期间在查沃克利执行一次敏感地点侦察任务，搜索"基地"组织洞穴和建筑物。（盖蒂图片社）

部队，执行维和任务，确保塔利班分子不会重新掌权。"持久自由"行动的其余部队主要任务是搜寻"高价值目标"及"基地"组织残余力量。

伊拉克

"很多人显然是憎恶这个地方的。虽然早晨太阳升起时，气温适宜，天色晴朗，但人的心情却并未因此变得愉悦。我唯一一次和他们遭遇是凌晨2点，在他们的房子里，这种遭遇往往异常恐怖"。

——某特战队员于伊拉克

2001年12月，此时盟军部队仍然在阿富汗的"持久自由"行动中继续与塔利班和"基地"组织对战，而针对伊拉克的作战计划已最终发展成了"伊拉克自由"行动。依据之前的一个作战计划，忧心忡忡的美军中央司令部司令汤米·弗兰克斯上将受命于当时的国防部长唐纳德·拉姆斯菲尔德（Donald Rumsfeld），开始制订入侵伊拉克的行动计划。

1991年"沙漠风暴"行动时，初始阶段进行了长时间的轰炸，而这次伊拉克行动计划很快形成了一种不同于"沙漠风暴"行动的作战思想，所要求的资源比原来的设想少很多,空中和地面行动要同时开始。特种部队是计划不可分割的一部分,他们之前在阿富汗战争中行动很成功,鉴于此,要加强他们在伊拉克战争中的作用。

2002年3月,常规部队从特种部队手中接管了在阿富汗的行动,美军中央司令部特种作战司令部(SOCCENT)正式加入伊拉克作战的方案策划工作中。

在特种部队历史上赫赫有名的将领,号称"射手"的加里·哈勒尔准将于2002年6月就任美军中央司令部特种作战司令

下图:2008年9月5日,伊拉克与美国特种部队士兵在萨蒂亚的一次行动中确认安全。此次行动是为了搜寻1名在伊拉克为"基地"组织提供资金和帮助的嫌疑人。(美国海军)

上图：美军第75步兵（游骑兵）团通常充当为特种作战部队提供支援的快速反应部队，但在2003年4月他们被指派为攻击伊拉克西部幼发拉底河上的哈迪赛大坝的第1波攻击部队。图中游骑兵在使用84毫米口径的M3式卡尔·古斯塔夫无后坐力炮瞄准。（美国陆军游骑兵团／美军特种作战司令部）

部司令。在刚结束的"持久自由"行动中，他指挥的是"猎刀"特遣队，之前他指挥过第10、第7特种大队以及"三角洲"特种部队（第1特种作战分遣队D分队，1ST SFOD-D）。

哈勒尔和弗兰克斯的作战思路是将特种联合部队部署在3个主要区域：在伊拉克西部沙漠，特种部队负责搜捕"飞毛腿"导弹运输发射一体车，并协助常规部队，为其提供特殊侦察和掩护；在北部，特种部队将与当地库尔德"自由战士"（Peshmerga）游击队一道，将伊拉克部队引开，防止他们支援巴格达，并攻取战略要地，让后来的常规部队进驻（由于土耳其拒绝美军常规部队进驻其领土，这项任务的意义就更为重大）；在南部，特种部队要攻占伊拉克石油生产设施，进行特殊侦察，攻取重要设施和交通节点。另外，还有1支秘密特种部队要搜寻大规模杀伤性武器（WMD）以及萨达姆·侯赛因政权中的高价值领导人目标。

乔治·沃克·布什总统批准了作战计划，"伊拉克自由"行动定在2003年3月20日。由"震撼和敬畏"（Shock and Awe）空中行动打前阵，特种部队则在常规部队行动之前，先悄无声息地渗透进入伊拉克。实际上，第1次常规战将在3月19日清晨展开，因为有情报说萨达姆·侯赛因及其儿子乌代（Uday）和库赛（Qusay）正在巴格达郊外一个名叫多拉农场（Dora Farms）的地方召集会议。于是美军的"夜鹰"隐身攻击机朝着农场投下了4枚2000磅（909千克）的激光制导炸弹，随即停泊在海湾的船只也齐射"战斧"式对地攻击导弹（TLAM）进行攻击。然而令人失望的是，这次"斩首"行动的目标并不在现场。

美方对萨达姆及其儿子曾下过驱逐令，要求他们离开伊拉克。给定的期限一过，"伊拉克自由"行动就于3月20日凌晨正式开始。"震撼和敬畏"行动正在进行时，美军常规部队越过了科威特边境，第3步兵师充当第5军的前锋，穿过西部沙漠，经纳杰夫（Najaf）、卡尔巴拉（Karbala）前往巴格达；海军陆战队第1远征军（1st MEF）向伊拉克南部的中心地带挺进，直指纳西里耶（Nasiriyah）和艾尔库特（al Kut）；英军第1装甲师进入伊拉克东部，指向巴士拉（Basra）。原计划由第4步兵师从北面进攻，但由于土耳其的阻挠，只能靠特种部队完成北面的攻击。

联合多兵种西部特遣队

联合多兵种西部特遣队（CJSOTF-West）延续了在阿富汗战争中的"匕首"特遣队称号，在第5特种部队大队（空降）基础上建立，仍然由约翰·穆赫兰（John Mulholland）上校指挥。第5特种部队大队A类特种作战分队有两个核心任务：一是搜索并摧毁"飞毛腿"导弹运输发射车，阻止伊拉克军方使用可能的发射基地，以应对"飞毛腿"弹道导弹的威胁；二是为常规部队提供情报收集和筛查协助，做出伊拉克军队在西部的兵力部署详报。

第5特种部队大队A类特种作战分队由B类特种作战分队指挥和控制。B类特种作战分队充当前进作战基地（AOB），并且运用改装的"战猪"轻型运输车进行机动补给。这种补给方法由第5特种部队大队于20世纪90年代中期首创，在"沙漠风暴"行动中由英国特种部队运用乌尼莫克（Unimog多用途越野车）作为补给车为巡逻队提供补给。第5特种部队大队要负责伊拉克西部两个片区——西部和南部联合特殊行动区（JSOA）。西区由1支名叫第51前沿作战基地的部队负责，这支部队由第520、第530前进作战基地指挥，由约旦H-5机场外备勤的第1营A类特种作战分队组成。第2营和第3营部署在科威特阿里阿尔萨里姆（Ali al Salim）空军基地，分别为第52、第53前沿作战基地，属于南部联合特殊行动区。第23特种战术中队特种战术空中人员分

上图：1名与伊拉克特种部队进行联合巡逻的"海豹"突击队员。他使用安装Mk.18Mod0近战机匣的步枪，EOTech551型瞄准镜很罕见的装在前部导轨上，枪前握把上装有战术电筒。从他肩部伸出的天线表明他背携着1部多频带小组内部通信用电台。（美国海军）

配到各个特遣队中，他们经过了训练，可以引导近距离空中支援，在A类特种作战分队活动时可以控制上空的情况。

"匕首"特遣队配属了第19特种大队的一个连，还配属了几支陆军常规部队和国民警卫队的步兵连，用来保卫前沿行动基地和充当快速反应部队。在阿富汗战争期间，快速反应部队是由游骑兵充当的，但在"伊拉克自由"行动中则由上述连队充当。随着开战的风声日益加紧，第19特种大队第1营A连的A类特种作战分队奉命执行联络任务，协助常规部队；第911、第913A类特种作战分队协助海军陆战队第1远征军；第914A类特种作战分队分为2组，1组和第916A类特种作战分队一起配属给第3步兵师，另1组配属给英国第1装甲师；第915A类特种作战分队配属给第101空降师，在穿越西部沙漠时，尾随第3步兵师。第19大队最后的第912A类特种作战分队则充当北约盟军部队特种作战总指挥（CFSOCC）哈勒尔的保镖（PSD）。

美军第160团第3营的飞行人员和"匕首"特遣队编在一起，作为联合特殊行动空中分遣队（西部）（JSOAD-West），有8架MH-47D重载"支奴干"直升机、4架（"直接行动渗透者"版）MH-60L"黑鹰"直升机和2架MH-60K"黑鹰"直升机。另外在H-5机场还准备了美国空军国民警卫队（ANG）的A-10"疣猪"以及美国空军的F-16C飞机，专门为特种部队提供近距离空中支援。

第7特战队也有专门的近距离空中支援，包括在H-5机场待命的，受过英国特种部队（UKSF）训练的2个英国皇家空军"鹞"式战斗机队，另外还有第7中队CH-47"支奴干"直升机和第47中队的英国皇家空军特种飞行队C-130飞机提供大规模空运支援。

联合多兵种北部特遣队

北部的特殊行动由联合多兵种特遣队（CJSOTF）北部部队执行，该特遣队称为"维京"（Viking）特遣队，其核心组成部分是第10空降特战队。第10空降特战队作为核心显然是实至名归：1991—1996年，为了解救伊拉克北部受萨达姆迫害的库尔德人，美国牵头开展了"安稳"（Provide Comfort）行动，而第10空降特战队在行动期间获得了很多经验。与第10空降特战队并肩作战的是从阿富汗归队不久的第3特种大队第3营。第20特种大队（NG）和第7特种大队第2营于2002年9月开始在阿富汗承担过联合多兵种特遣队任务，他们替换下来的第3特种大队第3营配属给了"维京"特遣队。（美国）空军国民警卫队空中特战指挥单元——第123特种战术中队为地面的"维京"特遣队A类特种作战分队提供支援。配属给"维京"特遣队的普通步兵部队是第173空降旅和第10山地师第14步兵团第2营的几个连。

按照原定作战计划，第4步兵师要从土耳其向南挺进，前往巴格达，"维京"特遣队为其行动提供协助，但由于土耳其拒绝美军进入，第4步兵师的行动只得放弃。"维京"特遣队奉命阻止北部的伊拉克部队支援巴格达，队员们开始寻找能绕过土耳其领空的其他突击路线。据美国官方《陆军特战史》（*Army Special Operations History*）中所做的简述，在土耳其拒绝"联合多兵种北部特遣队进入之后，特遣队就不再是辅助部队，而是转变成需要其他力量辅助的指挥单元。由于北部没有强大的步兵部队，联合多兵种北部特遣队只得依赖第10特种大队，让其组织库尔德'自由战士'牵制巴格达以北的13个伊拉克步兵师和装甲师"，对于这支轻装备的特种部队而言,这个要求有点过高了。

2002年稍晚的时候,第10特种大队和美国中央情报局特别行动处人员共同组成的几支秘密小队已突入库尔德斯坦,他们把基地设在库尔德斯坦首府阿尔比尔(Arbil)外的哈日尔(Harir)山谷,开展"最确切"情报收集工作,组织和训练"自由战士"。就如同2001年阿富汗战争时美国中央情报局的"巨颚破碎机"小队一样,这些部队为"维京"特遣队A类特种作战分队最终的打击行动铺平了道路。

第10特种大队并没有像第5特种部队大队一样配备地面机动车辆(GMV),他们只能采购民用车辆。实际上,第5特种部队大队将其在阿富汗的许多车辆留给了第3特种大队,因此在部署之前,只得匆忙地将高机动性多功能轮式车辆(HMMWV)按地面机动车辆规格大量进行改装。第10特种大队采购了约230辆非

下图:城市战地,1名美国特种兵掩护1辆伊拉克陆军救护车和高机动性多功能轮式("悍马")车前进。(美国国防部)

标准战术车辆（NTV），按特种部队要求进行改装。这些车辆将秘密从位于土耳其的仓库开出，一路避开土耳其当局的各种盘查，最终跨越边境进入库尔德斯坦境内。然而，在2003年3月19日凌晨，第一轮地面行动开始时，"维京"特遣队仍还在寻找进入伊拉克北部的通道。

第20特遣队

和"匕首"特遣队一起派到西部沙漠地区的另一支队伍是第20特遣队，这支部队的组建思路来源于阿富汗的第11特遣队（"剑"特遣队），主要由联合特种作战司令部抽调类似部队组建而成。第20特遣队由美军第160团前任长官少将戴尔·达伊利（Dell Dailey）指挥。

为执行伊拉克的任务，第20特遣队开始是由美军第1特种部队D分遣队（SFOD-D）C中队组成，常以"战斗应用大队（CAG）"相称，或简称为"三角洲"部队。与"三角洲"特战队员共同行动的有第75步兵（游骑兵）团的全部3个营、第82空降师1个营的兵力（2支部队既充当主要步兵力量，也充当快速反应部队），还有1个车载高机动性火箭炮（HIMARS）连，提供移动的非直瞄火力。后来在作战时，另1个"三角洲"中队，甚至还有1个连的"艾布拉姆斯"主战坦克也加入了第20特遣队。海军特种作战研究大队的1个中队也随第20特遣队作战，他们主要执行的任务是直接乘直升机实施突袭。美国中央情报局特别行动处（SAD）特工也与第20特遣队并肩作战。联合特种作战司令部情报收集部门的"灰狐"人员也加入进来——"灰狐"原名为美国陆军情报支援特遣队，后又多次更名。美军第160团第1营出动MH-60K DAP"黑鹰"直升机（"直接行动渗透者"版）、MH-60L"黑鹰"直升机、MH-6M运输直升机和AH-6M"小鸟"攻击直升机，专门执行飞行任务。

第20特遣队的秘密基地设在沙特阿拉伯西部阿拉尔（Ar'ar）的一个空军基地，任务是攻占伊拉克后方的油田等重大目标，猎捕"高价值目标"（伊拉克领导人），开展远程特殊侦察。战前方案中的一个主要任务是攻占巴格达国际机场，第20特遣队为此进行了2次实战演习，但最终未能付诸行动。该机场最后是由常规部队攻占的。

海军特战特遣大队

海军特战特遣大队常简称为"海军特种大队"（NTG），这是第4支，也是最后1支特遣队，其核心力量是美国海军"海豹"突击队第8队和第10队，波兰GROM特战队员（Grupa Reagowania Operacyjno Mobilneho，意为作战预备大队），英国皇家海军 HQ3 突击旅指挥下的第 40、42 突击队以及特别舟艇 M 中队的 1 支小型队伍，外加配属的美国心理战和民事小组。

"海军特种大队"主要任务是占领伊拉克唯一的深水港"乌姆卡斯尔"、法奥半岛的输油管道和这些管道所连接的两个海上钻井平台。攻下这些目标后，"海军特种大队"接下来的任务是支援南部常规部队。海军陆战队第 15 远征部队所属航空兵部队和美国空军第 20 特殊行动中队为其行动提供空中支持。

首战

"伊拉克自由"行动首战告捷，这是由美军第 160 团战斗飞行员完成的。他们出动了 2 架 MH-60L DAP "直接行动渗透者"飞机，还动用了 4 支"黑蜂"飞行队，每队有 2 架 AH-6 武装"小鸟"直升机，还有 1 架配有前视红外雷达（FLIR）的 MH-6 "小鸟"直升机，为 AH-6 直升机寻找目标，并用激光标识。另外，每个"黑蜂"飞行队还配属有 2 架 A-10 攻击机，在面对用 12.7 毫米口径机枪和 2.75 英寸火箭难以奏效的硬防护目标时，就可以让这 2 架攻击机发射"小牛"空对地导弹进行攻击。

3 月 19 日，"直接行动渗透者"直升机和"小鸟"直升机机群开始攻击第一批目标，也就是伊拉克西部和南部边境上的目视观察哨。"直接行动渗透者"直升机用"地狱火"空对地导弹攻击目标，之后用 30 毫米机炮猛烈扫射。MH-6 直升机率领着"黑蜂"飞行队，或是引导进攻，或是呼叫在空中盘旋的 A-10 攻击机进行空中打击。在茫茫夜色中，经过 7 个小时战斗，美军击毁伊拉克 70 多个目标，有效破坏了伊拉克军方的整个预警体系。

在摧毁这些目标后，空中走廊就打通了。英国和澳大利亚的特种作战巡逻队乘车到达约旦 H-5 机场，登上美军第 160 团第 3 营的 MH-47D 出发，成为第 1 支由直升机运送的特种部队。凌晨时分，"匕首"特遣队、第 20 特遣队以及联合特种部队的地面部队突破了约旦、沙特阿拉伯和科威特边境沿线的沙堤，进入伊拉克。

"维京"特遣队的各个 A 类特种作战分队在穿插进入目标地点时遇到了越来越大的阻力。计划制订人员最终只得安排了一条迂回路线，这条路线自第 10 特种大队在罗马尼亚康斯坦萨的前沿部署区起，经过 2 个国家，然后到达伊拉克北部。这项行动代号为"丑宝宝"（Ugly Baby），据说是 1 名特种部队长官在看到这条路线时脱口而出的名字。3 月 22 日，这次不同寻常的飞行行动完成，第 10 特种大队第 2 营、第 3 营的大部队乘 6 架 MC-130H

"战爪"在阿尔比尔附近着陆。这次飞行并非安稳无虞,几架MC-130与伊拉克空防力量遭遇,其中1架飞机被高射炮打中,机身损伤严重,只得紧急迫降,而迫降的地点不巧又是在土耳其的因吉利克(Incirlik)空军基地。

第1次空运完成后,第10特种大队共有19个A类特种作战分队和4个B类特种作战分队进入伊拉克北部。3月23日,土耳其允许美军飞机飞越领空,于是最后3架MC-130通过土耳其飞到库尔德斯坦首府阿尔比尔城外的巴舍尔(Bashur),支援刚到那里的部队。最终,"维京"特遣队A类特种作战分队和B类特种作战分队达到了51支,又加上了库尔德斯坦爱国者联盟(PUK)的大约60000名库尔德"自由战士"民兵。由于第1批无装甲人员运输车(NSV)还要几天才能就位,部队只得暂用当地购买的民用车辆。3月26日,第173空降旅成功实施了一次战场跃进行动,队员们乘坐C-17运输机降落在巴舍尔机场。此时机场已由特种部队和"自由战士"攻下,第173空降旅的任务是攻占基尔库克(Kirkuk)的油田。

"维京"特遣队起初部署在敌我分界线上,这条分界线沿库尔德疆界南北向展开。初始任务目标有三项:牵制北部大约13个伊拉克陆军师,阻止他们支援巴格达;向基尔库克和摩苏尔(Mosul)推进;对位于伊拉克—伊朗边境上的"库尔德伊斯兰辅助者组织"恐怖分子训练营发动代号"维京铁锤"的直接打击。"库尔德伊

下图:搭乘附加有上部装甲的M1114型军用悍马车的美军特种部队和搭乘通用汽车公司皮卡的伊拉克警方突击队联合行动。伊方皮卡后车厢上环绕安装有伊拉克本土产的装甲护盾,驾驶室顶部装有PKM机枪。(美国海军)

斯兰辅助者组织"是一个伊斯兰逊尼派恐怖组织,其发起者阿布·穆萨布·扎卡维(Abu Musab al-Zarqawi)是约旦籍国际恐怖分子,后自称为伊拉克"基地"组织(AQI)领袖,引起世界关注。

情报显示,大约有 700 名"库尔德伊斯兰辅助者组织"成员藏在山谷中,另外还有一小支库尔德人的武装。他们的防御阵地装备精良,准备充分,其中还有高射炮,可能还有一套专门的设备,用来进行生化武器的研发和储存。

行动计划的日期是 3 月 21 日,因为第 10 特种大队第 3 营在进入伊拉克后向周边渗透的问题,地面行动推迟了几天。但鉴于其他作战点的行动节奏很紧,此项打击行动不能推后,21 日午夜美军发射了"战斧"导弹,作为阻止敌方的弹幕。凌晨,64 枚"战斧"导弹击中"库尔德伊斯兰辅助者组织"营地及周边,特种部队人员则保持监视,进行轰炸破坏效果评估。

地面战斗最终于 3 月 28 日打响,进攻部队兵分 6 路进入山谷,每 1 路都有第 10 特种大队第 3 营的数支 A 类特种作战分队以及 1000 名以上的"自由战士"。作战队伍主攻方向是怀疑藏有生化装备的萨加特(Sargat),但由于遭到四周山头敌方 12.7 毫米机枪的密集火力攻击,队伍无法前进。在紧急呼叫空中力量支援后,美国海军出动 2 架 F/A-18 战斗机,在"库尔德伊斯兰辅助者组织"机枪点投下 2 枚 500 磅(227 千克)联合直接攻击弹药,接着用 20 毫米机炮猛烈扫射敌方阵地,直到燃油将尽才飞离山谷。地面部队再次推进,但再次遇到隐蔽的 DShK 和 PKM 机枪阵地阻截,第 081A 类特种作战分队用 1 辆非装甲运兵车上的 Mk19 自动榴弹发射器进行还击,压制住对方火力,让库尔德斯坦爱国者联盟队员发起进攻,清除了"库尔德伊斯兰辅助者组织"守军。库尔德斯坦爱国者联盟队员攻占了夏尔普(Gulp),然后开始攻击主要目标——萨加特村。萨加特防卫森严,有 DShK 机枪、迫击炮以及数台 BM-21 火箭炮(MLRS)的火力支持。考虑到库尔德斯坦爱国者联盟队员所在位置,部队不能呼叫空中力量快速支援,于是 A 类特种作战分队用无支架的 12.7 毫米口径 M2 机枪压制壕沟里的"库尔德伊斯兰辅助者组织"火力,"自由战士"借此机会用自己的迫击炮和 BM-21 火箭炮攻击,最终迫使"库尔德伊斯兰辅助者组织"撤退。

"维京"特遣队继续推进,攻打达拉马(Darama)峡谷,此处的岩壁中洞穴密布,"自由战士"再次遭遇轻武器和火箭推进榴弹攻击,于是 A 类特种作战分队用 12.7 毫米口径机枪和 40 毫米自动榴弹发射器猛烈还击,但他们很快发现在没有空中支援的情况下部队无法前进。A 类特

种作战分队用无支架的12.7毫米口径机枪作掩护边打边撤,并呼叫空中力量快速支援。空中支援力量投下6枚500磅(227千克)联合直接攻击弹药摧毁了敌方的抵抗。28日,"库尔德伊斯兰辅助者组织"成员向伊朗边境撤退时,4架AC-130炮艇机继续对其攻击。29日,"维京"特遣队占据了制高点,向山谷推进,消灭了顽抗的小股敌军人员。"维京铁锤"行动告捷,第3营和他们的"自由战士"返回到分界线位置,协助其他部队向基尔库克和摩苏尔推进。

敏感地点勘查专家小组在这期间奉命进入萨加特进行勘查。小组发现了一些包含篦麻毒素在内的化学品痕迹,另外还发现了一些核、生、化装备,阿托品注射器(用于化学武器攻击后的治疗)以及1本关于化学武器和临时爆炸装置(IED)制作的阿拉伯语手册。现场尸检的结果表明,"库尔德伊斯兰辅助者组织"成员中,许多是来自其他国家的外籍人员。此战敌方死亡300多人,美方有22名"自由战士"死亡。

"维京"特遣队进行了重编,之后又展开攻打艾因锡夫尼镇(Ayn Sifni)的行动,该地横亘在前往摩苏尔的大道上,因此很有战略价值。

第10、第3特种大队A类特种作战分队在西部兄弟部队的引领下,呼叫快速空中力量对伊拉克卫戍部队进行打击,伊军纷纷撤退。至4月5日时,艾因锡夫尼的伊军力量估计只剩2个排。6日,第051、第055、第056共3支A类特种作战分队发起进攻:第051A类特种作战分队和大约300名"自由战士"打头阵突袭,第055、056分队和"自由战士"重武器小组充当火力支援组(FSG)。当第051分队向村子推进时遇到了猛烈的火力阻击——"2个排"的守军其实有接近1个营的兵力,配备有82毫米口径迫击炮、高射炮和1门重炮。在空中力量和2个火力支援组的配合下,进攻部队花费了4个小时才最终攻入艾因锡夫尼。此后伊拉克步兵曾在几门迫击炮的火力支援下发动反攻,企图收回失地但被第051A类特种作战分队和"自由战士"打退。当日在艾因锡夫尼东南侧,另一项载入特种部队战史的行动也正在展开,这就是德贝卡(Debecka)路口之战。

德贝卡路口之战

德贝卡路口是到基尔库克和摩苏尔的主干道的咽喉,攻下这个路口,就可以有效阻止伊拉克部队对北部的支援,俯瞰这个战略要地的是泽尔加泽洛达(Zurqah Ziraw Dagh)山脊,伊拉克武装盘踞在此,把守着德贝卡路口。

行动开始后,先是由B-52战略轰炸

对页图:在伊拉克的美军特种部队。
1. 第10特种部队大队成员,正使用装有Leupold瞄准镜和PEQ-2红外激光瞄准器的12.7毫米口径M107巴雷特狙击步枪射击。他旁边放着一支M14精确射击步枪。
2. 第5特种部队大队A类特种作战分队成员,穿着3色沙漠迷彩服和SPEAR一体化防弹背心。
3. 空军第24特种战术中队的战场控制员,头戴很罕见的一体化防弹通信头盔。(理查德·胡克绘制,鱼鹰出版公司)

上图：1架HH-60G"铺路鹰"战场救护直升机在一处石质河床上降落，接运伤员。特种部队的1辆全地形车在着陆场进行警戒。（美国国防部）

机攻击山脊上的伊拉克守军，轰炸之后，第044A类特种作战分队和150名"自由战士"向着"目标岩"（Objective Rock）推进，这是通往德贝卡路口和德贝卡镇的一个丁字路口。

支援第044A类特种作战分队的有2支特种大队A类特种作战分队，即第391、第392A类特种作战分队，他们乘坐地面机动车辆开展行动。在他们北面有2组"自由战士"共500多人向山脊推进。再往北有第043A类特种作战分队，由150名库尔德战士和第394、第395A类特种作战分队充当火力支援组，对伊军盘踞的一个制高点——"目标石"（Objective Stone）发起进攻。

中路的"自由战士"首先进抵目标

并成功夺下山脊，只遇到了微弱的抵抗。第394、第395A类特种作战分队作战时，先由空中力量削弱对方防守，但并不成功——投下了4枚联合直接攻击弹药，只有1枚命中。之后第394、第395A类特种作战分队开始攻击"目标石"的守军，遇到敌方DShK机枪和120毫米迫击炮的攻击。由于空中打击效果不佳，第043A类特种作战分队的"自由战士"们拒不前进，这个分队最后求助于近距离空中支援，以掩护A类特种作战分队撤出迫击炮攻击范围并打击"目标石"的守军。第394、第395A类特种作战分队很快在前沿作战基地进行了补给，再次向前推进，但当第043A类特种作战分队及其"自由战士"接近目的地时，空中支援仍然没有到位。幸好特种部队和民兵很快击溃了伊军，占领了山头。

在南面，第044、第391和第392A类特种作战分队在通往"目标岩"的路上遇到伊军设的一个土堤，路上埋设着地雷。A类特种作战分队安排"自由战士"扫雷，分队则从旁边绕过路障。当他们到达山脊时，遭遇了布防在阵地和碉堡中的伊拉克步兵，在分队地面机动车辆车载机枪的打击下，这些步兵很快投降。1名被俘的伊拉克上校说有1支装甲部队负责给他们提供支援，此时该部队已向南撤退。分队返回土堤，将土堤炸开，为快速撤退做好准备，然后转移到一个山脊上，这里后来被称为"紧急山"（Press Hill），监视着隐蔽起来的南向通道。A类特种作战分队向德贝卡路口推进，第392A类特种作战分队在德贝卡边缘地带追剿敌方几支60毫米迫击炮小队，后来遭遇ZSU-57-2自行高炮远程攻击；第391A类特种作战分队用"标枪"（Javelin）反坦克导弹和12.7毫米口径机枪摧毁了几辆德贝卡出来的卡车和"技术车辆"（武装皮卡）。

不久之后，A类特种作战分队看见几辆伊拉克多用途装甲人员运输车从烟雾中开来，一边向路口方向驶去，一边用烟雾弹在车后制造烟幕。特战队员们用地面机动车辆上的12.7毫米口径机枪和Mk 19自动榴弹发射器实施压制，并快速准备"标枪"肩扛式反坦克导弹。就在此刻，4辆伊拉克T-55主战坦克从多用途装甲运输车后面的烟雾中冲了出来——原来这是伊军精心设计的圈套。

T-55主战坦克开始用100毫米主炮向A类特种作战分队开火。由于"标枪"反坦克导弹的命令发射单元（CLU）预热需要较长时间，分队只得放弃导弹攻击，登上地面机动车辆向后撤退至距离路口大约1000码（900米）的位置，他们随即将这个地点称为"阿拉莫"（Alamo），在特特种部队的术语中，这指代等待援军的最后一道防线。A类特种作战分队很快请求空中支援，但得到答复是要 30 分钟才能赶到。特战队员使用"标枪"反坦克导弹攻击伊军装甲车辆，很快便弹药告急，但成功打断了伊军的装甲进攻。伊军的 T-55 主战坦克转而利用土堤作掩护，以避开"标枪"反坦克导弹的"锁定"并接近路口，这为分队赢得了时间。

呼叫发出约 35 分钟后，2 架美国海军的 F-14 战斗机终于抵达。地面部队请求飞机轰炸对方 T-55 主战坦克，但令人意想不到的事情发生了：飞行员不知怎么犯了迷糊，没有瞄准与 A 类特种作战分队交战的 4 辆坦克，而是将"目标岩"的一辆废旧 T-55 主战坦克锈蚀外壳当作了目标，结果，第 1 枚 2000 磅（909 千克）炸弹掉在己方部队中，其中包括退到"目标岩"的前进作战基地的部队。炸弹炸死了 12 名"自由战士"，4 名前进作战基地人员、1 名英国广播公司摄像人员以及英国广播公司资深通信记者约翰·辛普森受伤。第 391 分队立即分出一半人员用于现场救治伤员。

由于伊军炮兵开始炮击，A 类特种作战分队其余人员被迫从"阿拉莫"回撤至"紧急山"，A 类特种作战分队的 1 名队员用"标枪"反坦克导弹成功摧毁了 1 辆试图逼近的 T-55 主战坦克。随后 F/A-18 战斗机及时赶到，并打退了其余的装甲车辆。战斗结束，结果如下：26 名陆军特种兵在 1 个排的坦克和炮兵支援下，挡住了伊拉克一个装备装甲人员运输车的机械化步兵加强连的进攻。具有讽刺意味的是，在这次战斗结束 1 天之后，1-63 装甲特遣队，包括 1 个连的 M1A1 主战坦克和布雷德利步兵战车（IFV）到达阿尔比尔，而这支部队的兵力若是能用于进攻德贝卡是再理想不过了。

攻克基尔库克和摩苏尔

4 月 9 日，"自由战士"和第 103 前沿作战基地的 9 个 A 类特种作战分队在占领了俯瞰基尔库克入城通道的山脊后，包围了基尔库克。美军此前已攻下了附近的土兹市，这摧垮了伊军抵抗意志。第 1 批 A 类特种作战分队于 4 月 10 日进入城市，得到了当地库尔德居民像诺曼底登陆一样的迎接。至 4 月 18 日，第 173 空降旅已接管了基尔库克，该市牢牢掌握在盟军部队的手中。

第 1 批部队进入基尔库克 1 天以后，第 102 前沿作战基地一支 30 多人的前沿部队（第 2 营营长也在其中）在没有遇到阻拦的情况下通过已经被放弃的伊军防线进入摩苏尔。此前的几天里，空中力量已对守卫此地的 3 个伊拉克师进行了猛烈的打击。4 月 13 日，第 3 特种大队第 3 营、第 10 山地师的 1 个营、海军陆战队第 26 远征队（数日之前刚刚穿插到阿尔比尔）

对页图：特种部队在伊拉克使用的车辆。
1. M1078"战猪"轻型战术卡车。第 5 特种部队大队研发的这种轻型战术卡车的改进型装备 B 分遣队，既可作为移动补给站又可充当指挥车。
2. 美军第 5 特战大队使用的全地形车。图中是第 5 特种部队大队 2003 年在伊拉克西部行动时对悍马车进行的改装的典型样式：拆除掉了车门与车窗。这是为了方便从车内射击和快速离开车辆。（理查德·胡克绘制，鱼鹰出版公司）

奉命进入摩苏尔，从第10特种大队和他们忠诚的"自由战士"手中接管城市。

在西部，第5特种部队大队第1营的B连、C连和第531A类特种作战分队对路上的防堤进行了爆破，为其"战猪"运输车和地面机动车辆越过科威特边境打开通道。C连的7个A类特种作战分队大约有35辆车，开往沙漠西部的东南方向，目标是努基亚布（Nukyab）、哈巴瑞亚（Habbariya）和穆迪亚西斯（Mudyasis）城。第534A类特种作战分队前往努基亚布外围地区，搜寻"飞毛腿"导弹发射地点。B连前往中西部城镇阿鲁特巴（Ar Rutba）及其西面的伊拉克空军基地（代号为H-3），乘坐"战猪"运输车的6支A类特种作战分队和1个B类特种作战分队充当补给部队。第523、第524A类特种作战分队搜索排查"飞毛腿"导弹贮藏点，第521、第525A类特种作战分队清理几个废弃的油田。第525A类特种作战分队没有搜寻到"飞毛腿"导弹贮藏点，于3月21日又接受了新的任务，安排1支特别侦察小组对阿鲁特巴城进行布控。分队派了一个2人小组到一座小山上，在那里可以俯瞰城镇，小组很快发现1个雷达设施，于是呼叫了附近的2架F-16战机将其摧毁。

第525A类特种作战分队派出1个特殊侦察小组侦察通向阿鲁特巴的2条公路，这个小组很快被当地的贝都因人（Bedouins）发现，贝都因人将其方位通报给阿鲁特巴卫戍部队。卫戍部队很快派出1辆皮卡车，带领4部"技术车辆"搜索这个小组，每台"技术车辆"上配有1挺DShK机枪以及萨达姆民兵。乘坐地面机动车辆的特种部队队员很快采取行动，借助手提电脑中的地图软件安排了一次快速伏击。当卫戍部队进入埋伏圈时，特种部队队员用装在地面机动车辆上的M2式12.7毫米口径机枪和Mk19式40毫米自动榴弹发射器进行攻击，卫戍部队迅速撤退。

队员们很快意识到山顶的小组会受攻击，于是第525A类特种作战分队地面机动车辆打算前去解救，但未及他们行动，伊军的车辆已开始从阿鲁特巴出动，进入城市西南地域的预设防御阵地，然后向山上逼近。A类特种作战分队小组组长察觉到险情，在警戒网（Guard Net）紧急频道上发出了紧急短代码"Sprint"，附近的盟军部队飞机都听到了此消息。短代码只在己方地面人员遇到危急情况时发送，不能随意使用。机载预警与控制系统（AWACS）立即作出响应，紧急呼叫空中力量支援。

在A类特种作战分队等待空中紧急支援时，特殊侦察小组开始用配有消音器的Mk 12狙击步枪狙击山上基地中的伊拉克士兵，队长同时还与正在阿鲁特巴东部执行排查任务的第521A类特种作战分队取得联系，知道情况后，第521A类特种作战分队立即前往支援第525A类特种作战分队。

不出数分钟，第1批F-16C战机赶到，开始攻击敌方车辆。信息系统对紧急短代码的反应能力令人振奋。在快速空中力量到达时，A类特种作战分队的随队终端目标攻击控制员直接与空中预警与控制系统对话，安排飞机分层盘旋，然后安排进攻行动，由侦察小组指示攻击目标，其中1人用多波段内部小组无线电（MBITR）联络，另1人用Mk 12步枪射击。分层盘旋的一度有4个机群。在对伊拉克部队进行4小时的沉重打击后，第525、第521A类特种作战分队的8辆地面机动车辆在1架B-1B轰炸机空中掩护下将小组人员救出，随后，B-1B轰炸机又护送他们回到第520B类特种作战分队在阿鲁特巴南部的一个干涸河床上的营地。

另1支A类特种作战分队也是战果累累。1支企图侧击第525A类特种作战分队的伊拉克部队与第524地面机动车辆武装系统遭遇，在3小时的战斗之后，4辆伊军"技术车辆"被摧毁。第524A类特种作战分队以1个步兵连击退敌方袭击，第525A类特种作战分队则在有必要时为第524A类特种作战分队呼叫空中快

速支援。在西面，第523A类特种作战分队已经前往支援第524A类特种作战分队，但在公路上遭遇2辆"技术车辆"，交火后，分队用地面机动车辆和轻武器歼灭了对方。令人难以置信的是，交战过程中有1辆载着伊拉克儿童的旅行车径直穿过交火现场，于是第523A类特种作战分队暂停开火，等待旅行车通过。第522A类特种作战分队发现2辆伊拉克"技术车辆"沿着公路向第523A类特种作战分队逼近，于是在车上展开伏击，将这2辆车上的伊军打了个措手不及，分队击毁了车辆，击杀15名伊拉克士兵。

A类特种作战分队的意图是切断阿鲁特巴的主要补给路线，占领该城周边地区以及战略要地H-3机场，之后慢慢收紧包围圈。H-3机场有大约一个营的伊拉克部队值守，还有大量的机动火力和固定高射炮火力。3月24日起，围在周边的A类特种作战分队以及为行动提供支援的第20特遣队、英国第7特种部队和澳大利亚第64特种部队呼叫空中支援，借助激光捕获标示器，对H-3机场实施了整整24小时的精确攻击。轰炸似乎很有成效，25日轰炸间隙，敌方两组庞大的军用车队快速从H-3机场散出，向东面的巴格达方向逃窜，第521A类特种作战分队组织了一场伏击，发射了1枚"标枪"反坦克导弹，摧毁了第1组车队中装有ZPU-23高

射炮的领头车。车队顿时乱了阵脚,第521A类特种作战分队呼叫紧急空中支援,但不巧,忽然出现了一场沙尘暴,部队只得放弃近距离空中攻击,在沙尘暴的混沌中,敌方车队四散而逃。

3月27日,B连和联盟特种部队巡逻队进驻机场。他们发现了1部法制"罗兰"防空导弹、包括1辆ZSU-23-4自行高炮在内的大约80门各类高射炮、多枚SA-7单兵便携式防空导弹以及大量其他军火。H-3机场变成了B连的巡逻基地,A类特种作战分队返回此处,由C-130和MH-47运输机提供补给。H-3机场的伊军指挥官——1名伊拉克上将乔装成平民搭乘1辆出租车出逃,被第581A类特种作战分队俘获,分队迅速派美军第160团1架MH-6直升机将他带走审讯。此外,第523A类特种作战分队在H-3机场1个实验室中发现了化学武器样本。

巴士拉和纳杰夫

在南部,第5特种部队大队第2营有2项关键任务:一是C连将支援巴士拉周边的美国海军陆战队和英军战斗群,二是B连将完成纳杰夫周边的任务。第554A类特种作战分队和海军陆战队于3月21日越过边境,任务是为攻占鲁迈拉(Rumaylah)油田提供支援,攻下油田后,由英军部队把守。

第554A类特种作战分队派出的半个小组驱车前往巴士拉郊外去接4名石油工业专家,这4名专家是由美国中央情报局聘请过来协助保护油田的。组员接到了技术专家,将他们移交给海军陆战队的部队。护送期间,第554A类特种作战分队先是与伊拉克武装人员经过几次枪战,然后与另一半小组会合。

第554A类特种作战分队接到新任务,要和1名中央情报局招募的当地酋长一道执行秘密渗透行动,协助英国部队确认巴士拉周围的目标。在执行任务过程中,他们遇到城中民兵异乎寻常的强有力还击。第554A类特种作战分队运用了一个通信网络,这个网络有酋长的协助,还有1架航空环境公司的"指示者"型手抛发射式无人机提供设备支持,分队最终协助英国部队包围了巴士拉城和周边地区大约170名伊拉克士兵以及复兴党领导人目标。

第544A类特种作战分队乘坐MC-130飞机插入瓦迪阿科尔(Wadi al Khirr)油田,前进50英里(80千米)到达纳杰夫。着陆后,他们开始设置临时卡车检查点,收集当地情报。(他们不是进入纳杰夫的第1支A类特种作战分队,第572A类特种作战分队在此之前收到过错误的网格情报,曾误入此地,遭遇敌方迫击炮攻击后迅速撤离)。一旦目标确定,第544A类特种作战分队将呼叫快速空中力量进行打击。第3步兵师在去卡尔巴拉的路上绕过了纳杰夫;佩特乌斯(Petraeus)上将命令第101空降师于3月30日进入该城市,他们跟上了第544A类特种作战分队,与之会合。

第101师占领了城市,留下1个旅清除民兵和复兴党残余力量,第544A类特种作战分队组建了1支地方安全部队充当警察力量,协助第101师,并在此基础上又组建了一个地方民政公署。此处他们遇到一个人物——穆克塔达·萨德尔,此人后来成为南部暴力组织的代名词,他组织了一起行动,杀死了A类特种作战分队支持的1名领袖。与此同时,第563A类特种作战分队在迪瓦里耶(Diwaniyah)附近的海军陆战队支援下展开行动。第563A类特种作战分队与当地酋长和民兵在海军陆战队航空兵的支援下,攻下了整个夸姆哈姆扎城。次日,第563A类特种作战分队、当地酋长的民兵和1个美国海军侦察小组攻下了通往迪瓦里耶的桥梁。酋长的民兵进入城市搜寻敌方据点,美国海军陆战队航空兵投放500磅(227千克)联合直接攻击弹药,以减低附带损伤。这种外科手术式的轰炸取得了效果,伊拉克陆军和民兵从城市撤出,逃往巴格达,海军陆战队航空兵一路追击。

第563A类特种作战分队开启了重建工作,2周便组建了警署,恢复了城市

对页图:1名美国陆军特种兵,他头戴夜视镜,为美国—伊拉克联合特种部队夜袭作掩护。(美国陆军)

80%的供电，医院和学校也恢复运行，甚至还阻止了一次银行抢劫。在伊拉克战争中，涉及恢复民政系统的活动方面，第563A类特种作战分队在迪瓦里耶的举措是最迅捷的，应当作为表率。

第553A类特种作战分队试图插入纳西里耶，但到达城市西面时，MH-53J直升机左前轮撞上一个沙丘，飞机坠毁，数名队员受伤。美军派出1个战斗搜索和救援小组，救回了机组人员，之后放置炸药炸毁了坠落的飞机。战斗搜索和救援小组随后将553A类特种作战分队队员运送至科威特，在那里重新登机。后来他们又成功实施了打击行动，对通往纳西里耶的各座桥梁进行了一次特殊侦察。他们与伊拉克士兵数次遭遇，之后与陆军部队和海军陆战队部队会合，进驻城市。入城之后，分队建立了一个通信网络，以秘密追踪当地复兴党人和伊拉克士兵，并逐渐发展起一个综合情报系统。第565、第546、第543、第542A类特种作战分队则对称为"自由伊拉克军"的部队进行紧张的训练，这些受训部队先是被送往库尔德斯坦，然后乘飞机进入纳西里耶郊外刚攻克的塔里尔（Tallil）机场。战况喜忧参半。

第20特遣队

3月19日，配属给第20特遣队的"三角洲"特种部队（第1特种作战分遣队D分队，1ST SFOD-D）C中队成为进入伊拉克的第1支美军特种部队，他们乘坐大约15辆平茨高尔（Pinzgauer）6x6特种作战车辆和数量经过武装的非装甲运兵车从沙特阿拉伯西部的阿拉尔越过边境。同行的还有执行情报任务的特种战术战斗控制员、几个K-9小组和2名美籍伊拉克人充当翻译。"三角洲"部队的任务是选取高敏感点，对疑似化学武器的设施进行精密勘查，勘查结束之后前往哈迪塞（Haditha）大坝建筑群。途中，"三角洲"部队要支援阿鲁特巴的第5特种部队大队A类特种作战分队和联盟特种部队，协助他们攻占H-3机场。3月24日，第3营的游骑兵实施了一次空降作战，在位于哈迪塞和阿鲁特巴之间的H-1机场着陆，他们攻下这个机场，作为西部行动的集结区。

"三角洲"部队对大坝的侦察表明，需要增援大量部队才能攻下大坝，于是他们发出增兵请求，并且获得通过。指挥部从布拉格堡（Fort Bragg）派出第2支"三角洲"部队、1个游骑兵营和第70装甲团第2营C连（装备M1A1艾布拉姆斯主战坦克）。这些坦克随即被称为"队属坦克"，由C-17运输机从塔里尔运至H-1机场，之后前往"三角洲"部队在大坝和提克里特（Tikrit）之间构筑的一个沙漠前进基地，称为"灰白"行动支援点。让人惊叹的是，增援的那个"三角洲"部队是直接从美国本土飞抵"灰白"基地的。

4月1日晚，"三角洲"部队和第75步兵（游骑兵）团第3营乘坐平茨高尔作战车和地面机动车辆，对大坝建筑群实施了一次地面攻击。在2架AH-6M"小鸟"直升机的支援下，他们攻占了大坝主行政楼建筑群，几乎没有遇到什么抵抗。天色破晓不久后，游骑兵狙击手在大坝西面用火箭推进榴弹击杀3名伊拉克人。东面的游骑兵遭遇1辆运载着步兵的卡车，双方交火1小时之久。在大坝南面，另1个游骑兵排正忙于攻打发电站和变电站，还有1个排在大坝建筑群主通道上构筑路障。伊军对这个路障进行攻击时，AH-6直升机对伊军进行了几轮扫射，伊军的迫击炮就没了动静。一座小岛上也有伊军用迫击炮攻击，1支游骑兵"标枪"导弹小组很快迎击，伊军随即哑火。

哈迪塞大坝攻下后的5天里，伊军又不断骚扰游骑兵，他们主要用大炮和迫击炮攻击，也有几次步兵攻击。4月3日，伊方在一个路障处制造了一起自杀式汽车炸弹袭击，3名游骑兵在爆炸中不幸遇难。又有一次，1名伊拉克前沿侦察员划着皮艇在大坝的水面上穿行，游骑兵用12.7毫米口径机枪击沉了皮艇，俘获了这名侦察员，在他身上搜出了标记有游骑兵位置的示意图。还有一次情况更是紧迫，伊军大炮击中一个电力变压器，大坝电力中断，经过修复后，美军发现5个涡轮中只有1个能继续运行，并且大坝的闸口出现了裂缝。1队前特种部队的民事工兵乘坐MH-47E特点直升机赶到，在伊拉克平民技工的协助下做了临时修补，防止溃坝。美军之后又派来1个陆军工兵小组，对大坝进行加固。但似乎伊军的计划并不是想通过毁坝淹水的方式阻止美军第3步兵师借道卡尔巴拉向前推进，反而是特种部队因为想要防止伊军采取这类行动而导致了这意想不到的灾难。

"三角洲"部队于4月1日向游骑兵交接了大坝，之后向北前进，在提克里特北部的公路沿线展开伏击战，牵制该地区的伊拉克部队，并计划抓捕想逃往叙利亚的"高价值目标"。4月2日，"三角洲"部队在提克里特附近遭遇6辆伊拉克士兵的"技术车辆"，2名"三角洲"特战队员受伤，其中1名伤势严重。此时，伊军1个步兵连的后援部队赶到，正在对战的"三角洲"部队请求紧急撤离伤员和空中力量支援，第160团第1营的2架MH-60K和2架MH-60L DAP"直接行动渗透者"飞机立即起飞，90分钟后赶到被困队员所在地。"直接行动渗透者"飞机开始攻击地面目标，掩护"三角洲"特战队员将伤员撤离到MH-60K特战直升机可以着陆的一块空地上。1名队员由于失血过多死亡，营救人员将他的遗体用美国国旗盖住，然后抬上第2架MH-60飞机。然后MH-60直升机在2架A-10战机护送下向H-1机场返航。

"直接行动渗透者"直升机继续作战，在伊军1辆运载着迫击炮小组的卡车和几个步兵小组经过目标地点的时候将其摧毁。伊军人员开始用轻武器对正在撤退的"直接行动渗透者"进行攻击，但被"三角洲"部队狙击手击杀。不久之后，另外2架A-10战机赶到，"直接行动渗透者"为其指示攻击目标，战机投放了1枚500磅（227千克）空爆炸弹，位置离"三角洲"部队不到22码（20米），顿时弹片横飞，击杀了蜷缩在山沟中的一大群伊拉克步兵。"直接行动渗透者"将掩护"三角洲"部队的任务移交给A-10战机，准备继续向北推进。此时油料已几乎用尽，他们在着陆告警信号声中坚持飞行，沿途发现了伊军几支迫击炮小队和步兵小队，立即用30毫米机炮和机枪进行了攻击，最终，"直接行动渗透者"返回H-1机场。

"三角洲"部队在"灰白"地带集结后开始了行动，在1号公路上切断复兴党"高价值目标"的退路（穿越西部沙漠的2号公路和4号公路已被英国和澳大利亚特别空勤团占领）。4月9日，联合小组攻下了提克里特附近另一个油田。在夜间攻击时，1辆M1A1主战坦克开进一个深洞，坦克侧翻，装填手受伤。在判定坦克无法恢复之后，另1辆坦克用2发120毫米炮弹将这辆艾布拉姆斯主战坦克击毁。4月中旬，"三角洲"部队进驻巴格达，"队属坦克"归建。

搜捕"高价值目标"

入侵伊拉克之后，第20特遣队起初的行动主要是根据一份"高价值目标名单"搜捕55名罪恶昭彰的"高价值目标"；对可能用于存储或加工大规模杀伤性武器的设施进行敏感点侦察；搜捕外逃的复兴党人员和企图入境的外国"圣战"人员。他们还执行了几项不同寻常的任务，如寻回了1架米-17"河马"直升机，用于之后的秘密任务。特遣队起初的几次行动取得了成功，2003年4月19日，他们在巴格达抓捕了巴勒斯坦恐怖分子头目穆罕默德·阿巴斯（Mohammed Abbas）。4月25日，又抓捕了伊拉克副总理塔里克·阿齐兹（Tariq Aziz）。

对大规模杀伤性武器的搜索行动结果平平，只有第10特种大队在伊拉克北部萨加特针对"库尔德伊斯兰辅助者组织"恐怖分子的行动中找到一些化学或生物武器的痕迹。2003年4月，第20特遣队继续进行敏感勘查，有的时候，他们的勘查只比正式的陆军大规模杀伤性武器敏感地点勘查小组——第75勘查特遣队提前几

第20特遣队突袭"高价值目标"行动

本图描绘了一次旨在抓捕或清除据报躲藏在郊区别墅中的"基地"组织"高价值目标"的突袭行动。

1. 1架美国空军第160团的AH-6M"小鸟"直升机为行动提供空中掩护,大多数此类行动都能得到空中掩护。
2. 和3. 为穿着陆军作战服、装备M4A1步枪、M203下挂式榴弹发射器和Mk46 Mod0机枪的游骑兵小组沿着街道部署,以拦截可能冲出来的逃跑者以及任何可能的外部干扰。
3. 装有M240B机枪的游骑兵部队的全地形车停在大门外,提供对周边的火力压制。
4. 1名游骑兵士官驱离好奇的平民。
5. 院落内主门两侧各有一个4人的来自"三角洲"部队的联合特遣队突击小组。左边小组打头的人正在门上安装炸药,后面的3人分别警戒主门、上方窗户和屋顶。这些行动队员混穿着陆军作战服、沙漠作战服和需自购的复合迷彩服,戴着模块式一体化通信头盔和Peltor耳机,使用HK-416步枪,混用EOTech 553瞄准镜和施密特-本德尔公司的Short Dot瞄准镜。右边小组打头的人手持雷明顿12号霰弹枪,可用来对付室内的所有门锁。(理查德·胡克绘制,鱼鹰出版公司)

个小时，但收效甚微。

他们的第 3 类任务，也就是堵截外逃的复兴党人员，则大有斩获。2003 年 6 月 18 日夜，一群高价值复兴党成员在逃往叙利亚时，第 20 特遣队引导 AC-130"幽灵"战机对其进行打击，情报显示其中可能有萨达姆·侯赛因或他的儿子，又有其他消息称这些人只是石油走私者。在 AC-130 歼灭了这群人之后，第 20 特遣队乘直升机又执行了一项袭击任务，对附近的一个建筑群进行打击，这是复兴党的一个藏身之所，用于前政权分子的转移。第 20 特遣队还遭遇了叙利亚边界警卫部队的攻击，在力量悬殊的火拼中，几名叙利亚人死亡，17 人被俘之后又很快被释放，5 人受伤，盟军部队对这 5 人进行了医治后将其遣返。

之后，第 20 特遣队又成功完成了几次搜捕"高价值目标"任务，其中一次击杀了萨达姆的两个儿子——乌代和库赛。在每个人头 1500 万美元的悬赏之下，前伊拉克政权的 1 名人员很快将 2 人出卖，这个消息先由告密者传给第 101 空降师，第 101 空降师随后又通报给师部的特种部队联络员，联络员又告知第 20 特遣队。乌代和库赛当时躲藏在告密者的家里，位于摩苏尔郊外的阿法拉（Al Falah），和他们在一起的还有库赛 14 岁的儿子及 1 名保镖。几项资料表明，在摩苏尔的第 22 特种空勤团 1 个 12 人小组为第 20 特遣队提供协助，执行了一次"抵近目标侦察"，然后向第 20 特遣队指挥部进行了通报，称他们有把握于夜间进入房屋，击杀或抓捕目标。美军高层否决了这个方案，而是制订了一个计划，打算于日间抓捕萨达姆·侯赛因的儿子。

7 月 22 日，第 101 空降师部队围绕目标所在的房屋划定了半径范围，通过喇叭向屋内喊话劝降，一支"三角洲"部队则做好行动准备。喊话之后，屋内没有回音，于是特战队员们迅速破开前门，抛掷闪光弹、震撼弹，然后闯入屋内。屋内人员旋即用轻武器攻击，据称特战队员中有 1 人臀部中弹，另有数人在后退掩护时被弹片击中，受了轻伤。此后，"三角洲"部队再次试图进入，又遭到火力抵抗。"三角洲"部队发现屋内通往二层楼的楼梯堆放了家具和其他障碍物，萨达姆·侯赛因的儿子就藏身于二楼。另 1 组特战队员乘 1 架 MH-6 飞机快速到达屋顶，查看是否有可能在屋顶打开一个爆破缺口（他们差点被空中盘旋的"奇奥瓦"直升机误击）。最后指挥部决定先削弱目标点的火力，于是第 101 空降师部队围住目标，用 12.7 毫米口径机枪和 AT-4 火箭对目标进行攻击。然后"三角洲"部队又尝试第 3 次突入，但又一次被对方火力打退。第 101 空降师部队收到请求，要他们调动配备有

对页图：2003 年 7 月 22 日，"三角洲"部队与第 101 空降师的人员混在一起观看"陶 II"式导弹攻击乌代·侯赛因和库塞·侯赛因最后现身的别墅。站在前方的"三角洲"部队人员头戴橄榄绿色和黑色头盔，图中可看到他们的卫星通信器材都放在了军用悍马车上。（美国国防部）

"陶Ⅱ"式导弹的高机动性多功能轮式车辆进行攻击。第101空降师的人员向屋内发射了大约10枚"陶Ⅱ"式导弹,"奇奥瓦"直升机则从上方用12.7毫米口径机枪和2.75英寸火箭攻击房屋。"陶Ⅱ"式导弹击中房屋后,"三角洲"特战队员第4次尝试破门而入,终于成功。他们发现库赛及保镖已在弹幕射击中毙命,乌代受重伤,但仍持枪在浴室内顽抗,1名"三角洲"特战队员将其击杀。库赛十多岁的儿子穆斯塔法藏在一张床下,当特战队员们进入房间时,穆斯塔法开火射击,特战队员还击,击杀了他。

"红色黎明"

虽然特战队员后来又成功锁定一些

前伊拉克政权成员,但头号"高价值目标"萨达姆·侯赛因却逃脱了。根据复兴党前成员的情报,再加上信号侦察情报,特战队员最终锁定了这个逃亡独裁者的位置,是在其党派中心地——提克里特南部的道尔(Al Dawr)村外的一个农场建筑群。2003年12月14日晚,"红色黎明"行动打响。

来自第4步兵师第1旅的作战小队包围了该地,配属给第121特遣队的"三角洲"特战队员搜索了这个区域内代号为狼獾1号和狼獾2号的2个地点。搜索一无所获,但在准备撤出时,1名队员发现一块地板残片,他将残片踢到一边,露出1个掩蔽坑。1名"三角洲"特战队员正准备丢入1颗"破片"手榴弹将其炸毁时,萨达姆·侯赛因钻了出来。队员们当场缴了他的手枪,又缴获他藏在洞里的一支AK-47步枪和750000美元现金。第121特遣队花费数月时间搜捕萨达姆·侯赛因,最后却以这样的方式抓获这名独裁者。萨达姆·侯赛因束手就擒,被美军第160团用1架MH-6将其带走。

扎卡维

在抓获萨达姆·侯赛因之后，特遣队最重要的目标是约旦籍恐怖分子阿布·穆萨布·扎卡维。扎卡维参加过巴勒斯坦抵抗运动，后来在"库尔德伊斯兰辅助者组织"中活动，最终成为伊拉克"基地"组织的名义领袖。他试图煽动起逊尼派和什叶派之间的全面内战，给伊拉克平民带来深重灾难。早在他在伊拉克"基地"组织从事血腥活动时，美军特种部队就已将他列在打击名单之首，但第145特遣队自那时起用了将近3年的时间才最终将其击杀。在这期间，特种部队有好几次都几近得手，比如在2006年5月特种部队追踪扎卡维的一次行动中，扎卡维在通过游骑兵的一个路障时差点就被擒获。实际上，依靠"灰狐"和"橙色细胞"特遣队对2006年4—5月期间一系列突袭中收集的情报的研究分析，美军多次锁定了最重要的目标。经过这几次突袭后，特种部队击杀或抓捕了100多名伊拉克"基地"组织人员，其中至少有8名"高价值目标"。1名特战队员对袭击行动的展开方式做了如下阐述：

我们有所谓的X着陆、Y着陆和位移着陆。X着陆指着陆在目标正上方；Y着陆指着陆在距目标位置大约500米内；位移着陆指着陆后需要徒步行动，最常见的情况是要走3～6千米，这样可以避免乘坐的直升机被发现。我们通常要负责守望、负责后方警戒，然后由1个小队攻下敌方藏身的房子。

我们行动很安静，每个人都配有内部无线通信装置和多频带团队通信电台，我们攻下整个房子都不会惊醒屋内的人。我们把这种做法称为"软敲"，不用说很多话，不厉喊叫，我们先在门口和窗口有所动作，尽可能多地先击杀一些目标之后再破门而入。进入房间后是典型的近距离作战，清除躲藏在角落的敌人。我们组的人对这方面很在行，另外一些人则更擅长破门和投掷震撼弹。

攻下房屋后要安全撤出，看管好俘虏，还可能需要在屋顶架设机枪，然后监视房屋的情况，对俘虏问话等等。之后则是呼叫直升机，带着俘虏和证物撤出，然后乘直升机离开。我们有直升机渗透行动，也有地面渗透行动。每次行动基本都有空中掩护，通常是"直接行动渗透者"直升机，有时也会用AH-6直升机，如果目标很大的话，还会用"幽灵"炮艇机。

2006年4月16日，海军特种作战研究大队一个突击小组在游骑兵的支援下，对巴格达西南约苏菲耶（Yusifiyah）的

对页图："三角洲"特战队员从被炸成废墟的乌代·侯赛因藏身的别墅中运出乌代·侯赛因的尸体。图右队员腿上携带着1支使用0.45ACP弹药的、带加长弹匣和战术电筒的定制版1911手枪。（图片来源不明）

一个伊拉克"基地"组织据点进行了突袭,抓获了5名恐怖分子,击杀5名外国武装人员。5月2日,突击小组在同一地区又一次行动,击杀10名外国武装人员,其中有3人穿着自杀式炸弹背心。6月2日,伊拉克"基地"组织的1名"高价值目标"在巴格达城外被击杀。每次行动都收获了重要情报,但特遣队的成功也伴随着伤亡的代价。5月14日在约苏菲耶的一次行动中,美军第160团1营B连的1架AH-6M武装直升机在支援"三角洲"特战队员时被敌方轻武器击落,2名飞行员身亡。这次战斗端掉了几个伊拉克"基地"组织窝点,击杀25名伊拉克"基地"组织成员,俘获4人。

2006年6月7日,这一系列的袭击行动达到高潮与终局,地点是在巴古拜(Baqubah)郊外一处独立的建筑群,美国少将比尔·考德威尔(Bill Caldwell)称这次行动圆满完成,是"一次持久的、

下图:1名在巴格达作战的游骑兵。他的头盔上装有AN/PVS-18夜视仪,使用的7.62毫米口径Mk48Mod0机枪上装有"神火"战术电筒和M68Aimpoint瞄准镜。注意他的陆军作战服迷彩长裤和扩展型寒冷气候士兵着装系统(ECWCS)夹克混搭着装方式。(美国陆军游骑兵团/美军特种作战司令部)

左图:2008年6月的一次训练中,海军陆战队第4侦察营B连(师属侦察部队)的陆战队员们在"好人理查德"号两栖攻击舰上等待下船。(美国海军)

艰苦的行动,经过了细致的情报分析,信息收集,人员安排,电子数据和信号工作"。据推断,有被俘的"高价值目标"向第145特遣队提供了线索,最终查到了扎卡维的私人"精神导师"阿卜德·拉赫曼。特遣队用电子手段和隐蔽的无人机追踪拉赫曼,之后通过拉赫曼又得到了抓获扎卡维的线索。特遣队认为地面行动可能会像前几次那样留给扎卡维逃脱的机会。同时,特遣队锁定的扎卡维藏身处是无人居住的郊区,空袭行动对周边的破坏不会太大。鉴于此,特遣队考虑用精确空中攻击的方式行动。"三角洲"部队 B 中队派出一个特殊侦察小组,秘密潜入这一区域,进行实时监视,另有 1 架 RQ-1"捕食者"无人机将影像实时传送给指挥部,在巴格达郊外例行巡逻的 2 架 F-16C"战隼"式战斗机也参与了行动。打头的 F-16 战机投下 1 枚 500 磅(227 千克)激光制导延时炸弹,让炸弹先穿透至屋内,然后再爆炸。在对炸弹损伤进行快速评估之后,战机又投下第 2 枚炸弹,这次投的是 1 枚 GPS 导航的 500 磅(227 千克)联合直接攻击弹药,将目标建筑夷为平地。扎卡维、拉赫曼、1 名保镖以及 3 名身份不明的妇女在空袭中死亡。当侦察小组秘密撤出时,伊拉克陆军部队和美军常规部队赶到。

左图:2009 年,在地中海区域的一次登船搜检查扣演习中,来自第 26 海军陆战队远征部队武装侦察分队的陆战队员在快速接近目标。(美国海军陆战队)

上述美军特种部队在阿富汗和伊拉克的行动仅仅是冰山一角。这些行动展现的不仅是特战队员高超的技能和高明的战术,其中也混杂着迷茫、恐惧,还有普遍存在的"煎熬感",投入作战的军人都有这种体验,特战队员也不例外。美国特种部队与其他国家特种部队有很多次协同行动。这样的合作对于参与各方都有莫大的裨益。参与各方得以分享战术信息和相关情报,获得了在对待同一问题时的不同视角,还展示了各自的先进武器和装备(对于能够增强生存能力,增强作战成功概率的新式装备,所有的特种部队官兵都非常关注)。仅从美国一方来看,自2001年9月之后,特种部队的行动不仅开创了非常规战争的新高度,还传承了自18世纪在北美东部林莽地带作战以来的经验。

下图:2006年,第31海军陆战队远征部队深入侦察排在"埃塞克斯"号两栖攻击舰上进行手枪与步枪射击演练,注意他们使用的MEU(SOC)11.43毫米口径手枪。深入侦察排通常用于深入作战地域进行地面和两栖侦察。(美国海军陆战队)

2011年11月17日,阿灵顿国家公墓,在向约翰·F.肯尼迪墓敬献花圈的仪式上肃立的来自陆军全部7个特种部队大队的特种部队士兵。这一历史悠久的仪式是为了纪念肯尼迪对特种部队的支持和倡导。(美国陆军)

6 结语

2011年5月2日凌晨,美军第160特种航空团飞行员驾驶2架改装过的"黑鹰"直升机,载着"海豹"突击队的2个小组前往巴基斯坦阿伯塔巴德(Abbottabad)的一个建筑群,据信那里发现了奥萨马·本·拉登的踪迹。着陆不太顺利,1架直升机紧急迫降,但没有人员受伤,一部分队员前往房屋,另一部分队员在附近就位。着陆后不过几秒钟,"海豹"突击队就冲进屋内,用夜视镜和HK416消音卡宾枪搜索目标。屋内很快枪声大作,穿透了夜空。"海豹"突击队员射杀了数名人员后,发现了要抓捕的目标——美军特种部队和中央情报局追踪了十多年的本·拉登。

本·拉登藏在楼上一个房间里,躲在他的2个老婆身后,"海豹"突击队员向其中一个女人腿上开了一枪,趁着这一时机猛地将2人推开,然后向本·拉登胸部开枪,将其击毙。随后"海豹"突击队员用无线电报告说:"以上帝和国家的名义——吉罗尼莫,吉罗尼莫,吉罗尼莫"。过了一会,又说:"吉罗尼莫EKIA(敌人在行动中被击杀)"。在千里之外的华盛顿,美国国家安全团队和巴拉克·奥巴马总统通过实时视频链接观看了整个行动过程。此时,奥巴马只说了一句:"我们干掉他了。"

击杀奥萨马·本·拉登的行动又一次给美军特种部队增光,但对于海军特种作战研究大队的成员来说,他们并不喜欢这样,反而宁愿不受公众注目。但毫无疑问的是,这次行动展现了美军特种部队强大的跨国行动能力。奥巴马在全国讲话中对这些为国奉献的人表达了敬意:

美国人民知道战争的代价。然而作为一个国家,我们绝不能容忍安全受到威胁,也不能在人民被杀害的时候无动于衷。我们会竭力保护我们的人民、朋友和盟友。我们会信守成就我们国家的价值观。在今天这样一个夜晚,我们终于能对

左图：2010年3月16日，华尔顿堡滩附近的"翡翠战士2010"演习中，1名美国空军特种战术训练中队成员准备参加高跳低开伞降任务。（美国空军）

那些被"基地"组织夺去家人生命的家庭说：正义得到了伸张。

今晚，我要感谢数不清的情报人员和反恐专家们，正是你们孜孜不倦的努力才有了这个结果。美国人民看不到他们的工作，也不知道他们的名字，但是今晚，他们会对自己的工作感到满足，他们对正义的追求得到了令人满意的成果。

感谢执行这项行动的人们，他们证明了为国服务的人的敬业、爱国和无与伦比的勇气。自从那个9月11日之后，他们就成了背负最沉重负担的一代人。

针对本·拉登的行动完美诠释了特种部队创立和发展的思路。这次行动汇聚了多种力量，有美国中央情报局收集绝密情报，有强悍的特种部队跨越国界、实施夜间突击、抓捕"高价值目标"，并且能做到"附带伤害"最小。在本书所描述的很多行动中，官兵们对执行的计划和作战行动的关注度都很高。例如1945年对甲万那端战俘营的突袭，在越南针对游击队的远程侦察巡逻行动，在阿富汗山地的特种作战行动。关于这些行动，总是有一种将特战队员当作超人，认为他们无所不能的错误认知，无知的指挥者和政治家们往往会滥用特种部队，但这个独特的军人群体在军事行动方面令人瞩目的表现也是千真万确的事实。

术语

AEA　American Expeditionary Army：（第一次世界大战时期的）美国远征军
AFO　Advanced Force Operations：前沿部队行动
AFSOC　Air Force Special Operations Command：（美国）空军特种作战司令部
AGFRTS　Air and Ground Forces Resources and Technical Staff：（陆军）航空兵与地面部队资源与技术参谋
AIT　Advanced Individual Training：高级单兵训练
AMF　Afghan Militia Forces：阿富汗民兵（部队）
ANG　Air National Guard：（美国）空军国民警卫队
AO　Area of Operations：作战地区
AOB　Advanced Operating Base：前进作战基地
APC　Armored Personnel Carrier：装甲人员运输车
AQI　Al-Qaeda in Iraq：伊拉克"基地"组织
ARCT　Airborne Regimental Combat Team：团级空降战斗群
ARVN　Army of the Republic of Vietnam：越南南方陆军
ASTC　Alamo Scouts Training Center：（第二次世界大战期间美军第6集团军所辖）阿拉莫侦察兵训练中心
ATGM　Anti-Tank Guided Missile：反坦克导弹
AWACS　Air Warning and Control System：空中预警与控制系统
BAR　Browning Automatic Rifle：勃朗宁自动步枪
BCT　Basic Combat Training：基本作战训练
BIS　Bureau of Investigation and Statistics：南方国民政府军事委员会调查统计局（即"军统局"）
BSU　Boat Support Unit：舟艇支援小队
BUD/S　Basic Underwater Demolition/SEAL：（"海豹"突击队选拔成员过程中的）初级水下爆破训练
CAG　Combat Applications Group：战斗应用大队（即"三角洲"特种部队）
CBI　China-Burma-India（theater）：中缅印战区
C&C/CCT　Combat Controller：（空军）战斗控制员
CENTCOM　Central Command：（美军）中央司令部
CIA　Central Intelligence Agency：（美国）中央情报局
CIC　Counterintelligence Corps：（美国陆军内部）反情报队
CIDG　Civilian Irregular Defense Group："民众自卫队"（越南战争期间，美军特种部队训练和指挥的效忠越南南方政府一方但被拒绝加入越南南方政府军的当地少数民族武装）

CJCMOTF	Coalition Joint Civil-Military Operations Task Force：军民联合行动特遣队	
CJSOTF	Combined Joint Special Operations Task Force：多国或多军种联合特种作战特遣队	
CJTF-Mountain	Combined Joint Task Force-Mountain：（山地）联合特遣队	
COI	Coordinator of Information：美国情报协调局	
COIN	Counterinsurgency：反叛乱（行动）	
CRT	Command Readiness Team：指挥战备分队	
CSAR	Combat Search and Rescue：战斗搜索和救援	
CTC	Counter Terrorist Center（CIA）：（美国中央情报局）反恐中心	
CTR	Close Target Reconnaissance：抵近目标侦察	
CTZ	Corps Tactical Zone：（越南战争期间南越政府划分的）军级战术区	
DA	Direct Action：直接行动	
DAP	MH-60L Direct Action Penetrator：MH-60L DAP"直接行动渗透者"武装直升机	
DEVRGU	Navy Special Warfare Development Group：（美国）海军特种作战发展大队	
DOD	Department of Defense：（美国）国防部	
DSC	Distinguished Service Cross：优异服役十字勋章	
EOU	Enemy Objectives Unit：敌方目标研究组	
ETAC	Enlisted Terminal Attack Controller：终端目标攻击控制员	
FBI	Federal Bureau of Investigation：美国联邦调查局	
FID	Foreign Internal Defense：国外内部防御	
FIS	Foreign Information Service：（第二次世界大战期间美国国务院所辖）外国新闻处	
FLIR	Forward-Looking Infrared Radar：前视红外雷达	
FOB	Forward Operating Base：前沿作战基地	
FOG	Field Operations Group：野外作业大队	
FSG	Fire Support Group：火力支援组	
FTX	Field Training Exercise：战地训练演习	
GMV	Ground Mobility Vehicle：地面机动车辆	
HAHO	High Altitude, High Opening：高跳高开（伞降）	
HALO	High Altitude, Low Opening（parachute team）：高跳低开（伞降）	
HMMWV	High-Mobility Multi-Purpose Wheeled Vehicle：高机动性多功能轮式车辆（"悍马"）	
HUMINT	Human Intelligence：人工情报	
HVT	High-Value Target：高价值目标	
ISAF	International Security Assistance Force：国际安全援助部队	
JCS	Joint Chiefs of Staff：（美国）参谋长联席会议	
JDAM	Joint Direct Attack Munition：联合直接攻击弹药	
JIATF-CT	Joint Interagency Task Force-Counterterrorism：跨部门联合反恐特遣队	
JSOA	Joint Special Operations Area：联合特种作战地域	

JSOAD-West　Joint Special Operations Air Detachment-West：联合特种作战空中分遣队西部分队

JSOC　Joint Special Operations Command：（美国）联合特种作战司令部

JSOTF　Joint Special Operations Task Force：联合特种作战特遣队

JTF-2　Joint Task Force 2：（加拿大）第 2 联合特遣队

KSK　Kommando Spezialkräfte（German）：德国 KSK 特种部队

LLDB　Lac Luong Dac Biet：越南南方特种部队

LRP　Long Range Patrol：远程巡逻

LRRP　Long-Range Reconnaissance Patrol：远程侦察巡逻

LZ　Landing Zone：降落点

MACV-SOG　Military Assistance Command Vietnam，Studies and Observation Group："美国驻越南南方军援司令部研究与观察组"（指越南战争期间美军专用于在老挝、柬埔寨以及越南北方执行越境隐秘侦察和情报搜集行动的非常规特种作战单位）

MBT　Main Battle Tank：主战坦克

MCSF　Marine Corps Security Force：美国海军陆战队警卫部队

MEDCAP　Medical/Civic Action Program：医疗/民事活动计划

MEF　Marine Expeditionary Force：美国海军陆战队远征部队

MEU　Marine Expeditionary Unit：美国海军陆战队远征小队

MGF　Mobile Guerrilla Force：机动游击部队

MO　Morale Operations：心理战行动

MOS　Military Occupation Specialty：军职专业

MPC　Military Payment Certificate：军用代金券

MSPF　Maritime Special Purpose Force：海上特种部队

MU　Maritime Unit：海上行动处

NAB　Naval Amphibious Base：海军两栖基地

NBC　Nuclear，Biological，Chemical：核、生、化

NSA　National Security Agency：美国国家安全局

NSW　Naval Special Warfare（Group）：海军特种作战（大队）

NSWTG　Naval Special Warfare Task Groups：海军特种作战特混大队

NSWTU　Naval Special Warfare Task Units：海军特种作战特混小队

NTG　Naval Task Group：海军特混大队

NTV　non-standard tactical vehicle：非标准战术车辆

NVA　North Vietnamese Army：越南人民军

NZSAS　New Zealand 1st Special Air Service Group：新西兰第 1 特别空勤团

ODA　Operational Detachment Alpha：A 类特种作战分队

ODB　Operational Detachment Bravo：B 类特种作战分队

ODC　Operational Detachment Charlie：C 类特种作战分队

OG　Operational Group：作战大队
O&I　Operations and Intelligence：作战及情报
OP　Observation Post：观察哨
OSS　Office of Strategic Services：战略情报局
OWI　Office of War Information：作战新闻处
PJ　Pararescue Jumper：伞降救难队
PRA　People's Revolutionary Army：（格林纳达）人民革命军
PRT　Provincial Reconstruction Team：地方重建小组
PRU　Provisional Reconnaissance Units：（非正规）侦察兵部队
PWE　Political Warfare Executive：政治战执行处
PX　Post Exchange：军人服务社
QRF　Quick-Reaction Force：快速反应部队
R&A　Research & Analysis（branch）：（美国战略情报局）研究和分析处
R&D　Research & Development（branch）：（美国战略情报局）研究和发展处
RRF　Ready Reaction Force：快反战备部队
RTO　Radio-Telephone Operator：无线电话务员
SAD　Special Activities Division（CIA）：美国中央情报局特别行动处
SAS　Special Air Service（British）：英军特种空勤团
SASR　Australian Special Air Service Regiment：澳大利亚陆军特种空勤团
SAW　M249 Squad Automatic Weapon：M249 班用机枪
SCI　Special Counterintelligence：（X-2 反间谍机构所辖）特种反情报科
SDV　SEAL Delivery Vehicle："海豹"小队运输载具
SEAL　Sea, Air, Land（US Navy）：美国海军"海豹"突击队
SFGA　Special Forces Group（Airborne）：特种部队大队（空降）
SFHQ　Special Forces Headquarters：特种部队司令部
SFOB　Special Forces Operations Base：特种部队作战基地
SFOC　Special Forces Officer Course：特种部队军官课程
SFOD　Special Forces Operational Detachment：特种部队作战支队
SFOD-D　Special Forces Operational Detachment-Delta："德尔塔"特种作战支队（"三角洲"特种部队）
SFR　Security Force Regiment：（美国海军陆战队）警卫团
SI　Secret Intelligence（branch）：（美国）秘密情报处
SIGINT　Signals Intelligence：信号情报
SIS　Secret Intelligence Service：（英国）秘密情报处
SO　Special Operations（branch）：特种作战（机构）
SOAR（A）　160th Special Operations Aviation Regiment（Airborne）：美军第 160 特种航空团
SOCENT　Special Operations Command Central：美军中央司令部特种作战司令部

SOCOM　US Special Operations Command：美军特种作战司令部
SOE　Special Operations Executive：（英国）特别行动执行处
SOF　Special Operations Forces：特种作战部队
SOFLAM　Special Operations Forces Laser Marker：特种部队激光捕获标示器
SOG　Special Operations Group：特种作战大队
SOI　Signal Operating Instruction：通信作业指令
SOU　Ship Observer Unit：舰载侦察兵部队
SR　Surveillance and Reconnaissance：监视和侦察
SSE　Sensitive Site Exploitation：敏感地点勘查
SSTR-1　Special Services Transmitter Receiver Model No.1：No.1 型特别收发报机
STS　Special Tactics Squadron：特别战术中队
TAOR　Tactical Area of Responsibility：战术责任区
TF　Task Force：特遣部队
TO&E　Table of Organization and Equipment：编制装备表
UAV　Unmanned Aerial Vehicle：无人驾驶飞行器
UDT　Underwater Demolition Team：（美国海军）水下爆破大队
UITG　US Army Vietnam Individual Training Group：美国陆军驻越单兵训练大队
UKSF　UK Special Forces：英国特种部队
USAAF　US Army Air Force：美国陆军航空队
USAF　US Air Force：美国空军
USAISA　US Army Intelligence Support Activity（ISA）：美国陆军情报支援特遣队
USASFV　US Army Special Forces Vietnam：美国陆军驻（南）越特种部队
USASOC　US Army Special Operations Command：美国陆军特种作战司令部
USCINCSOC　US Commander in Chief Special Operations Command：美军特种作战司令部司令
USMC　US Marine Corps：美国海军陆战队
USNR　US Naval Reserve：美国海军后备队
USSF　US Special Forces：美国特种部队
USSOCOM　US Special Operations Command：美军特种作战司令部
USSS　US Sharpshooters：美国神射手部队
UW　Unconventional Warfare：非常规战争
VC　Viet Cong：越共游击队
WMD　Weapons of Mass Destruction：大规模杀伤性武器

参考书目和进一步阅读

OSPREY TITLES

Badsey, Stephen, *Normandy 1944*, CAM 1 (Oxford, Osprey, 1990)
Bahmanyar, Mir, *Darby's Rangers 1942-45*, WAR 69 (Oxford, Osprey, 2003)
Bahmanyar, Mir, *US Army Ranger 1983-2002*, WAR 65 (Oxford, Osprey, 2003)
Bahmanyar, Mir, *US Navy Seals*, ELI 113 (Oxford, Osprey, 2005)
Chartrand, René, *Colonial American Troops 1610-1774 (2)*, MAA 372 (Oxford, Osprey, 2002)
Chartrand, René, *Colonial American Troops 1610-1774 (3)*, MAA 383 (Oxford, Osprey, 2003)
Foster, Randy E. M., *Vietnam Firebases 1965-73*, FOR 58 (Oxford, Osprey, 2007)
Gilbert, Ed, *US Marine Corps Raider 1942-43*, WAR 109 (Oxford, Osprey, 2006)
Henry, Mark R., *US Marine Corps in World War I 1917-18*, MAA 327 (Oxford, Osprey, 1999)
Katcher, Philip, *American Civil War Armies (3)*, MAA 179 (Oxford, Osprey, 1987)
Katcher, Philip, *Sharpshooters of the American Civil War 1861-65*, WAR 60 (Oxford, Osprey, 2002)
McLachan, Sean, *American Civil War Guerrilla Tactics*, ELI 174 (Oxford, Osprey, 2009)
Melson, Charles D., *Marine Recon 1940-90*, ELI 55 (Oxford, Osprey, 1994)
Neville, Leigh, *Special Operations Forces in Afghanistan*, ELI 163 (Oxford, Osprey, 2008)
Neville, Leigh, *Special Operations Forces in Iraq*, ELI 170 (Oxford, Osprey, 2008)
Rottman, Gordan L., *Green Beret in Vietnam 1957-73*, WAR 28 (Oxford, Osprey, 2002)
Rottman, Gordon L., *Mobile Strike Forces in Vietnam 1966-70*, BTO 30 (Oxford, Osprey, 2007)
Rottman, Gordon L., *Panama 1989-90*, ELI 37 (Oxford, Osprey, 1991)
Rottman, Gordon L., *Special Forces Camps in Vietnam 1961-70*, FOR 33 (Oxford, Osprey, 2005)
Rottman, Gordon L., *The Cabanatuan Prison Raid: The Philippines 1945*, RAID 3 (Oxford, Osprey, 2009)
Rottman, Gordon L., *The Los Baños Prison Camp Raid: The Philippines 1945*, RAID 14 (Oxford, Osprey, 2010)
Rottman, Gordon L., *US Army Airborne 1940-90*, ELI 31 (Oxford, Osprey, 1990)
Rottman, Gordan L., *US Army Long-Range Patrol Scout in Vietnam, 1965-71*, WAR 132 (Oxford, Osprey, 2008)
Rottman, Gordon L., *US Army Rangers and LRRP Units 1942-87*, ELI 13 (Oxford, Osprey, 1987)
Rottman, Gordon L., *US Army Special Forces 1952-84*, ELI 4 (Oxford, Osprey, 1985)
Russell Lee E. & Mendez, M. Albert, *Grenada 1983*, MAA 159 (Oxford, Osprey, 1985)
Smith, Carl, *US Paratrooper 1941-45*, WAR 26 (Oxford, Osprey, 2000)
Votaw, John F., *The American Expeditionary Forces in World War I*, BTO 6 (Oxford, Osprey, 2005)
Wiest, Andrew, *The Vietnam War 1956-74*, ESS 38 (Oxford, Osprey, 2002)
Zaloga, Steven J., *D-Day 1944 (1): Omaha Beach*, CAM 100 (Oxford, Osprey, 2003)

OTHER WORKS

Adkin, Mark Major, *Urgent Fury: The Battle for Grenada* (New York, Lexington Books, 1989)
Alexander, Joseph H., *Edson's Raiders* (Annapolis, MD, Naval Institute Press, 2001)

Alexander, Larry, *Shadows in the Jungle: The Alamo Scouts Behind Japanese Lines in World War II* (New York, New American Library, 2009)

Benson, Susan Williams (ed.), *Confederate Scout-Sniper, The Civil War Memoirs of Barry Benson* (Athens, GA, University of Georgia Press, 1992)

Berntsen Gary & Ralph Pezzullo, *Jawbreaker: The Attack on Bin Laden and Al-Qaeda: A Personal Account by the CIA's Key Field Commander* (New York, Three Rivers Press, 2006)

Black, Robert W., *Rangers in Korea* (New York, Ivy Books, 1989)

Black, Robert W., *Rangers in World War II* (New York, Ivy Books, 1992)

Bowden, Mark, *Black Hawk Down* (New York, Atlantic Monthly Press, 1999)

Breuer, William, *The Great Raid on Cabanatuan* (New York, John Wiley & Sons, 1994)

Cuneo, John R., *Robert Rogers of the Rangers* (New York, Richardson & Steirmna, 1987)

Darby, William & William Baumer, *We Led the Way: Darby's Rangers* (San Rafael, CA, Presidio Press, 1980)

Dockery, Kevin, *SEALs in Action* (New York, Avon Books, 1991)

Donahue, James C., *Blackjack-33: With Special Forces in the Viet Cong Forbidden Zone* (Novato, CA, Presidio Press, 1999)

Dunlop, Major W.S., *Lee's Sharpshooters; or, The Forefront of Battle* (Dayton, OH, Morningside, 1988)

Flanagan, Edward M. Lieutenant General., *Battle for Panama: Inside Operation Just Cause* (New York, Brassey's US Inc., 1993)

Foley, Dennis, *Special Men, A LRP's Recollection* (New York, Ivy Books, 1994)

Halberstadt, Hans, *US Navy SEALs in Action* (Osceola, FLA, MBI, 1995)

Hoffman, Jon T., *From Makin to Bougainville: Marine Raiders in The Pacific War* (Washington, DC, Headquarters Marine Corps, 1995)

Hoffman, Jon T., *Once A Legend - Red Mike Edson of the Raiders* (Novato, CA, Presidio Press, 1994)

Hogan, Jr., David W., *Raiders or Elite Infantry? The Changing Role of the US Army Rangers from Dieppe to Grenada* (Westport, CT, Greenwood Press, 1992)

Hopkins, James E.T. & John M. Jones, *Spearhead A Complete History of Merrill's Marauder Rangers* (London, Galahad Press, 2000)

Johnson, Forrest B., *Hour of Redemption: The Ranger Raid on Cabanatuan* (New York, Manor Books, 1978)

Kelly, Francis J., *US Army Special Forces*, 1961-1971, Vietnam Studies series (Washington, DC, Department of the Army, 1973)

Ladd, James, *Commandos and Rangers of World War II* (New York, St Martins Press, 1978)

Lanning, Michael Lee, *Inside the LRRPs: Rangers in Vietnam* (New York, Ivy Books, 1988)

Maloney, Sean, *Enduring the Freedom: A Rogue Historian in Afghanistan* (Dulles, VA, Potomac Books Inc., 2006)

Montgomery, George, Jr., *Georgia Sharpshooter, The Civil War Diary and Letters of William Rhadamanthus Montgomery* (Macon, GA, Mercer University Press, 1997)

Simpson, Charles M., *Inside the Green Berets* (Novato, CA, Presidio Press, 1983)

Smith, George W., *Carlson's Raid* (Novato, CA, Presidio Press, 2001)

Stanton, Shelby, *Green Berets at War: US Army Special Forces in Southeast Asia 1956-1975* (Novato, CA, Presidio Press, 1985)

Updegraph, Charles L. Jr., *U.S. Marine Corps Special Units of World War II* (Washington, DC, Headquarters Marine Corps, 1977)